LEXI FAC

PSYCHOLOGIE SOCIALE

Tome 2

APPROCHES DU SUJET SOCIAL ET DES RELATIONS INTERPERSONNELLES

François RIC

Maître de Conférence à l'Université Paris V

Olivier CHANTON

Doctorant à l'Université Paris X - Nanterre

Corinne MAZÉ

Doctorante à l'Université Paris X - Nanterre

Valérie KREEL

Doctorante à l'Université Paris X - Nanterre

Ghislaine RICHARD

Doctorante à l'Université Paris X - Nanterre

Jérôme BOUCHET

Doctorant à l'Université Paris X - Nanterre

Directeur d'ouvrage :

Patrick GOSLING

Professeur à l'Université Paris X - Nanterre

Directeur de la collection LEXIFAC Psychologie :

Serge NETCHINE

Professeur à l'Université Paris VIII

Bréal

LEXI FAC

ÉCONOMIE

sous la direction de Philippe Raimbourg,
Professeur à l'Université Paris I

Microéconomie
Tome I : Consommateurs et producteurs (J. Hubler, G. Tchibozo)
Tome II : Les marchés (J.-N. Ory)

Macroéconomie
Tome I : Concepts (C. Monjal)
Tome II : La monnaie (V. Lelièvre)
Tome III : Équilibres et déséquilibres (A. Bourgain, V. Lelièvre)

Mathématique pour l'économie
Tome I : Algèbre (C. Crapsky)

Probabilités pour l'économie (C. Crapsky)

Stastitiques pour l'économie (J. Hubler)

Comptabilité générale (C. Deffains)

DROIT

sous la direction de Claude Lombois,
Professeur à l'Université Paris II

Introduction générale au droit (M. Parquet)

Droit civil
Tome I : Introduction générale, personnes, famille (J.-F. Dhénin, S. Lamadon)
Tome II : Biens et obligations (I. Bufflier)

Droit administratif (N. Poulet-Gibot-Leclerc)

PSYCHOLOGIE

sous la direction de Serge Netchine
Professeur à l'Université Paris VIII

Psychologie sociale
Tome I : L'individu et le groupe (P. Gosling, directeur d'ouvrage ; J. Bouchet, O. Chanton, V. Kreel ; C. Mazé, F. Ric, G. Richard)
Tome II : Approches du sujet social et des relations interpersonnelles (P. Gosling, directeur d'ouvrage ; J. Bouchet, O. Chanton, V. Kreel ; C. Mazé, F. Ric, G. Richard)

Statistiques appliquées à la psychologie
Tome I : Statistiques descriptives (B. Beaufils)
Tome II : Statistiques inférentielles (B. Beaufils)

Dépôt légal : octobre 1996
ISBN : 2 85394 887 0

AVANT-PROPOS

Composés de fiches, les ouvrages de la collection LEXIFAC exposent en détail les champs d'étude majeurs de la psychologie figurant aux programmes des premiers cycles universitaires.

Leur présentation claire et structurée vise un triple objectif :

- **fournir une synthèse complète du cours**, faisant apparaître les points essentiels de la question traitée et leur articulation : les étudiants pourront ainsi, pour chaque volume, assimiler l'ensemble des notions de psychologie abordées et comprendre les problématiques soulevées ;
- **permettre une préparation efficace des examens** en donnant aux étudiants les moyens de rassembler, sur une thème, les connaissances ;
- **favoriser une consultation rapide sur un point précis** : chaque LEXIFAC peut se consulter à la façon d'un lexique ou d'un dictionnaire ; pour retrouver une définition, approfondir une question, vérifier une formule...

Si ces ouvrages sont destinés aux étudiants du premier cycle universitaire, ils ont également pour ambition de permettre une découverte rapide de la psychologie aux non-spécialistes. La collection LEXIFAC PSYCHOLOGIE a pour objectif de couvrir l'ensemble des pans de la discipline (psychologie sociale, psychologie clinique et pathologique, statistiques...).

Serge NETCHINE
Professeur à l'Université Paris VIII Panthéon-Saint-Denis,
Directeur de la Collection Lexifac Psychologie

SOMMAIRE

[illegible]

TITRE I

PROCESSUS INTRA-INDIVIDUELS ET PERSPECTIVES PSYCHOSOCIALES

FICHE 1

CONCEPT DE SOI

La notion de Soi occupe une place importante en psychologie sociale et en psychologie de la personnalité. Le concept de Soi (self-concept) est un des concepts les plus étudiés aujourd'hui. On peut le définir comme la collection des représentations que l'individu a de lui-même.

I - HISTORIQUE

A - PREMIERS TRAVAUX

W. James (1890) est le premier chercheur qui s'éloigne d'une approche philosophique du Soi pour aborder cette notion d'un point de vue psychologique. Sa définition d'un Soi empirique est très proche de ce qu'il est convenu d'appeler aujourd'hui le concept de Soi. Selon cet auteur, le Soi peut être considéré à la fois comme un objet de connaissance et d'évaluation de nous-même et comme une structure exécutive à l'origine de nos actes et de nos pensées. Il se divise en :

- un **Soi matériel** qui renvoie à nos propriétés physiques ;
- un **Soi spirituel** qui correspond à notre vie psychique ;
- un **Soi social** qui inclut les représentations que les individus ont d'une personne et les représentations que cette personne a de ces individus.

Baldwin (1897) propose une théorie du Soi social ou « socius ». Pour lui, la personnalité est le résultat du développement social et culturel de l'individu. Le Soi peut se décomposer en deux pôles opposés : l'alter et l'ego. L'alter correspond aux représentations que nous avons des autres, réels ou imaginaires. L'ego renvoie à la manière dont nous nous percevons.

Dans une perspective davantage sociologique, Cooley (1902) a aussi fortement influencé l'approche psychosociale du concept de Soi. Il est à l'origine d'une définition de Soi comme miroir. Selon cette théorie, nous nous construisons une connaissance sur nous-même en puisant de l'information dans nos interactions avec autrui. Les personnes que nous sommes amenés à rencontrer représentent un miroir au travers duquel nous pouvons mieux nous connaître.

B - Les années trente-quarante

Selon Mead (1934), le Soi se construit par l'interaction entre l'individu et son milieu. C'est par le partage avec l'autre généralisé, à savoir la communauté et les groupes auxquels on appartient, que l'individu se construit. Cependant, il y a des différences individuelles importantes car le processus social n'est pas perçu de la même manière par tous : « Le fait que les Soi individuels tiennent leur origine et leur élaboration structurale d'une source sociale commune n'exclut pas qu'existent entre les individus de grandes variations et de profondes différences » (Mead, 1934). Ces variations s'expliquent par la distinction que fait l'auteur entre le **Je** et le **Moi**. Il y aurait ainsi une composante « psychologique » du Soi (Je), qui regroupe les aspects créatifs de l'individu, et une composante « sociologique » du Soi (le Moi), qui traduit l'intériorisation des rôles sociaux.

Allport (1943) insiste sur le rôle de l'ego (ou Soi) dans la conduite humaine. Il distingue plusieurs sens du concept d'ego :

- comme agent de connaissance ;
- comme objet de connaissance ;
- comme personne égoïste ;
- à la recherche de reconnaissance sociale ;
- en tant qu'arbitre neutre ;
- luttant pour ses objectifs ;
- comme système de conduites ;
- comme système de valeurs sociales.

Dans les années soixante-dix, avec les travaux de Rogers (1977) et Markus (1977) notamment, on assiste à un retour de l'intérêt pour le concept de Soi. Les progrès de la démarche expérimentale ainsi que l'apport de nouvelles théories vont rendre possible l'étude scientifique de cette notion. Relevons ici les travaux sur le Soi en mémoire (*cf.* fiche 3) et les recherches sur le Soi en tant que structure de connaissance (*cf.* fiche 2).

II - Un concept dynamique

A - Concept de Soi

Le concept de Soi renvoie à la composante cognitive du Soi. L'intérêt se porte ici sur les connaissances que les gens ont d'eux-mêmes. Il est décrit comme « un phénomène à plusieurs facettes, comme un ensemble ou une collection d'images, de schémas, de conceptions, de prototypes, de théories, de buts, ou de tâches » (Markus & Wurf, 1987).

La plupart des chercheurs insistent sur la **structure dynamique** du Soi. Intervenant dans les processus intrapersonnels et dans la plupart des processus interpersonnels, le concept de Soi s'adapte à la situation sociale immédiate en fonction des objectifs poursuivis par l'individu. Dans son fonctionnement, on relève deux aspects apparemment contradictoires du Soi : sa **stabilité** et sa **malléabilité**. D'un côté, les individus ont besoin d'une consistance interne, ils résistent aux informations qui s'opposent à leur auto-représentation. D'un autre côté, le concept de Soi doit être fluide afin de s'ajuster à son environnement.

B - Concept de Soi actuel

Les chercheurs ont introduit le concept de Soi actuel ou concept de Soi de travail afin d'expliquer les variations locales qui apparaissent au niveau du Soi lorsque l'individu est confronté à son environnement social. Il est défini comme une « structure temporaire faite d'éléments issus de la collection des conceptions de Soi et organisée en une configuration déterminée par les événements sociaux actuels » (Markus & Kunda, 1986). Le concept de Soi serait ainsi malléable du fait des variations subtiles du concept de Soi actuel, et non du fait d'une réorganisation des représentations du Soi.

C - Fonctionnement

Les conceptions de Soi deviennent actives en mémoire de travail lorsque des événements significatifs qui relèvent du Soi surviennent ou quand l'individu lui-même y fait appel face à certaines situations. Le résultat de ce travail cognitif est un changement dans le contenu du concept de Soi actuel. Celui-ci s'adapte à la situation en recrutant de nouvelles conceptions de Soi. Un ensemble de conceptions de Soi sont « chroniquement accessibles » (Higgins *et al.*, 1982) tandis que d'autres varient dans leur accessibilité en fonction de l'état affectif, émotionnel... On voit ainsi apparaître une structure constituée d'un noyau de représentations du Soi en interaction avec des conceptions provisoires. Ces dernières sont attachées aux circonstances locales immédiates et sont activées en mémoire de travail par des événements significatifs.

Le concept de Soi est ainsi considéré comme une collection des représentations de Soi, et le concept de Soi actuel est l'ensemble des représentations accessibles à un moment donné. Ces conceptions diffèrent dans leurs fonctions et leurs stuctures selon les cirsconstances sociales et l'état motivationnel du sujet.

III - REPRÉSENTATIONS DE SOI

A - Présentation

Comme nous l'avons vu, le concept de Soi n'est pas une entité monolithique. Il est composé de représentations de Soi qui varient de par leurs origines et leurs effets sur le traitement de l'information. Un ensemble de travaux s'interroge sur la manière dont les gens construisent ces conceptions d'eux-mêmes. Pour certains (Anderson, 1984 ; Bandura, 1977), nos représentations de nous-même proviennent des inférences que l'on peut faire sur nos attitudes, nos actions, nos réactions physiologiques internes, nos cognitions, nos émotions et nos motivations. L'individu se comporterait ainsi comme un observateur vis-à-vis de lui-même. D'autres recherches mettent en avant les **auto-évaluations** de Soi dans certaines tâches ou situations. Les gens utilisent aussi les interactions avec autrui pour construire une image de Soi. On peut rappeler ici l'importance de la **comparaison sociale** dans la recherche d'informations sur Soi (*cf.* fiche 7).

B - Différents types de représentation de Soi

Il existe des différences entre les représentations qui composent le concept de Soi. On peut distinguer ces représentations selon leur importance dans la définition de Soi. Certaines occupent une place centrale puisqu'elles interviennent quelle que soit la situation, tandis que d'autres ne sont que périphériques dans le sens où leur intervention est dépendante de l'environnement. On peut aussi les différencier par le fait qu'il existe des représentations de Soi actuellement atteintes et des représentations de Soi espérées (les Soi possibles). Leur place dans le temps est importante : elles peuvent être référées à des conceptions de Soi passées, présentes ou futures. Enfin, les représentations de Soi n'ont pas les mêmes effets selon qu'elles renvoient à une vision positive ou à une vision négative de Soi.

Références

Greenwald, A.G., & Pratkanis, A.R. (1984). The self. In R.S. Wyer & T. K Srull (Eds.), *Handbook of social cognition* (pp. 129-178). Hillsdale, NJ : Earlbaum.

Markus, H., & Wurf, E. (1987). The dynamic self-concept : A social pychological perspective. *Annual review of Psychology*, 38, 299-337.

FICHE 2 DIFFÉRENTS MODÈLES DU SOI

Afin de mieux comprendre le rôle du Soi dans les différentes activités dans lesquelles il est impliqué, les chercheurs ont été amenés à construire des modèles de son fonctionnement. À la fois structure et opération, la nature duale du Soi ne permet pas une homogénéité des recherches dans ce champ.

« L'adoption, pour décrire le Soi, de notions comme celles de prototype, de réseau en mémoire ou de schéma, marque, en ce domaine, l'intrusion d'une nouvelle métaphore : le Soi comme structure de connaissance » (Monteil & Martinot, 1991).

I - SOI COMMME SCHÉMA

A - NOTION DE SCHÉMA

La théorie des schémas s'inscrit dans une littérature correspondant à la façon dont on peut structurer un concept. Dans le sens que nous utilisons aujourd'hui, cette notion remonte à Minsky (1975). Les schémas ont d'abord été utilisés pour expliquer la compréhension, ceci sous le nom de scripts (schémas événementiels). Ils décrivent principalement des organisations d'événements et d'actions. Par la suite, ils ont été employés pour exprimer des connaissances qui ne sont pas de nature pragmatique mais de nature purement relationnelle. Un schéma peut être défini comme un modèle de représentation des concepts stockés en mémoire. Il s'agit donc d'un ensemble structuré de concepts.

B - SCHÉMA DE SOI

Hazel Markus (1977) introduit la notion de schéma de Soi en relevant la nécessité pour l'individu de sélectionner et d'organiser les informations relatives à soi. Ses recherches portent sur les structures en œuvre dans l'encodage du comportement propre et dans le traitement de l'information concernant ce même comportement.

Les schémas de Soi sont définis comme « des généralisations de connaissances sur soi issues de l'expérience passée, qui organisent et guident le traitement de l'information relative à soi qu'apportent les expériences sociales ». Divisés en représentations cognitives spécifiques, c'est-à-dire issues d'événements dans lesquels l'individu a été impliqué, et en représentations cognitives générales, qui naissent du caractère répétitif de certaines catégorisations, les shémas de Soi ont pour fonction principale de protéger l'individu contre les changements. C'est donc dans l'accumulation d'expériences du même type que Markus voit la formation puis le renforcement de ces mécanismes de sélection.

En raison de leur importance pour la définition de Soi et de leur niveau élevé d'intégration, ces représentations contiendraient des données comportementales facilement récupérables, et fourniraient une base pour des auto-prédictions de comportements en rendant les individus résistants aux informations non conformes ou contradictoires.

C - Effets du schéma de Soi

Ainsi, quelqu'un ayant, dans un domaine donné, un schéma de Soi développé devrait être capable :

« – de traiter l'information sur Soi dans le domaine en question avec une relative aisance ;

– de trouver facilement des exemples de son propre comportement dans ce domaine ;

– de prévoir son propre comportement dans des situations à venir relevant de ce domaine ;

– de résister aux informations non conformes à son schéma » (Markus, 1977).

II - Soi comme prototype

A - Notion de prototype

Un prototype peut être défini comme l'élément d'une **catégorie** qui la représente le mieux, l'exemplaire le plus semblable aux autres exemplaires de la catégorie. Par exemple, si on demande à quelqu'un d'énoncer les éléments d'une catégorie comme ils lui viennent à l'esprit, l'ordre ne sera pas quelconque. Les éléments les plus fréquemment cités en premier seront aussi les plus typiques. La **typicalité** d'une catégorie est donc liée à sa **représentativité** et son **accessibilité** en mémoire.

B - Prototype de Soi

Dans le modèle développé par Rogers (Rogers *et al.*, 1977 ; Rogers, 1981), le Soi est considéré comme « un prototype constitué de l'ensemble des caractéristiques qu'une personne considère comme la décrivant » (Rogers, 1981). Il est construit à partir d'un ensemble de caractéristiques et d'événements personnels hiérarchisés en fonction de leur degré d'abstraction. Le Soi serait pourvu des caractéristiques de son prototype.

Ordonné de façon hiérarchique, le prototype de Soi serait constitué d'**éléments auto-descriptifs** comme les traits de personnalité, les caractéristiques physiques, les informations sur son comportement. Son fonctionnement se ferait par comparaison : pour qu'un élément nouveau soit accepté dans la description qu'un individu fait de lui-même, il doit être en accord avec le prototype. Si tel est le cas, il sera alors intégré au prototype et, par conséquent, plus facilement rappelé.

C - Résultats en faveur de ce modèle

Selon Rogers (1981), un ensemble de données empiriques plaide en faveur du modèle prototypique du Soi :

- on relève davantage d'effets de fausse alarme (dire d'un item présenté pour la première fois qu'il a déjà été vu) pour les adjectifs fortement auto-descriptifs ;
- quand un sujet doit évaluer des items selon le degré de référence à soi, il a un temps de décision plus court pour les stimuli fortement auto-descriptifs et pour les stimuli fortement non auto-descriptifs, que pour les stimuli peu auto-descriptifs (effet prototype) ;
- il y a une meilleure mémorisation des mots auto-descriptifs.

III - Soi comme réseau associatif

A - Notion de réseau associatif

Dans le modèle du réseau associatif (Hinton & Anderson, 1981), la connaissance est représentée par des **nœuds** connectés directement ou indirectement entre eux. L'interconnexion de ces nœuds forme un réseau. La stimulation d'un nœud entraîne le rappel et la reconnaissance en mémoire des informations associées. Il y a propagation de cette activation aux nœuds voisins à partir de tous les **liens** associés. Selon la forme du réseau, la stimulation va converger vers un nœud donné ou bien se disperser entre plusieurs nœuds.

B - Soi comme réseau associatif

Bower et Gilligan (1979) proposent un modèle où le Soi est représenté sous forme d'un nœud relié à d'autres nœuds représentant les caractéristiques qu'un individu associe à lui-même. Si on demande à un individu de se définir, il commencera par donner les traits associés directement avec le nœud correspondant au Soi. L'activation sera donc plus rapide pour les caractéristiques les plus centrales, les plus proches du « nœud-soi ».

Kihlstrom et ses collaborateurs (1988) distinguent deux types de connaissances sur le Soi stockées en mémoire :

- des connaissances de nature **sémantique** qui renvoient à la vision qu'une personne a d'elle-même et de son propre comportement ;
- des connaissances de nature **épisodique** qui correspondent aux informations issues de la mémoire autobiographique de la personne.

C - Des variations textuelles

Il semble difficile de ramener le Soi à une seule structure cognitive du fait des variations dans la personnalité des individus selon les situations. On ne se comporte pas toujours de la même façon. Pour répondre à cette malléabilité contextuelle, les auteurs envisagent une hiérarchie dans les concepts de Soi. Il y aurait ainsi des modifications de l'importance accordée aux caractéristiques selon le contexte. Dans la définition de Soi, certains traits seraient activés de façon systématique du fait de leur centralité, tandis que d'autres traits plus « périphériques » ne seraient activés que selon certaines situations.

Références

Martinot, D. (1995). *Le Soi.* Grenoble : Presses Universitaires de Grenoble.

Monteil, J.-M. (1993). *Soi et le contexte.* Paris : Armand Colin.

Piolat, M., Hurtig, M.-C., & Pichevin, M.-F. (1992). *Le Soi : Recherche dans le champ de la cognition sociale.* Textes de base en psychologie. Neuchâtel : Delachaux et Niestlé.

FICHE 3 LE SOI EN MÉMOIRE

Les travaux sur le Soi en mémoire s'intéressent au stockage de l'information sur son propre comportement, ses traits, son histoire. Dans cette problématique, deux aspects du Soi en mémoire sont généralement au centre des débats. Tout d'abord, on peut se demander si les connaissances en relation avec le Soi bénéficient d'un traitement et d'une mémorisation différents des connaissances sur autrui. D'autre part, un ensemble de recherches porte sur la mémoire des expériences personnelles de l'individu.

I - EFFET DE RÉFÉRENCE A SOI

A - Définition

Le paradigme expérimental utilisé par Rogers et ses collaborateurs (1977) a suscité un grand nombre de travaux. En reprenant le paradigme de « l'apprentissage incident » de Craik et Tulving (1975), Rogers a classé une série de traits de comportement dans différentes catégories : structurellement (les sujets ont à identifier la structure de l'item stimulus pour le comparer à un mot cible), phonétiquement (les sujets évaluent si un mot donné rime avec le mot cible), sémantiquement (les sujets doivent indiquer si un mot donné signifie la même chose qu'un autre mot cible), et référant au Soi (les sujets indiquent si oui ou non les mots présentés les décrivent). Après une tâche orientée, les sujets devaient se rappeler les adjectifs qu'ils avaient évalué. Notons qu'à aucun moment de la recherche les expérimentateurs n'ont précisé aux sujets qu'ils allaient devoir effectuer cette tâche de rappel. Les résultats de cette expérimentation ont démontré que les adjectifs orientés vers la référence à soi produisaient un meilleur rappel que les autres adjectifs.

« L'implication du Soi lors de l'encodage d'informations sémantiques accentue la netteté et la richesse des traces en mémoire » (Rogers, 1981) ; « l'effet de référence à soi peut se définir comme une meilleure mémorisation des informations référées à soi » (Rogers *et al.*, 1977).

Cette découverte de l'effet de référence à soi fait apparaître le Soi comme une strucure de mémoire hautement élaborée et organisée sous forme de prototype (*cf.* fiche 2).

B - Explications

Quatre caractéristiques expliquent, selon Rogers (1981), la singularité du Soi en tant que **structure cognitive** :

– « la seule personne à laquelle on ne peut échapper, c'est soi-même » ;

– « le Soi pourrait bien être le plus vaste et le plus riche des prototypes que compte notre arsenal de cognitions » ;

– « l'importance de la composante affective du Soi » ;

– « le Soi s'immisce dans l'encodage des informations sur autrui ».

La plupart des chercheurs ont tenté d'expliquer les effets de la référence à soi en termes de processus unique, mais la variété des résultats obtenus avec ce paradigme pose problème. Klein, Loftus et Dulton (1989) indiquent que l'on peut distinguer deux effets de référence à soi, l'un concernant les jugements descriptifs et l'autre basé sur les tâches autobiographiques. Ce modèle suggère que les deux types d'information à propos du Soi sont accessibles en mémoire et que chacune peut être rappelée séparément.

Ainsi, si le Soi a de l'influence sur la rétention, l'organisation en mémoire et la récupération des informations relatives à Soi et à autrui, il intervient également en amont de la rétention, c'est-à-dire sur l'attention portée aux informations et sur la façon dont elles sont organisées au moment de l'**encodage**.

C - Résultats contradictoires

Cependant, l'effet de référence à soi est mis en doute par des études qui ont démontré que l'information auto-référée n'est pas inévitablement mieux rappelée que l'information en référence à un autrui bien connu ou aux propriétés sémantiques spécifiques des items (Klein & Kihlstrom, 1986; Klein & Loftus, 1988). D'autres recherches n'ont pas trouvé un avantage du Soi quand les traits présentés sont négatifs (Derry & Kuiper, 1981). Ces résultats ont conduit Higgins et Bargh (1987) à s'interroger sur le statut du concept de Soi en tant que structure cognitive unique. Selon ces auteurs, cette question reste ouverte puisque l'effet de référence à soi manque de consistance et puisque l'effet de « fausse alarme » (percevoir comme déjà vu des termes auto-descriptifs présentés pour la première fois) ne fournit pas un support nécessaire à une conclusion dans ce sens.

II - Mémoire autobiographique

A - Présentation

La mémoire autobiographique peut se définir comme la mémoire des informations liées au Soi (Brewer, 1986). La connaissance de Soi et la connaissance d'autrui se distinguent quantitativement par l'étendue des données disponibles. Sur la plan qualitatif, une différence essentielle réside dans le fait que nous avons de notre propre expérience une connaissance introspective que les autres ne peuvent avoir de nous. À ce titre, la structure et le fonctionnement de la mémoire autobiographique est un champ important parmi les recherches sur le Soi en mémoire.

Gergen et Gergen (1988) ont montré que les gens construisent, lorsque cela est nécessaire, une autobiographie habituelle, c'est-à-dire « une histoire intégrant le plus harmonieusement possible et de la plus cohérente façon leurs différentes expériences » (Monteil & Martinot, 1991).

« Au vu de l'étendue de la mémoire autobiographique, il semble fondé d'admettre que le Soi est une des structures de connaissance les plus riches et les plus élaborées qui soit stockée en mémoire » (Kihlstrom *et al.*, 1988).

On peut aussi intégrer aux travaux sur la mémoire autobiographique ce que l'on nomme les « *flashbulb memories* » (Brown, 1990) : souvenirs liés à un événement public. Dans le traitement d'un fait social en mémoire, il y aurait aussi une partie d'information liée à l'histoire personnelle du sujet.

B - Récupération en mémoire

Une des fonctions de la mémoire autobiographique est de nous aider dans la compréhension des actions d'autrui. Dans ce but, nous récupérons en mémoire nos propres comportements pour essayer de décrypter le fonctionnement d'autrui. Se remémorer ses expériences sert aussi à étayer les prises de décisions. De plus, des études (Reiser, Black & Kalamarides, 1986) ont mis en avant le rôle de la remémoration autobiographique dans des activités cognitives telles que l'apprentissage ou la résolution de problème.

En ce qui concerne les recherches sur la manière dont les sujets se rappellent les informations autobiographiques, on trouve plusieurs théories :

- pour les tenants des « *copy theories* » (Brown & Kulik, 1977), il n'y aurait qu'une différence de qualité entre les souvenirs récents et les sensations à l'origine de ces souvenirs ;
- selon les théories reconstructives, les rappels des événements ne seraient pas de même nature que les événements eux-mêmes. C'est ainsi qu'un souvenir personnel pourrait être visualisé par le sujet comme si celui-ci n'avait été qu'un simple observateur (Nigro & Neisser, 1983).

C - Biais dans la mémoire autobiographique

Les travaux de Greenwald (1980) mettent l'accent sur la façon dont les individus traitent l'information en mémoire de manière biaisée. On peut notamment citer ici la tendance à la réécriture des souvenirs. Des expériences ont aussi pu mettre en évidence un **biais de confirmation** dans la recherche en mémoire. Celui-ci se traduit par une recherche des informations en accord avec les attentes au détriment des autres informations disponibles.

Dans son analyse, Greenwald présente l'individu comme un historien « autocentré » pour traduire l'importance que le sujet se donne quand il se remémore un événement auquel il a participé. Il décrit aussi un historien « auto-apologiste », métaphore qui renvoie à la « tendance à porter les réussites à son crédit et à refuser de se reconnaître une responsabilité dans les échecs » (*cf.* fiche 55).

Références

Higgins, E.T. & Bargh, J.A. (1987). Social cognition and social perception. *Annual review of Psychology*, 38, 369-425.

Monteil, J.-M. (1993). *Soi et le contexte*. Paris : Armand Colin.

Rogers, T.B., Kuiper, N.A., & Kirker, W.S. (1977). Self-reference and the encoding of personal information. *Journal of Personality and Social Psychology*, 35, 677-688.

▶ Voir fiche 2 : Différents modèles du soi.

FICHE 4 L'INTROSPECTION ET SES LIMITES

Nisbett et Wilson (1977), dans un article intitulé « Dire plus que l'on ne peut savoir : comptes rendus verbaux des processus mentaux », posent le problème de l'accès direct à nos états internes. En plus d'une réflexion méthodologique, ces travaux informent sur la manière dont les gens traitent les données sur eux-mêmes et sont capables d'en rendre compte.

I - L'ACCÈS DIRECT AUX ÉTATS INTERNES

A - Définition de l'introspection

La méthode introspective peut se définir comme le fait de demander au sujet lui-même de s'observer face à une situation expérimentale. Le sujet décrit l'expérience qu'il est en train de vivre ou qu'il a vécue, en s'appuyant sur ses propres observations. On suppose donc qu'il peut saisir ses états de conscience et les rapporter à l'expérimentateur. Il y aurait un accès direct aux processus mentaux supérieurs impliqués dans l'évaluation, le jugement, la résolution de problème.

B - Des critiques injustifiées

Alors même que l'introspection se trouve souvent critiquée pour son manque de contrôlabilité ou son aspect subjectif, rares sont les études prouvant l'incapacité des sujets à reporter les mécanismes cognitifs à l'œuvre dans certaines opérations. En faveur de cette méthode, on peut remarquer que les sujets répondent facilement lorsqu'on les interroge sur les raisons de leur conduite. De plus, les réponses fournies par les sujets sont parfois correctes et penser à soi peut augmenter la connaissance sur soi (Hixon & Swann, 1993).

II - CRITIQUE EXPÉRIMENTALE

A - Argumentation

La critique de Nisbett (Nisbett & Wilson, 1977; Nisbett & Bellows, 1977) de l'approche introspective vise trois points. Selon les auteurs, les gens ne peuvent rendre compte avec précision des effets d'un stimulus particulier sur les processus mentaux supérieurs. De plus, ils font des comptes rendus basés sur des théories implicites du lien entre le stimulus et la réponse. Enfin, des comptes rendus corrects peuvent exister, mais ils sont dus à l'utilisation accidentelle de théories causales à priori. Celles-ci trouvent leur origine dans des règles implicites liées à la culture, dans des associations verbales fortes entre le stimulus et la réponse, ou sur la base d'observations empiriques.

Les chercheurs expliquent cette incapacité par :

- l'ignorance possible des sujets quant à l'existence d'un stimulus influençant de façon importante la réponse ;
- l'ignorance possible de l'existence d'une réponse ;
- l'ignorance possible du lien entre le stimulus et la réponse.

B - Exemple expérimental

Dans une étude de Zimbardo *et al.* (1963), les sujets devaient subir une série de chocs électriques tout en effectuant une tâche d'apprentissage. On leur proposait ensuite de refaire cette tâche dans les mêmes conditions. Pour la moitié des sujets, on justifiait cette deuxième étape avec des raisons adéquates, tandis qu'à l'autre moitié, on donnait des raisons inadéquates. Les résultats montrent une meilleure performance et moins de réactions physiologiques à la douleur pour le groupe aux raisons inadaptées. Selon la théorie de la dissonance cognitive (Festinger, 1954), les sujets justifient leur acceptation en réduisant la douleur.

Pour Nisbett et Wilson, « des différences comportementales et physiologiques sont obtenues en l'absence de différence verbalement reportée dans les évaluations ou dans l'explication des mobiles ». Zimbardo et ses collaborateurs supposent que les processus mentaux en jeu sont verbaux et conscients. Cependant, les sujets dans la condition « justification insuffisante » ne rendent jamais compte de chocs électriques moins pénibles que les sujets de l'autre condition. Alors que les comptes rendus verbaux sont utilisés comme indicateur des processus mentaux, de telles études montrent que les sujets ne sont pas conscients des effets et ne peuvent les exprimer verbalement.

Références

Nisbett, R.E., & Wilson, T. (1977). Telling more than we can know : Verbal reports on mental processes. *Psychological Review*, 84, 231-259.

Smith, E.R., & Miller, F.D. (1978). Limits on perception of cognitive processes : A reply to Nisbett and Wilson. *Psychological Review*, 85, 355-362.

FICHE 5

THÉORIE DE L'AUTO-PERCEPTION

Les recherches de Daryl J. Bem (1967, 1972) dans le domaine de l'attribution sont une contribution importante à l'analyse du Soi. La théorie de l'auto-perception porte sur la façon dont les individus apprennent à mieux se connaître. Selon Bem, les individus se prennent comme objet d'observation afin d'avoir une plus grande connaissance de leur propre personnalité. Du fait du manque de données disponibles, les gens infèrent à partir de leurs propres réactions, émotions et attitudes.

I - PRÉSENTATION

A - Postulats de l'auto-perception

La théorie de l'auto-perception s'appuie sur deux postulats :

– « les individus viennent à connaître leurs propres attitudes, émotions, et autres états internes en inférant partiellement ceux-ci des observations de leurs propres conduites et/ou des circonstances dans lesquelles ces conduites se produisent » ;

– « dans la mesure où les signaux internes sont faibles, ambigus ou non interprétables, l'individu est fonctionnellement dans la même position qu'un observateur extérieur, un observateur qui doit nécessairement compter sur ces mêmes signaux externes pour inférer les états internes de l'individu » (Bem, 1972).

B - Explication

Afin de mieux comprendre cette théorie, on peut reprendre l'expérimentation classique de Festinger et Carlsmith (1959). Soixante étudiants sont répartis selon trois conditions :

– condition « 1 $ » : ils gagnent 1$ en effectuant une tâche répétitive puis en présentant celle-ci comme plaisante à un autre étudiant ;

– condition « 20 $ » : ils effectuent les mêmes tâches mais avec un gain supérieur (20 $) ;

– condition contrôle : ils ne font que la tâche répétitive.

Les résultats de cette étude montrent que ce sont les sujets les moins rémunérés qui ont le plus apprécié la tâche.

Pour la théorie de l'auto-perception, on peut expliquer ces résultats de la façon suivante : le sujet réagit comme s'il considérait la situation d'un point de vue extérieur. Ainsi, si un observateur voit un individu présenter positivement une tâche pour une petite compensation (1$), il en déduit que celui-ci a été intéressé par la tâche elle-même et non en fonction de la motivation financière. Par contre, dans la condition 20$, on ne peut utiliser la conduite du sujet pour inférer ses conceptions intérieures. Selon Bem, les sujets se conduisent donc comme des observateurs hypothétiques de leur propre conduite.

C - Illustration expérimentale

Dans une expérience sur la perception de la douleur (Bandler, Madaras, & Bem, 1968), chaque sujet reçoit une série de chocs électriques. Après le début de chaque choc, une couleur s'allume en face du sujet :

- si la lumière rouge apparaît, le sujet doit presser un bouton et le choc s'arrête. Dans le but d'accroître la sensation de choix, on lui dit aussi qu'il peut choisir de ne pas appuyer sur le bouton si les chocs ne sont pas inconfortables (condition « fuite ») ;
- pour la lumière verte, on demande aux sujets de ne pas appuyer sur le bouton, sauf si les chocs sont trop inconfortables ;
- dans la condition « lumière jaune », on dit aux sujets qu'on s'intéresse au temps de réaction à la lumière jaune. Il doit donc appuyer sur le bouton à l'apparition de la lumière, ceci pouvant ou non arrêter les chocs.

Après chaque choc, le sujet remplit une échelle en 7 points pour indiquer l'inconfort.

Les résultats de cette expérience vont dans le sens de la théorie développée par Bem. Les sujets évaluent les chocs comme significativement plus inconfortables quand ils les évitent que lorsqu'ils les endurent. Ils font donc les mêmes inférences qu'un observateur extérieur : un individu qui choisit d'échapper à un choc doit le trouver plus pénible qu'un individu qui l'accepte.

II - Trois effets de l'auto-perception

A - Les effets de mésattribution

On peut manipuler les **auto-attributions** d'un individu en manipulant ses signaux physiologiques internes et les facteurs externes de la situation.

Dans une expérience de 1967, Valins et Ray manipulent l'attitude de sujets phobiques aux serpents en leur faisant entendre des battements cardiaques qu'ils croient être les leurs. Parce qu'ils entendent des battements réguliers, les sujets pensent ne pas éprouver de peur et deviennent capables d'approcher des serpents.

B - L'auto-attribution de propriétés dispositionnelles

On peut changer les attributions « de longue date » que l'individu peut faire sur lui-même en manipulant sa conduite et en contrôlant les variables appropriées.

Dans l'expérience de Freedman et Fraser (1966), on demande à des ménagères, pour lutter contre la pollution, de placer un symbole sur leur fenêtre ou de signer une pétition. Deux semaines plus tard, un second expérimentateur demande à ces ménagères de placer une pancarte de taille importante sur la façade de leur maison pendant plusieurs semaines. Les résultats montrent un effet important de « pied dans la porte » dans toutes les conditions expérimentales. Après la première acceptation, les gens deviennent à leurs propres yeux le type de personne qui effectue ce genre de chose. Les ménagères se considèrent comme faisant des actions en accord avec leurs croyances, comme coopérant pour de bonnes actions.

C - Les effets de surjustification

Ces effets concernent l'étude de la motivation. Ils renvoient à la règle suivante : une conduite attribuée à des facteurs externes (exemple : être payé) produira une attribution externe. Par contre, effectuer la même tâche pour une récompense minime conduit à supposer que l'intérêt est intrinsèque à la tâche. Une récompense minime conduit donc à un intérêt élevé pour la tâche et une récompense importante diminue l'intérêt supposé pour la tâche.

Dans une expérience de Lepper, Greene et Nisbett (1973), une classe d'enfants est divisée en trois groupes :

- dans une condition « attente de récompense », les enfants font une activité en sachant qu'ils vont recevoir une récompense ;
- dans la condition « récompense inattendue », les enfants font la même activité sans savoir qu'ils vont être récompensés ;
- un troisième groupe d'enfants ne reçoit pas de récompense à la fin de l'activité.

Quand deux semaines plus tard, on propose la même activité, ce sont les enfants de la première condition qui s'engagent le moins dans l'activité comparativement aux deux autres groupes.

III - LIMITES DE L'AUTO-PERCEPTION

A - Dissonance cognitive/auto-perception

Le débat qui oppose la théorie de la dissonance (Festinger, 1957) et la théorie de l'auto-perception n'est pas clos. En ce qui concerne l'expérience sur le paradigme de la **soumission forcée** (Festinger & Carlsmith, 1959), la théorie de la dissonance explique les résultats par un changement d'attitude des sujets vis-à-vis de la tâche. Pour rétablir la consonance, les sujets modifient leur attitude de manière à faire correspondre ce qu'ils disent à ce qu'ils font. Comme on l'a vu plus haut, la théorie de l'auto-perception propose une explication différente : c'est parce que la justification est faible que le sujet change d'attitude.

À l'appui des théoriciens de la dissonance, des expérimentations (Croyle & Cooper, 1983) montrent que l'état de dissonance peut être mesuré de façon physiologique. De plus, les sujets se prennent comme objet d'observation seulement s'ils ne sont pas assurés de leur attitude préalable.

B - Les comportements induits

Beauvois et Deschamps (1990) soulignent le problème des comportements induits par le comportement initial dans les expériences sur la soumission. C'est le cas des ménagères qui acceptent de poser une pancarte sur leur maison après une première acceptation. Les auteurs remettent en cause l'explication de Bem pour les raisons suivantes :

- « les processus cognitifs évoqués sont des processus post-comportementaux » ;
- l'absence de liens entre effets cognitifs et effets comportementaux dans les situations de soumission forcée ou sans pression ».

Référence

Bem, D.J. (1972). Self-perception theory. In L. Berkowitz (Ed.), *Advances in Experimental Social Psychology* (vol. 6). New York : Academic Press.

FICHE 6

EFFETS DE LA CONSCIENCE DE SOI

L'étude des processus attentionnels qui conduisent l'individu à devenir l'objet de sa conscience occupe une place non négligeable dans le champ de la cognition sociale. Les différentes opérationnalisations de la conscience de soi ont permis une approche empirique des modèles du Soi.

I - CONSCIENCE DE SOI

A - MANIPULATIONS EXPÉRIMENTALES

Un série d'études expérimentales a mis en évidence les inducteurs propres à induire l'état de conscience de soi : « tout facteur environnemental qui rappelle à l'individu son statut d'objet d'observation pour autrui est propre à induire chez lui l'état de conscience de soi » (Rimé & Le Bon, 1984).

À titre d'exemple, on peut citer la présence d'autrui, la présence d'un miroir, ou encore l'audition de battements cardiaques que le sujet prend pour ceux de son propre cœur.

B - EFFETS DE LA FOCALISATION DE L'ATTENTION SUR SOI

En présence d'agents inducteurs de la conscience de soi, les individus :

- font preuve d'une plus grande conformité à ce qui est la norme de comportement dans cette situation ;
- surestiment leur rôle d'agent causal dans l'attribution de responsabilité ;
- ont davantage conscience des affects qui les caractérisent ;
- sont plus réactifs à ces affects ;
- ont un meilleur accès aux informations en référence auxquelles s'élaborent leurs comportements.

C - CONSCIENCE DE SOI PRIVÉE/PUBLIQUE

La conscience de soi privée entraînerait une focalisation sur les aspects de soi les plus personnels (perceptions, croyances, sentiments) et la conscience de soi publique entraînerait une image de soi comme objet social. La différenciation entre ces deux versants du Soi s'accompagne de la distinction entre les **buts personnels** et les **buts autoreprésentationnels**.

II - L'AUTO-RÉGULATION

A - Présentation

Un ensemble de travaux pose le problème de l'auto-régulation en étudiant la façon dont les individus contrôlent et dirigent leurs propres actions.

Carver et Scheier (1982) proposent des processus d'auto-régulation interconnectés hiérarchiquement dans un système unique. L'objectif de la théorie est d'expliquer la régulation de toutes les conduites, c'est-à-dire aussi bien les conduites inconscientes que les processus automatiques et les conduites conscientes.

B - Modèle de la boucle de feed-back négatif

Ce modèle pose comme hypothèse de départ :

- que les individus ordonneraient leur expérience sur la base des régularités qu'ils rencontrent à travers le temps et au cours des événements auxquels ils sont confrontés;
- que ce processus prendrait la forme d'une organisation schématique en mémoire (*cf.* fiche 2);
- que les structures cognitives alors constituées seraient utilisées pour reconnaître et comprendre les nouveaux objets rencontrés.

L'unité de base est la boucle de feed-back négatif, négatif parce que sa fonction est de réduire les déviations par rapport à une valeur de comparaison. Si un écart est perçu entre l'état présent et une valeur de référence, une conduite est alors réalisée afin d'amenuiser la contradiction. Le système fonctionne en fournissant des points de comparaison, ceci dans une organisation hiérarchique avec des buts super-ordonnés et des buts sous-ordonnés.

L'auto-régulation fonctionnerait de manière plus efficace quand la personne est focalisée sur elle-même : « la conscience de soi entraîne l'activité du comparateur du système de feed-back guidant le comportement » (Carver, 1975), et « un engagement plus complet du comparateur conduit le comportement à être mieux régulé » (Scheier & Carver, 1988).

Référence

Rimé, B. & Le Bon, C. (1984). Le concept de conscience de soi et ses opérationnalisations. *L'année Psychologique*, 84, 535-553.

FICHE 7

LA COMPARAISON SOCIALE

La théorie des processus de comparaison sociale développée par Festinger (1954) s'applique à la formation des opinions et à l'évaluation des aptitudes personnelles. Selon celle-ci, en l'absence de certitudes quant à ses opinions et aptitudes, l'individu se sert d'autrui pour se comparer. Pour évaluer le Soi, des processus de comparaison se mettent en place, processus qui conduisent l'individu à appartenir à des groupes.

I - THÉORIE DES PROCESSUS DE COMPARAISON SOCIALE

A - TROIS HYPOTHÈSES PRINCIPALES

Première hypothèse : « il existe chez tout homme une tendance à évaluer ses opinions et ses aptitudes personnelles ».

Deuxième hypothèse : « en l'absence de moyens objectifs non sociaux, on évalue ses opinions et ses aptitudes en les comparant avec les opinions et les aptitudes des autres ».

Cette hypothèse conduit à un constat d'évaluation instable en cas d'absence de terme de comparaison. De plus, si le sujet peut procéder à son évaluation par d'autres moyens objectifs, alors il n'utilise pas autrui.

Troisième hypothèse : « la tendance à se comparer à un autre décroît à mesure qu'augmente la différence entre soi-même et cet autre, tant pour les opinions que pour les aptitudes ».

On choisit donc des termes de comparaison proches au niveau des opinions et des aptitudes. Mais si le seul terme de comparaison possible est éloigné, l'évaluation manquera de précision.

Ces trois hypothèses principales conduisent à penser qu'une évaluation stable peut être faite quand on a la possibilité de se comparer à un autrui proche. Si autrui est trop éloigné du point de vue de ses opinions ou de ses aptitudes, l'individu essaye de se rapprocher ou de faire se rapprocher autrui. Nous choisissons donc de façon préférentielle de nous comparer avec des personnes qui nous ressemblent. Par exemple, s'il s'agit d'avoir des informations sur sa réussite scolaire, un élève se comparera avec des élèves d'un niveau à peu près équivalent, à savoir les personnes qui se trouvent dans sa classe ou celles qui sont dans une classe de niveau identique.

B - Autres hypothèses

Quatrième hypothèse : « il existe dans le domaine des aptitudes un mouvement unidirectionnel vers le haut qui n'existe pratiquement pas pour les opinions ».

Cette hypothèse renvoie à la tendance des individus à rechercher une amélioration dans le domaine des aptitudes. L'évaluation des performances se fait en fonction de son niveau, ceci contrairement aux opinions qui n'ont pas de valeur en soi.

Cinquième hypothèse : « des contraintes non sociales rendent difficile ou même impossible de modifier une aptitude. Ces contraintes non sociales n'existent pas pour les opinions ».

La théorie de la comparaison sociale souligne l'importance de cette tendance à s'évaluer dans la formation des groupes. C'est notamment parce que l'individu éprouve ce besoin de s'auto-évaluer qu'il intègre un groupe. Une fois formés, les individus gèrent les différences entre les opinions ou les aptitudes en exerçant des pressions vers l'uniformité. Elles peuvent conduire à modifier sa propre position, à modifier la position d'autrui, ou encore à diminuer l'espace de comparaison. Plus la tendance à s'évaluer est importante, plus les pressions vers l'uniformité sont fortes.

Sixième hypothèse : « l'arrêt de la comparaison avec d'autres s'accompagne d'une certaine hostilité, d'un certain abaissement de ces autres puisque continuer de se comparer à eux impliquerait des conséquences désagréables ».

Une des différences entre les opinions et les aptitudes réside dans ce phénomène de rabaissement des personnes avec qui on arrête la comparaison au niveau de l'opinion. Quand un individu est rejeté du processus de comparaison, il est donc aussi dévalorisé et rejeté du groupe. En ce qui concerne les aptitudes, ce n'est pas toujours le cas. L'arrêt de la comparaison n'a pas besoin de s'accompagner d'une dévalorisation.

Septième hypothèse : « les facteurs qui font croître l'importance d'un groupe de référence (groupe de comparaison) font également croître la pression vers l'uniformité à l'intérieur de ce groupe ».

Cette hypothèse renvoie au fait que plus une opinion ou une aptitude est importante, plus il va y avoir pression vers l'uniformité. On peut ici citer l'expérience de Hoffman, Festinger et Lawrence (1954) où trois sujets remplissent un test d'intelligence. On provoque la réussite d'un des sujets, puis on permet aux deux autres de contrôler le nombre de points marqués par le premier. Les résultats de cette expérience nous montrent que lorsqu'on présente le test comme très valide (à l'autre moitié des sujets, on le présente comme médiocre), la compétition avec le sujet qui a réussi augmente.

On assiste aussi à une augmentation de la pression vers l'uniformité quand le désir d'appartenir à un groupe augmente. Autrement dit, plus un groupe est désirable, plus il est utilisé comme terme de comparaison, plus les pressions pour imposer les normes qu'il véhicule vont s'exercer. La pertinence accordée à une opinion ou une aptitude est un autre facteur d'augmentation de la pression vers l'uniformité.

Huitième hypothèse : « si la perception de la différence qui existe entre soi-même et ceux qui ont des opinions ou des aptitudes divergentes est fonction d'attributs compatibles avec la nature de cette divergence, la tendance à réduire la zone de comparaison possible sera plus grande ».

Quand il existe une différence entre soi-même et autrui au niveau des opinions ou des aptitudes, et s'il y a des données objectives qui expliquent cette différence, alors la pertinence de la comparaison diminuera. Par contre, si les informations fournies n'expliquent pas cette différence, il y aura comparaison.

Neuvième hypothèse : « lorsqu'il existe, dans un groupe, une gamme étendue d'opinions ou d'aptitudes, le poids relatif des trois modalités de pression vers l'uniformité sera différent selon qu'il s'agira des membres de groupes les plus proches du mode du groupe ou de ceux qui en sont les plus éloignés. Ceux qui sont les plus proches se caractériseront par leur tendance plus grande à chercher à modifier la position des autres, leur tendance relativement moindre à limiter la zone de comparaison et leur tendance encore moins nette à modifier leur propre position ».

Cette hypothèse est vérifiée par une série d'expérimentations (Festinger, Gerard *et al.*, 1952; Hochbaum, 1953) qui montre une modification plus importante des opinions chez les individus en désaccord avec le groupe que chez les individus en accord. De plus, on constate que les membres « conformistes » du groupe essaient davantage de convaincre les membres en désaccord.

II - DÉVELOPPEMENTS DE LA THÉORIE

A - CONCEPT DE SOI/COMPARAISON SOCIALE

Une nouvelle perspective s'est développée et fait se rejoindre les recherches sur la comparaison sociale et celles sur le Soi. Par exemple, on trouve les expérimentations de Masters, Carlston et Raye (1985) qui examinent à l'aide des réactions émotionnelles des sujets les effets de comparaisons fondés sur l'égalité, l'infériorité ou la supériorité. On peut aussi citer les travaux de Wheeler et Miyake (1992) où sont étudiées les relations entre comparaison sociale et estime de soi à partir de nouvelles techniques d'analyse. Dans ces expériences, les sujets doivent noter les comparaisons sociales qu'ils font dans la vie quotidienne. Les résultats soulignent les stratégies de recherche d'augmentation d'estime de soi à l'œuvre dans les comparaisons sociales. On constate également que la comparaison sociale peut être le résultat d'un comportement automatique des sujets.

B - Les travaux de Monteil

Les travaux de Monteil (1988, 1991, 1993) sont un autre lieu d'étude des relations entre comparaison sociale et concept de Soi. Dans une expérience, on manipule la comparaison sociale dans une classe d'élèves à qui on donne une leçon de biologie. Les variables indépendantes sont les suivantes :

- on dit à la moitié des élèves que l'on va les interroger pendant la leçon (condition « Individuation ») et à l'autre moitié, on dit qu'il n'y aura pas d'interrogation (condition « Anonymat ») ;
- ou bien on rappelle le niveau scolaire des élèves (une partie est en situation de réussite et l'autre en échec), ou bien la classe est présentée comme constituée d'élèves de niveau identique. On manipule ainsi la comparaison sociale en insistant sur les mérites de chacun.

Les résultats montrent une adéquation entre le niveau des élèves et leur performance dans la situation de non-comparaison. Par contre, en situation de comparaison sociale, les élèves de niveau inférieur rejoignent les élèves de bon niveau en situation d'anonymat, les bons élèves gardent des performances supérieures en situation d'individuation. Il y a donc augmentation des performances en cas de compatibilité entre la situation sociale et le niveau scolaire (conditions réussite-individuation et échec-anonymat) et diminution des performances en cas d'incompatibilité (réussite-anonymat et échec-individuation). Ces résultats ont été reproduits, pour de bons élèves, en remplaçant la variable « niveau scolaire » par une variable manipulée expérimentalement (distribution aléatoire d'un feed-back de réussite et d'échec). Chez les « mauvais » élèves, l'effet des variables indépendantes sur les performances s'inverse (ils réussissent le mieux en condition réussite-anonymat). Ces résultats originaux sont interprétés par l'auteur par l'effet de la gestion des ressources attentionnelles mobilisées par la situation expérimentale dans le cas d'une incompatibilité entre cette situation et le schéma de soi (de réussite ou d'échec) de l'élève.

Cette interprétation a été validée par l'introduction d'une tâche secondaire incidente parallèle à la tâche principale, mesurant les ressources attentionnelles disponibles des sujets (Monteil, 1993).

Références

Festinger, L. (1954). A theory of social comparison processes. *Human Relations*, 7, 117-140.

Monteil, J.-M. (1993). *Soi et le contexte*. Paris : Armand Colin.

FICHE 8

L'ÉVALUATION DE SOI

De la même manière que l'évaluation d'autrui nous est nécessaire afin de mieux le connaître, nous avons besoin de nous auto-évaluer. En l'absence de critère objectif, nous comparons nos performances, nos capacités aux autres (Festinger, 1954). L'évaluation que nous faisons de nous-même est donc liée à la manière dont nous percevons autrui, et dont nous percevons la distance entre nous et autrui.

I - UN MODÈLE D'ÉVALUATION DE SOI

A - PRÉSENTATION

Le modèle du maintien de l'auto-évaluation (Self-Evaluation Maintenance) développé par Tesser (1980, 1982) vise à expliquer comment les gens préservent une évaluation positive d'eux-mêmes, et comment les relations aux autres interviennent dans ces auto-évaluations. Deux mécanismes sont à la base de ce modèle :

– un processus par lequel les gens essaient de se servir de la réussite des autruis proches afin qu'elle rejaillisse sur eux (Cialdini *et al.*, 1976);

– un processus de comparaison.

Le modèle prend aussi en compte la **proximité**, le **niveau de performance d'autrui**, et la **pertinence de cette performance** dans la définition de Soi.

B - ILLUSTRATION EXPÉRIMENTALE

Tesser & Campbell (1982) ont fait varier la proximité de la cible de perception afin de valider les prédictions du modèle. Dans des tâches présentées comme mesurant la sensibilité sociale et le jugement esthétique, on faisait varier le feed-back (correct ou incorrect) et la cible de comparaison (un étranger ou un proche). Les résultats de cette expérimentation montrent que dans la mesure où des proches ont une bonne performance, les sujets ont tendance à faire rejaillir cette réussite sur eux-mêmes. Par contre, si un autrui éloigné a une bonne performance, alors notre propre performance sera dévalorisée par un processus de comparaison.

II - LES TRAVAUX DE CODOL

A - L'EFFET PIP

L'effet PIP (« *Primus Inter Pares* » : ce qui signifie « premier d'entre les pairs ») peut être défini comme « la tendance de chacun à affirmer qu'il est lui-même plus conforme aux normes en vigueur dans un ensemble défini d'individus que ne le sont les autres membres de cet ensemble » (Codol, 1973, 1975). Quand le sujet s'évalue en se comparant à autrui, il cherche à se présenter positivement en s'attribuant les caractéristiques valorisées par le groupe. On trouve ici un double processus présent dans la comparaison avec autrui : l'individu cherche à se différencier d'autrui tout en respectant la conformité par rapport aux normes sociales.

B - L'ÉVALUATION DES DISTANCES

Dans un article intitulé : « Suis-je aussi loin de vous que vous l'êtes de moi ? », Codol (1985) fait l'hypothèse d'un biais d'assimilation autocentrée : on assimile les autres à soi plutôt que l'inverse. Pour valider cette hypothèse, il présente à des sujets une feuille de papier où des points représentent l'emplacement de personnes dans une salle. La tâche des sujets est d'estimer la distance séparant l'une des personnes présentes de chacune des autres. Quatre groupes sont constitués en faisant varier le point de référence (un point de référence fixe ou plusieurs points de référence) et la nature de ce point de référence (anonyme ou le sujet lui-même). Les résultats de cette expérimentation montrent une importante sous-estimation des distances quand le point de référence de l'évaluation est le sujet lui-même plutôt que les autres personnes.

Les travaux de Codol (1977, 1979, 1984) sur l'évaluation des distances physiques permettent de mieux comprendre comment la différenciation avec autrui intervient dans l'évaluation que le sujet fait de lui-même. En s'évaluant par rapport à autrui, le sujet se différencie et préserve son identité.

Références

Codol, J.P. (1985). L'estimation des distances physiques entre les personnes : suis-je aussi loin de vous que vous l'êtes de moi ? *L'Année Psychologique*, 85, 517-534.

Tesser, A. (1988). Toward a self-evaluation maintenance model of social behavior. In L. Berkowitz (Ed.), *Advances in experimental social psychology* (vol. 21, pp. 181-227). New York : Academic Press.

FICHE 9

EFFETS DU SOI AU NIVEAU INDIVIDUEL

I - LE TRAITEMENT DE L'INFORMATION

En ce qui concerne le traitement de l'information, le Soi a une fonction de sélection, de filtre ou de distorsion. Les recherches nous apprennent que :

- les individus montrent une grande sensibilité aux stimuli qui relèvent du Soi (Bargh, 1982) ;
- les stimuli congruents avec le Soi sont plus efficacements traités (Kuiper & Rogers, 1986) ;
- les stimuli qui relèvent du Soi accroissent le rappel et la reconnaissance (Greenwald, 1980) ;
- les individus font des prédictions, des attributions et des inférences dont ils sont plus sûrs dans les domaines en rapport à soi (Anderson & Ross, 1984)
- les individus résistent aux informations non congruentes avec les stuctures du Soi (Kulik *et al.*, 1986).

II - RÉGULATION DES AFFECTS

Une autre fonction intrapersonnelle où le Soi intervient est la régulation des états affectifs. Quand les gens reçoivent des informations entrant en compétition avec leur conception de Soi, on assiste à une perturbation à la fois de la structure du concept de Soi et de l'équilibre des affects. Il est alors nécessaire de réaffirmer le Soi en recrutant dans le Soi actuel (*cf.* fiche 1) des conceptions qui appuient les représentations antérieures. Dans ce domaine, « maintenir la stabilité du soi est une manière de réguler les affects » (Markus & Wurf, 1987).

III - SOI ET MOTIVATION

Le concept de Soi a aussi un rôle important dans la motivation des individus. La question soulevée dans ces recherches est notamment de savoir comment les buts, les aspirations, les motifs et les craintes sont représentés. Markus et Nurius (1986) définissent les « Soi possibles » comme les éléments de soi représentant ce que les individus pourraient, voudraient, ou ont peur de devenir. À ce titre, ils fonctionnent en individualisant les motifs généraux et peuvent être considérés comme des composantes cognitives de la motivation.

IV - SOI ET PERFORMANCE

Pour beaucoup d'auteurs, le Soi joue un rôle important en tant que déterminant de la performance parce qu'il joue un rôle important dans la motivation des gens. Pour Carver, Blaney et Scheier (1979) par exemple, le lien entre le Soi et la performance est dû à l'attente du sujet quant à ses résultats : c'est l'attente de résultats positifs qui conduit à une augmentation des performances.

Ruvolo et Markus (1992) soulignent ici l'importance du concept de **Soi actuel** (*cf.* fiche 1) dans la régulation des performances. En manipulant l'accessibilité aux Soi possibles, les chercheurs démontrent que les sujets qui s'imaginent en situation de réussite dans le futur ont des performances supérieures à celles des sujets qui ont activé des Soi possibles négatifs.

Dans une série de recherches, Monteil a examiné les effets du Soi sur les performances. En faisant varier les positions sociales (anonymat ou individuation) d'élèves de niveaux scolaires différents (faible ou fort), Monteil (1991) démontre « l'importance des situations de comparaison et l'influence d'insertions spécifiques sur les performances intellectuelles » (*cf.* fiche 7). De plus, un « effet d'attention autobiographique » (Monteil et Huguet, 1993) est observé : les sujets font preuve de capacités d'attention variables selon le degré de compatibilité entre la situation actuelle et leurs représentations antérieures.

Martinot et Monteil (1993) mettent en évidence l'existence d'un schéma de Soi de réussite scolaire : les sujets en situation de réussite ont construit une représentation scolaire d'eux-mêmes présentant les caractéristiques d'un schéma de Soi (*cf.* fiche 2). Ces résultats, associés aux recherches précédentes, plaident en faveur de l'importance de l'histoire scolaire du sujet dans la façon dont il appréhende les différentes situations d'évaluation.

Références

Markus, H., & Wurf, E. (1987). The dynamic self-concept : A social psychological perspective. *Annual Review of Psychology*, 38, 299-337.

Monteil, J.-M. (1993). *Soi et le contexte*. Paris : Armand Colin.

Vallerand, J.V. (1994). *Les fondements de la psychologie sociale*. Montréal : Gaëtan Morin.

FICHE 10

EFFETS DU SOI AU NIVEAU SOCIAL

Le concept de Soi fournit une structure qui guide l'interprétation de l'expérience sociale de chacun et régule la participation de chaque individu dans cette expérience. Le Soi influence le processus de perception d'autrui, les inférences sur cette conduite ainsi que son évaluation.

I - LE TRAITEMENT DE L'INFORMATION SUR AUTRUI

Les chercheurs ont étudié la façon dont le Soi influence le traitement de l'information sur autrui. On peut notamment citer les travaux de Holoyak et Gordon (1983, 1984) sur les points de référence sociaux. Au terme de leurs expérimentations sur les biais de jugement, les auteurs ont mis en évidence la valeur de référence du Soi dans les comparaison soi-autrui. cette valeur de référence varie en fonction de l'autre terme de comparaison (comparaison soi/autrui ; comparaison soi/stéréotypes sociaux). Dans le domaine du jugement asymétrique, Codol (1981) fait l'hypothèse d'un **biais d'assimilation autocentré** : on assimile les autres à soi plutôt que l'inverse. Ce biais se traduit par le fait que des distances sont perçues plus courtes lorsqu'elles sont référées à soi plutôt qu'à autrui (*cf.* fiche 8).

Le rôle du concept de Soi dans la perception d'autrui est fondamental selon Markus, Smith et Moreland (1985). En l'absence d'information sur la personne faisant l'objet de notre évaluation, le Soi fournit un cadre de référence. Il est comme un point de référence naturel quand on pense à autrui.

II - STRATÉGIES D'INTERACTION

A - Présentation

Un des objectifs du choix des partenaires d'interaction est la recherche de bénéfices au niveau individuel. On utilise les situations d'interaction pour élaborer et maintenir l'image que l'on a de Soi. Dans ce contexte, plusieurs types de stratégies peuvent être utilisés. Les recherches montrent notamment que les individus ont tendance à essayer de vérifier le Soi dans les interactions sociales. Il y a recherche de personnes qui ne contredisent pas les images que l'individu se fait de lui, même si ces images sont négatives (Swann *et al.*, 1989). On explique ce phénomène par le besoin de maintenir une perception de prédictibilité et de contrôle. On constate aussi des stratégies de valorisation de Soi dans les comparaisons sociales (*cf.* fiche 7). Les résultats soulignent l'influence de l'estime de Soi et du contexte social dans le choix d'autrui pour se comparer.

B - Réactions au feed-back

Parmi les travaux sur les opérations interpersonnelles dans lesquelles est engagé le Soi, un nombre important de recherches se sont centrées sur les réactions au feed-back. Ce dernier peut être congruent ou incongruent avec les images de Soi, influençant ainsi les réactions cognitives de la personne. La littérature suggère que les gens recherchent de façon biaisée, et donc perçoivent plus facilement, des feed-back qui confirment leurs perceptions de Soi. Face à un feed-back négatif, les sujets utilisent des stratégies cognitives pour préserver leurs conceptions antérieures. Par exemple, ils peuvent faire preuve d'une attention sélective ou d'une interprétation sélective de l'information.

III - La présentation de Soi

En ce qui concerne la manière dont les gens se présentent aux autres, les recherches ont mis en évidence l'importance des propriétés individuelles (Snyder, 1987) et du contexte social. Les méthodes de présentation de Soi ont pour but de « maximiser les finalités sociales et matérielles, et d'influencer la conduite des autres » (Banaji & Prentice, 1994). Deux types de présentation ont été étudiés :

- présentation de Soi stratégique où la finalité est de créer une impression chez la personne à qui s'adresse cette présentation. Par exemple, des stratégies auto-handicapantes (Jones & Berglas, 1978) sont utilisées par l'individu afin de se protéger des risques de baisse de l'estime de soi. Elles consistent à se servir de l'information disponible pour préparer des « excuses » en cas d'échec ;
- présentation de Soi authentique qui a pour objectif une meilleure connaissance de Soi. L'individu se révèle à autrui en se présentant de la manière la plus personnelle possible.

Référence

Banaji, M.R., & Prentice, D.A. (1994). The self in social contexts. *Annual Review of Psychology*, 45, 297-332.

FICHE 11 LE SOI COMME STRUCTURE CULTURELLE

Alors que certains aspects du Soi paraissent constituer des universaux, on peut supposer que beaucoup d'autres sont spécifiques à des cultures particulières. Les recherches (Markus & Kitayama, 1991 ; Kashima *et al.*, 1995) mettent en avant une construction différente du Soi, de l'autre, et de l'interdépendance entre les deux selon les cultures. Un des aspects les plus étudiés est sans doute la prise en compte de contextes culturels différents, notamment entre une culture valorisant une conception interdépendante du Soi et une culture développant une conception indépendante du Soi.

I - UNE CONSTRUCTION DIFFÉRENTE SELON LES CULTURES

A - UNE CONSTRUCTION INDÉPENDANTE

Dans la plupart des cultures occidentales, la norme de construction du Soi est d'être indépendant des autres (Sampson, 1988 ; Triandis, 1990). L'objectif culturel d'indépendance propose le modèle d'un individu « dont la conduite est organisée et réalisée d'abord en référence à son propre répertoire interne de pensées, sentiments et actions, plutôt qu'en référence aux pensées, sentiments et actions des autres » (Markus & Kitayama, 1991). Le Soi est considéré comme une configuration unique des attributs internes et se conduit d'abord en fonction de ceux-ci.

B - UNE CONSTRUCTION INTERDÉPENDANTE

Une autre conception du Soi est mise en avant dans de nombreuses cultures non occidentales (Kondo, 1982 ; Miller, 1988). L'individu y est perçu comme une partie de l'environnement social dont la conduite est « déterminée, contingente de, et, pour une grande partie, organisée par ce que l'acteur perçoit être les pensées, les sentiments et les actions des autres dans les relations » (Markus & Kitayama, 1991). Cette représentation interdépendante du Soi n'est pas synonyme d'une confusion entre soi et autrui. Elle renvoie plutôt à une gestion différente des relations où l'individu contrôle ses attributs internes afin d'ajuster son comportement à autrui.

II - IMPLICATIONS

A - AU NIVEAU COGNITIF

Les activités cognitives dans lesquelles le Soi est impliqué sont influencées par les différentes constructions du Soi. On relève une attention plus importante aux connaissances sur l'environnement social chez les « Sois interdépendants ». L'information sur autrui, et sur les interactions entre Soi et autrui, est recherchée en priorité (Kitayama *et al.*, 1990). L'organisation de l'information en mémoire est différente puisque ces cultures favorisent le développement d'un savoir spécifique au contexte (Shweder & Bourne, 1984). Enfin, la constrution culturelle de Soi a un impact sur des activités cognitives non sociales comme la **catégorisation** ou le **raisonnement contre-factuel** (Liu, 1986).

B - AU NIVEAU ÉMOTIONNEL

La littérature suggère des différences dans l'expérience émotionnelle et l'expression de cette expérience selon la construction du Soi. Ainsi, les « Sois indépendants » seront davantage préparés en ce qui concerne les émotions centrées sur l'ego (colère, frustration). À l'inverse, les « Soi interdépendants » seront des « experts » pour ce qui est des émotions centrées sur autrui (sympathie, honte). De plus, l'intensité et la fréquence de ces émotions varient de façon importante selon le système du Soi (Matsumoto *et al.*, 1988).

C - AU NIVEAU MOTIVATIONNEL

Les recherches sur le Soi ont permis de mettre en évidence des différences culturelles dans le traitement et la repésentation des informations sur les plans :

– du besoin de consistance cognitive (Greewald, 1980) ;

– de la représentation de la réussite ;

– de l'estime de Soi (Yoshida *et al.*, 1982) ;

– de la conception de la modestie ;

– du biais de complaisance.

Référence

Markus, H.R., & Kitayama, S. (1991). Culture and the Self : Implications for Cognition, Emotion, and Motivation. *Psychological Review*, 98, 224-253.

FICHE 12

L'ESTIME DE SOI

Les travaux sur l'estime de soi s'intéressent à l'aspect évaluatif du Soi. En d'autres termes, il s'agit ici de mesurer la manière dont une personne se perçoit, comment elle s'attribue une valeur en tant qu'individu, et les conséquences de cette auto-évaluation.

I - DIFFÉRENTES ESTIMES DE SOI

A - ESTIME DE SOI PERSONNELLE VERSUS ESTIME DE SOI COLLECTIVE

Quand un individu essaie d'évaluer son Soi, il peut le faire en prenant en compte uniquement ses attributs personnels mais il peut aussi le faire en référence aux groupes auxquels il appartient. L'estime de Soi personnelle peut donc se définir comme l'évaluation subjective de ses caractéristiques. L'estime de Soi collective renvoie à une évaluation subjective des caractéristiques du ou des groupes auxquels l'individu s'identifie (Luhtanen & Crocker, 1991).

B - ESTIME DE SOI D'ÉTAT VERSUS ESTIME DE SOI DISPOSITIONNELLE

On peut aussi distinguer entre une estime de Soi stable (estime de Soi d'état) et une évaluation de Soi variable en fonction du contexte (estime de Soi dispositionnelle). Les événements auxquels nous sommes confrontés, les informations qui nous arrivent peuvent nous amener à modifier l'image que nous avons de nous-mêmes de façon passagère. Par exemple, si un étudiant s'auto-évalue en sortant d'un examen qu'il a le sentiment d'avoir raté, il aura tendance à avoir une estime de Soi plus négative qu'à l'habitude (Heartherton & Polivy, 1991). Malgré ces variations ponctuelles, chacun a une évaluation générale stable de Soi (Demo, 1985).

C - ESTIME DE SOI GLOBALE VERSUS ESTIME DE SOI MULTIDIMENSIONNELLE

Les travaux sur l'estime de Soi différencient une évaluation globale de nos propres caractéristiques et une représentation de Soi comme «entité à multiples facettes» (Vallerand *et al.* 1991). L'estime de Soi peut varier selon les dimensions prises en compte. Ainsi, un étudiant peut avoir une haute estime de soi en mathématiques et une estime de soi faible dans un autre domaine.

II - FORTE ESTIME DE SOI ET FAIBLE ESTIME DE SOI

A - PRÉSENTATION

Lorsqu'un individu fait l'évaluation de sa propre personne, on considère généralement qu'il est motivé par le désir de maintenir une évaluation positive de Soi. Un ensemble de stratégies est alors disponible pour préserver ou augmenter une auto-évaluation élevée: mémoire sélective (Ross & Conway 1986), filtrage au profit des informations positives (Campbell, 1990), comparaison sociale sélective (Gibbons & McCoy, 1991), biais d'auto-complaisance (Lewicki, 1984).

En ce qui concerne les individus ayant une faible estime de Soi, il semblerait qu'il y ait là aussi une recherche afin d'augmenter leur auto-évaluation. Cependant, les ressources auto-protectrices seraient moins importantes et donc les individus plus sensibles à l'information négative.

B - DES DIFFÉRENCES INTERINDIVIDUELLES

Des différences apparaissent entre les individus à forte estime de Soi et les individus à faible estime de Soi (Wells & Marwell 1976; Tesser & Campbell, 1983; Setterlund & Niedenthal, 1993).

Une haute estime de Soi est associée à :
- une plus grande confiance,
- des réponses plus extrêmes,
- une meilleure consistance interne,
- une plus grande stabilité temporelle,
- une tendance à se présenter de façon valorisante,
- une stabilité du Soi.

Une faible estime de Soi est associée à :
- hésitation à se prêter attention,
- un manque de précision dans la connaissance de Soi,
- une tendance à se présenter de façon dévalorisante,
- une plus grande sensibilité à la situation,
- une instabilité du Soi.

Référence

Banaji, M.R., & Prentice, D.A. (1994). The self in social contexts. *Annual Review of Psychology*, 45, 297-332.

FICHE 13 L'ÉCHELLE D'ESTIME DE SOI DE ROSENBERG

L'échelle construite par Rosenberg en 1965 mesure la vision habituelle que nous avons de nous-mêmes, la valeur que nous nous accordons en tant que personne. Plus précisément, elle permet d'évaluer les facteurs **d'acceptation de Soi** dans l'estime de Soi. Il s'agit sans doute de l'échelle de mesure de l'estime de Soi la plus utilisée du fait de sa simplicité d'utilisation et de sa brièveté.

On peut aussi citer la méthode utilisée par Gough et Heilbrun (1965) qui utilisent une liste de 300 adjectifs, ou encore l'échelle d'estime de Soi de Coopersmith (1967) construite avec 40 items.

I - DESCRIPTION

Construite afin de mesurer l'estime de Soi d'étudiants d'université, l'échelle de Rosenberg comporte dix items auxquels les sujets sont amenés à répondre à l'aide d'une évaluation en quatre points. Elle est populaire pour sa facilité d'utilisation, les sujets n'ayant que dix items à évaluer. De plus, elle situe les gens sur une seule dimension : elle permet de les classer sur un continuum allant de ceux qui ont une estime de Soi basse à ceux qui ont une estime de Soi élevée. Toutes les études de validité effectuées sont positives (Silber & Tippet, 1965). Enfin, il faut souligner son temps de passation très court (pas plus de cinq minutes).

II - ADMINISTRATION DE L'ÉCHELLE

Les sujets complètent seuls l'échelle. Ils doivent répondre aux items suivants à l'aide de l'échelle ci-dessous :

1	2	3	4
Fortement d'accord	D'accord	Pas d'accord	Fortement pas d'accord

1. Je suis quelqu'un de bien, du moins aussi bien que n'importe qui.
2. Je pense que j'ai un certain nombre de bonnes qualités.
3. En fait, j'ai tendance à me dire que je ne vaux rien.
4. Je suis capable de faire des choses aussi bien que la plupart des gens.
5. Je ressens que je n'ai pas de quoi être fier.
6. J'ai une attitude positive envers moi-même.

7. Dans l'ensemble, je suis satisfait de moi.

8. J'aimerais avoir plus de respect pour moi-même.

9. Parfois, je me sens franchement inutile.

10. Je pense parfois que je ne sers à rien.

III - QUOTATION

Sur les dix items que composent l'échelle de Rosenberg, cinq sont associés à une estime de Soi forte (items 1, 2, 4, 6 et 7) et cinq à une estime de Soi faible (items 3, 5, 8, 9 et 10).

Pour obtenir le score d'un sujet, on ajoute les notes données par le sujet aux items d'estime de Soi forte. En ce qui concerne les items d'estime de Soi faible, il est nécessaire d'inverser l'échelle. Par exemple, si un sujet répond « pas d'accord », c'est-à-dire « 3 », à l'item 10 : « Je pense parfois que je ne sers à rien », on doit recoder ce score afin qu'il corresponde à une mesure de forte estime de Soi. Dans le cas présent, « 3 » devient « 2 ». Ainsi, les notes des items 3, 5, 8, 9 et 10 sont inversées dans le sens suivant : « 1 » devient « 4 », « 2 » devient « 3 », « 3 » devient « 2 », et « 4 » devient « 1 ». Les changements effectués, il suffit de sommer les 10 évaluations d'un sujet pour obtenir son niveau d'estime de Soi. Le score se situe donc entre 10, pour un sujet avec une estime de Soi très élevée, et 40, pour un sujet avec un niveau d'estime de Soi très bas.

Une fois obtenue la totalité des notes des sujets, on calcule les quartiles afin de délimiter les individus avec une faible estime de Soi (quartile supérieur), les individus avec une forte estime de Soi (quartile inférieur), et les individus avec une estime de Soi moyenne (entre les deux quartiles).

IV - CRITIQUES

Un des problèmes majeur de l'échelle d'estime de Soi de Rosenberg est qu'elle a été construite en 1965 et que depuis, il n'y a pas eu de travaux récents pour l'adapter. Son unidimensionnalité est à la fois un avantage, mais aussi une limitation. De plus, des chercheurs (Nunnaly, 1967) ont critiqué le faible nombre des items, susceptible selon eux de produire des différences grossières entre les sujets.

Référence

Rosenberg, M. (1965). *Society and the adolescent self-image.* Princeton, NJ : Princeton University Press.

FICHE 14 LA THÉORIE DE L'ÉQUILIBRE DE HEIDER

I - DÉFINITION

Selon cette théorie, les individus recherchent l'ordre, la symétrie et la cohérence entre les éléments de leur environnement. Si une contradiction apparaît, des forces tentent de restaurer l'équilibre soit en modifiant les rapports entre ces éléments, soit en modifiant la représentation que la personne s'en fait.

Considérons un objet X et deux individus P1 et P2. Ces deux individus peuvent être soit en relation d'attirance (+), soit en relation d'aversion (-) et peuvent avoir envers l'objet X soit une attitude positive (+), soit une attitude négative (-).

A - SCHÉMAS

On peut schématiser ceci de la façon suivante :

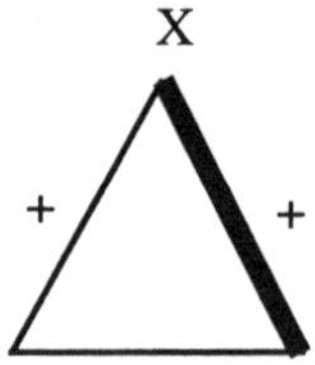

P1 + P2
Cas n° 1

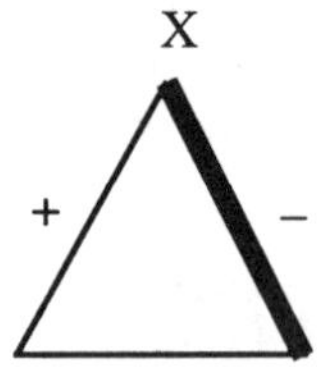

P1 – P2
Cas n° 2

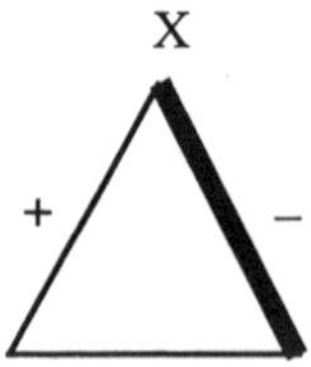

P1 + P2
Cas n° 3

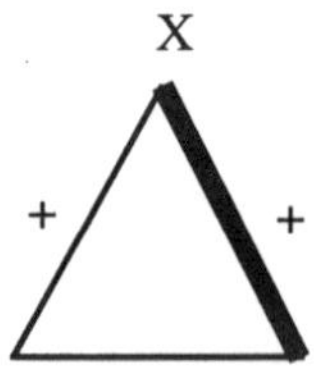

P1 – P2
Cas n° 4

B - RELATIONS ET ATTITUDES

Si nous considérons le cas n° 1 :

P1 et P2 sont en relation d'attirance (+) et ont tous deux une attitude positive (+) envers l'objet X. La situation est donc équilibrée.

De même, si nous considérons le cas n° 2 :

P1 et P2 sont en relation d'aversion (-), P1 ayant une attitude positive (+) envers l'objet X, P2 ayant une attitude négative (-) envers ce même objet. La situation est toujours équilibrée.

Maintenant, si nous considérons le cas n° 3 :

P1 et P2 sont en relation d'attirance (+) mais ont une attitude différente envers l'objet X. Dans cette condition, la situation est déséquilibrée.

De même, dans le cas n° 4 :

P1 et P2 sont en relation d'aversion (-) et ont tous deux une attitude positive (+) envers l'objet en question. La situation, dans ce cas, est également déséquilibrée.

II - HYPOTHÈSES

Il existe deux types de relation entre les éléments du champ social d'un individu :

– les relations L (like : relation affective);

– les relations U (unit : relation d'union).

A - Première hypothèse

« Il y a équilibre si une entité donnée possède à tous égards les mêmes caractéristiques dynamiques [...] » (Heider, 1971, p. 16).

Par exemple, les relations affectives envers une personne, qu'elles soient positives ou négatives, doivent toujours aller dans le même sens. (Il y a équilibre si P1 admire et aime à la fois P2; il y a déséquilibre si P1 admire mais n'aime pas P2).

B - Deuxième hypothèse

« Dans le cas de deux entités, il y a équilibre si la relation est positive (ou négative) dans tous les cas, c'est-à-dire quelle que soit la signification de [...] » la relation affective (L) ou de la relation d'union (U) (Heider, 1971, p.18).

Par exemple, si P1 aime (L +) l'objet X et qu'il possède cet objet (U +), la situation est équilibrée.

C - Troisième hypothèse

« Dans le cas de trois entités, il y a équilibre si les trois relations sont positives à tous égards ou si deux d'entre elles sont négatives et la troisième positive » (Heider, 1971, p.19).

Par exemple, si P1 aime l'objet X (L +) et s'il aime P2 (L +), la situation est équilibrée si P2 aime aussi X (L +).

Si nous reprenons les quatre cas de la partie précédente, il y a équilibre comme nous l'avons vu dans les cas n° 1 et n° 2.

D - Quatrième hypothèse

« S'il y a déséquilibre, des forces tendant vers l'équilibre vont faire leur apparition. Il y aura modification soit des caractéristiques dynamiques (les relations affectives), soit des relations d'union par le truchement de l'action ou de la réorganisation cognitive » (Heider, 1971, p.16).

C'est-à-dire que, si nous reprenons le cas n° 3 où la situation est déséquilibrée, pour retrouver l'équilibre, P1 pourra soit :

– faire changer P2 d'attitude envers X ;

– changer lui-même d'attitude envers X ;

– changer d'attitude envers P2.

II - ILLUSTRATION

Dans une recherche, Horowitz, Lyons et Perlmutter (1951) désirent étudier la relation entre l'amitié perçue entre certains individus d'un groupe de sujets et la similitude de leurs opinions.

Lors de cette expérimentation, chaque sujet devait classer les membres du groupe du plus attrayant au moins attrayant.

Les sujets étaient ensuite invités à discuter librement entre eux pendant une heure et demie.

Les expérimentateurs proposaient à chacun, à l'issue de cette discussion, trois propositions (tirées des thèmes abordés lors de la discussion).

Les sujets devaient alors indiquer leur propre réaction face à ces différentes propositions ainsi que les réactions des autres membres du groupe.

Comme le prévoit la théorie de l'équilibre cognitif, les sujets ont tendance à augmenter la similitude d'opinion entre eux et autrui lorsque autrui apparaît comme attrayant.

Les recherches ont suffisamment confirmé cette tendance à l'équilibre des relations pour que l'on puisse parler d'un « principe de l'équilibre ».

En résumé, il nous serait nécessaire de maintenir une certaine cohérence, un certain équilibre dans nos relations, nos attitudes... Si dans une situation particulière, tel n'est pas le cas, nous serions motivés à rétablir cet équilibre.

Références

Heider, F. (1946) (1971). Attitudes et organisation cognitive. In C. Faucheux & S. Moscovici (Eds.), *Psychologie sociale théorique et expérimentale* (pp. 17-20). Paris : Mouton.

Horowitz, M.W., Lyons, J., & Perlmutter, H.V. (1951). Induction of forces in discussion groups. *Human Relations*, 71, 57-76.

FICHE 15 MOTIVATION POUR LE CONTRÔLE ET LA RÉACTANCE

I - MOTIVATION POUR LE CONTRÔLE

La maîtrise de son environnement constitue un besoin fondamental pour l'être humain et contribue à assurer la survie de l'espèce humaine (Pittman & Heller, 1987). En effet, maîtriser l'environnement permet à l'individu de produire (ou d'augmenter la probabilité d'apparition) des événements désirables et lui permet d'éviter (ou de réduire la probabilité d'apparition) des événements indésirables. Il lui est, par exemple, important de savoir comment agir sur l'environnement pour se procurer de la nourriture. En conséquence, on considère généralement que l'homme est mû par une « motivation pour le contrôle » (Pittman, 1993). Dans ce sens, on a proposé que l'activité de recherche de causes pourrait être sous-tendue par la motivation pour le contrôle (Kelley, 1967 ; *cf.* fiche 49). Comprendre comment survient un événement permet de le reproduire ou de l'éviter.

Selon Pittman et ses collègues (Pittman, 1993), une intensification de la motivation pour le contrôle se traduit chez les sujets par un plus grand investissement dans la recherche et dans le traitement de l'information. Ceci permet aux sujets d'obtenir une image précise de leur environnement qui, en retour, leur permet de mieux le maîtriser.

À l'appui, Pittman et ses collègues ont montré que la **privation de contrôle** (par l'exposition à des problèmes sans solution) rend les sujets plus sensibles à l'information disponible et les conduit à intensifier leurs efforts lorsqu'ils sont confrontés à une nouvelle tâche (D'Agostino & Pittman, 1982 ; Pittman & D'Agostino, 1989 ; Pittman & Pittman, 1980 ; Swann, Stephenson & Pittman, 1981).

Pittman suggère que la privation de contrôle pourrait amener les sujets à traiter l'information de manière plus systématique (*cf.* fiche 37, tome 1). Lorsqu'il s'agit de formuler un jugement sur un objet ou une personne, les individus motivés pour le contrôle baseraient leurs jugements sur un examen minutieux de l'information disponible et recourraient moins fortement que les autres sujets à l'utilisation de procédures cognitives heuristiques (utilisation d'heuristiques, de catégories, schémas, stéréotypes…) (Pittman, 1993).

II - RÉACTANCE PSYCHOLOGIQUE

Une autre théorie traite du problème de la motivation à contrôler son environnement. Il s'agit de la théorie de la « réactance psychologique » (Brehm, 1966). Selon celle-ci, « les gens pensent qu'ils ont des libertés comportementales spécifiques, et lorsque ces libertés sont menacées ou éliminées, l'individu devient motivé pour les rétablir » (Brehm, 1993, p. 3; Brehm & Mann, 1975). La motivation à rétablir ces libertés est appelée « réactance psychologique ». Elle a deux effets principaux :

- elle favorise la tendance comportementale à exercer la liberté menacée ou éliminée;
- elle rend plus attractif l'activité ou l'objet par rapport auquel la liberté a été menacée.

Alors que la perspective de la motivation pour le contrôle est relativement générale, la réactance psychologique est spécifique puisqu'elle porte sur la restauration des libertés comportementales menacées ou éliminées (Brehm, 1993).

À titre d'exemple, imaginons que M. Smith a l'habitude de jouer au golf le dimanche après-midi, bien qu'il passe certains dimanches après-midi à regarder la télévision ou à bricoler (Brehm, 1966). Un dimanche matin, sa femme lui demande d'aller jouer au golf l'après-midi parce qu'elle reçoit des amies et qu'elle ne souhaite être dérangée ni par le bruit du marteau ni par celui de la télévision. Les libertés comportementales de M. Smith sont menacées, on devrait donc enregistrer de la réactance. Par exemple, il se pourrait que M. Smith proteste qu'il y a justement un programme télévisé particulièrement intéressant ce dimanche, ou qu'il doit finir un travail important dans son atelier.

L'ampleur de la réactance psychologique est fonction de trois facteurs : l'importance des libertés menacées, la proportion de libertés menacées, et l'intensité de la menace.

A - Importance des libertés menacées

L'ampleur de la réactance est d'autant plus grande que les libertés menacées sont importantes pour le sujet. L'importance d'une liberté comportementale est liée à sa capacité à satisfaire un besoin important pour le sujet. Moins il existe de comportements alternatifs susceptibles de satisfaire le besoin du sujet, plus la liberté comportementale est importante.

En d'autres termes, plus les moyens (les libertés comportementales) de satisfaire un besoin particulier sont nombreux, moins chaque moyen est important, et moins la réactance consécutive à la menace d'une liberté comportementale sera forte.

B - Proportion de libertés menacées

L'ampleur de la réactance est d'autant plus grande que la proportion de libertés menacées est grande. Imaginons une personne qui pense pouvoir s'engager dans trois comportements A, B et C. La réactance sera plus forte si les comportements A et B sont menacés que si on menace seulement A ou B. Dans le même sens, si une alternative comportementale est menacée, la réactance est d'autant plus grande que le nombre total d'alternatives est restreint.

C - Intensité de la menace

L'ampleur de la réactance sera d'autant plus importante que la menace concernant une liberté sera intense.

Par ailleurs, certaines libertés en impliquent d'autres. Par exemple, si j'ai le droit de fumer dans un endroit, il y a de fortes chances pour que j'aie aussi le droit d'y manger du chewing-gum. Si on me retire la possibilité de manger du chewing-gum, il est probable que l'on me retirera la possibilité de fumer. Dans ce cas, la menace d'une liberté entraîne une menace pour d'autres libertés impliquées. Par conséquent, la réactance devrait être d'autant plus importante que la liberté menacée en implique d'autres.

D - Illustration

Heilman (1976) a demandé à des passants de signer une pétition en faveur du contrôle des prix de la viande et des légumes. Avant que les gens ne décident de signer la pétition, l'expérimentateur les informait qu'il devait leur faire lire certaines informations avant de signer.

Dans la condition « pression faible », cette information supplémentaire disait que « Raymond T., un membre d'une association locale, s'était déclaré franchement hostile à cette résolution, et qu'il avait déclaré qu'elle mettait en danger l'économie ».

Dans la condition « pression forte », on ajoutait que « Raymond T. avait déclaré que les gens ne devraient en aucun cas être autorisés à distribuer ou à signer une telle pétition ».

Dans la condition « représailles », on ajoutait encore qu'il avait dit que « l'on prendrait des renseignements sur toutes les personnes qui signeraient la pétition ».

Comme le montre la figure 1, les résultats sont clairement en accord avec les prévisions de la théorie de la réactance psychologique. Plus la liberté comportementale des sujets est menacée (plus la pression est forte), plus les sujets s'engagent dans le comportement menacé (signer la pétition).

Figure 1 - Pourcentage moyen de personnes acceptant de signer la pétition en fonction de la pression exercée sur eux (d'après Heilman, 1976).

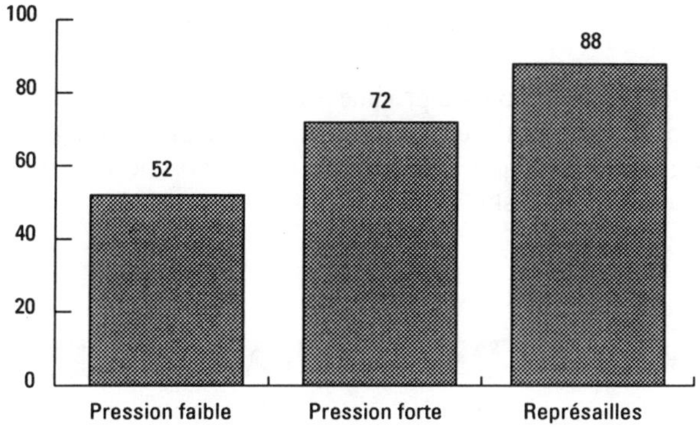

Références

Brehm, J.W. (1966). *A theory of psychological reactance*. New York : Academic Press.

Doise, W., Deschamps, J.C., & Mugny, G. (1991). *Psychologie sociale expérimentale*. Paris : Armand Colin.

Pittman, T.S. (1993). Control motivation and attitude change. In G. Weary, F. Gleicher & K.L. Marsh (Eds.), *Control motivation and social cognition* (pp. 157-175). New York : Springer Verlag.

▶ Voir fiches 42, 43.

FICHE 16 MOTIVATIONS POUR JUGER ET SAVOIR

La théorie de « l'épistémologie profane » porte sur les processus par lesquels les gens forment et changent leurs connaissances sur divers sujets (*cf.* Kruglanski, 1980; Kruglanski & Azjen, 1983). Elle comporte une très forte composante motivationnelle (Kruglanski, 1990).

I - FORMATION DES CONNAISSANCES

Selon cette théorie, les connaissances se forment au cours d'une « séquence épistémique » qui regroupe deux phases : une phase de « formulation du problème » et une phase de « résolution du problème ».

Dans **la phase de formulation du problème**, l'individu génère des hypothèses sur un problème donné en fonction des connaissances dont il dispose à ce moment. Par exemple, le problème peut consister à connaître l'heure exacte. En l'absence de tout repère temporel, l'individu peut développer un grand nombre d'hypothèses. La génération d'hypothèses est motivée par l'intérêt que suscite chez l'individu l'objet de connaissance. Elle sera déclenchée si la résolution du problème (ici, savoir l'heure exacte) sert certains buts pour cette personne. La recherche de l'heure exacte est probablement importante pour une personne qui doit prendre un train; la résolution du problème lui permettra de ne pas le rater.

Dans **la phase de résolution du problème**, l'individu va déterminer quelle hypothèse, parmi celles qu'il a générées dans la phase de formulation du problème, doit être privilégiée par rapport aux autres. Pour reprendre notre exemple, imaginons qu'en arrivant devant la gare, notre quidam demande l'heure à un passant qui lui déclare qu'il est 16 h 30. L'information reçue par notre voyageur lui a permis (pour autant qu'il ait confiance dans les dires du passant) de rejeter un certain nombre d'hypothèses (par exemple : il est 20 h 15). Le voyageur ayant formé sa connaissance sur le problème qui l'intéressait, la séquence épistémique peut être interrompue.

Toutefois, en arrivant dans la gare, il s'aperçoit que l'horloge affiche 16 h 55. Cette information est inconsistante avec l'information précédente. La séquence épistémique va être relancée. Notre individu devra rechercher d'autres informations afin de pouvoir déduire une des deux hypothèses des faits (« il est 16 h 30 » ou « il est 16 h 55 »).

II - BESOINS EPISTÉMIQUES

En dehors des facteurs informationnels, les « motivations épistémiques » constituent l'autre principale classe de facteurs qui influe sur le développement de la séquence épistémique. Les motivations épistémiques sont « des motivations dont l'objet est la connaissance » (Kruglanski, 1990, p. 335). Dans ce cadre, on peut se demander si la connaissance sur tel objet est désirée ou évitée et quelles sont les caractéristiques de cette connaissance.

Kruglanski propose l'existence de deux dimensions orthogonales renvoyant à ces questions. La première dimension est le « besoin (versus l'évitement) de clôture », la seconde concerne « la spécificité (versus non-spécificité) du type de clôture ». Un individu se positionnera sur ces deux dimensions en fonction des coûts (qui tendront à être minimisés) et des bénéfices (qui tendront à être maximisés) estimés de cette position.

A - Besoin (évitement) de clôture non spécifique

Le besoin de clôture non spécifique correspond à « un besoin de réponse, n'importe quelle réponse, plutôt que la confusion et l'ambiguïté » (Kruglanski, 1990, p. 337). Les bénéfices d'une telle clôture sont divers. Elle permet, par exemple, de rendre les situations plus prévisibles et permet ainsi à l'individu d'agir. Par ailleurs, le fait de devoir prendre une décision rapidement sur un sujet donné peut augmenter le coût de l'absence de clôture. Par exemple, il peut quelquefois être important pour une entreprise de donner une réponse rapide à une demande d'investissement. Rater une opportunité pourrait lui être préjudiciable. Par conséquent, la pression temporelle est censée intensifier le besoin de clôture.

L'évitement de clôture non spécifique peut, quant à lui, être intensifié dans des situations où une décision trop rapide pourrait entraîner des conséquences néfastes pour le sujet, notamment lorsqu'il craint d'obtenir une connaissance fausse. Si une personne doit réaliser un achat important, on peut penser que, malgré les incitations du vendeur, elle évitera de prendre une décision à la hâte et cherchera d'autres informations susceptibles d'éclairer sa décision.

B - Besoin (évitement) de clôture spécifique

Le besoin de clôture spécifique peut être défini chez un individu comme un besoin de réponses particulières par rapport à ses questions. Les bénéfices d'une telle clôture sont liés à l'obtention de réponses désirables. Cela signifie que la séquence épistémique sera déclenchée avant l'obtention de telles connaissances, ou sera stoppée dès l'obtention de celles-ci.

D'un autre côté, l'individu peut chercher à éviter des réponses indésirables. Par exemple, on sait que des personnes ayant de fortes probabilités d'être atteintes d'une maladie grave refusent quelquefois de dépister ces maladies et cherchent activement des éléments leur permettant de penser qu'elles ne peuvent pas être malades. Dans ce cas, l'évitement d'une clôture spécifique (l'individu est malade) est lié à l'obtention de la clôture opposée (il ne peut pas être malade).

C - Conflits de besoins

On a présenté les besoins épistémiques comme s'ils étaient indépendants. Toutefois, dans de nombreuses situations, ces différents besoins peuvent coexister dans l'esprit d'un individu. Par exemple, un chercheur peut demander l'avis de collègues sur la qualité de ses travaux (besoin de clôture non spécifique) et, en même temps, désirer fortement que leur réponse soit favorable (besoin de clôture spécifique) (Kruglanski, 1990). Les tensions créées par le conflit entre les différents besoins épistémiques sont résolues dans le sens de la motivation la plus forte.

D - Illustration

De nombreux travaux ont été réalisés sur les besoins épistémiques (Kruglanski & Freund, 1983 ; Kruglanski, Webster & Klem, 1993 ; Mayseless & Kruglanski, 1987 ; Webster, 1993).

Kruglanski *et al.* (1993) ont demandé à des sujets de participer à une expérience sur les processus de jury. Leur tâche consistait à juger de la culpabilité d'une compagnie aérienne dont l'un des engins s'était écrasé en produisant de nombreux dégâts matériels. Une partie des sujets ne recevait pas d'autre information que les faits (information incomplète). On pouvait penser que ces derniers seraient donc peu confiants dans leur décision. L'autre partie des sujets recevait, de plus, une expertise officielle (information complète). Pour la moitié de ces sujets, l'analyse révélait que l'avion n'avait pas subi tous les tests nécessaires, que l'accident était donc dû à une négligence de la compagnie. Pour l'autre moitié de ces sujets, l'analyse déclarait que la panne survenue à l'appareil était indécelable lors des tests, que la compagnie n'était donc pas responsable de l'accident et de ses conséquences.

Les sujets participaient par couple. L'un des sujets était un compère spécialement entraîné pour tenir son rôle. Après avoir donné leur avis sur la culpabilité de la compagnie, on invitait les sujets à discuter avec le compère de leur décision pour arriver à une décision consensuelle. Le compère argumentait toujours dans la position opposée à celle défendue par le sujet. Après quelques minutes de discussion, on l'interrompait pour demander aux sujets leur avis, à ce moment précis de la discussion, sur le cas présenté (les sujets croyaient que la discussion se prolongerait après ces mesures).

Le besoin de clôture était manipulé de la manière suivante. On avait placé dans la salle d'expérimentation une imprimante à l'aide de laquelle l'expérimentateur disait imprimer un texte important dont il avait besoin de manière urgente. Le bruit était tel qu'il rendait la discussion difficile. Or, on sait que les gens tendent généralement à économiser leurs efforts (*cf.* Fiske & Taylor, 1991). Le bruit devait donc conduire les sujets à rechercher une décision rapide de manière à réduire leurs efforts. Le besoin de clôture de ces sujets devait donc être plus important que celui des sujets se trouvant dans une pièce sans bruit.

Les résultats de cette expérience sont en accord avec les prévisions de l'approche des besoins épistémiques. Les sujets en haut besoin de clôture (bruit) réagissent de manière plus contrastée à l'argumentation du compère que les autres sujets (sans bruit). Le besoin de clôture facilite l'acceptation des arguments lorsque les sujets disposent de peu d'information, lorsqu'ils ont peu confiance dans leur décision (information incomplète). En revanche, il amène les sujets disposant d'informations (information complète) à ne pas prendre en compte la nouvelle source d'information.

Références

Kruglanski, A.W. (1980). Lay epistemologic-process and contents : another look at attribution theory. *Psychological Review*, 87, 70-87.

Kruglanski, A.W. (1990). Motivations for judging and knowing : implications for causal attribution. In E.T. Higgins & R.M. Sorrentino (Eds.), *Handbook of motivation and cognition : Foundations of social behavior* (Vol. 2, pp. 333-368). New York : Guilford Press.

Kruglanski, A.W., & Ajzen, I. (1983/1995 trad. franç.). Biais et erreur dans le jugement humain. In E. Drozda-Senkowska (Ed.), *Irrationalités collectives* (pp. 35-90). Lausanne : Delachaux et Niestlé.

► Voir fiche 17.

FICHE 17 ÉCHELLE DU BESOIN DE CLÔTURE

Le besoin de clôture non spécifique peut être manipulé expérimentalement (*cf.* fiche 16). Toutefois, Kruglanski (1990) considère qu'il représente aussi une caractéristique dispositionnelle (Webster, 1993; Webster & Kruglanski, 1994). Pour mesurer cette dimension, Kruglanski et ses collègues ont mis au point une échelle de besoin de clôture (non spécifique). Celle-ci est constituée de 42 items pour lesquels les sujets doivent donner leur degré d'accord (1 = pas du tout d'accord; 6 = tout à fait d'accord). Le score d'un sujet sur cette échelle est égal à la somme des réponses aux 42 items.

Il est à noter que 16 de ces items sont inversés (un fort degré d'accord révèle un évitement de clôture) et le score pour chacun de ces items doit être renversé (6 = 1 ; 5 = 2 ; 4 = 3…) avant d'être intégré au score total du sujet (ces items sont accompagnés de la lettre « R » dans la présentation de l'échelle).

Le besoin de clôture est mesuré au travers de cinq dimensions : la « préférence pour l'ordre et la structure » (items : 01, 06, 10, 20 (R), 25, 27 (R), 32, 33, 35, 42 (R)), le « besoin de prévisibilité » (items : 05 (R), 07, 11, 18 (R), 19 (R), 25, 26, 41), la « recherche de clôture dans la prise de décision » (items : 12 (R), 13, 15 (R), 16, 17 (R), 22 (R), 37 (R)), «l'inconfort provoqué par l'ambiguïté » (items : 03, 08, 14, 21, 29, 30, 31, 36, 39), et la « fermeture d'esprit » (items : 02 (R), 04, 09, 24 (R), 28 (R), 34 (R), 38 (R), 40).

Cette échelle a été testée sur des populations américaines (Webster *et al.*, 1994). La consistance interne de cette échelle est forte (coefficient α de Cronbach =.84) et la corrélation entre deux mesures à douze semaines d'intervalle (test/re-test) laisse entendre qu'il s'agit bien là d'une dimension stable chez les individus (r =.86).

I - ÉCHELLE

1. Je pense que l'ordre et l'utilisation de règles claires dans le travail sont essentiels pour réussir.

2. Même après m'être forgé une idée à propos de quelque chose, je suis toujours impatient de considérer une opinion différente. (R)

3. Je n'aime pas les situations dont on ne connaît pas l'issue.

4. Je n'aime pas les questions auxquelles on peut répondre de différentes façons.

5. J'aime avoir des amis imprévisibles. (R)

6. Je trouve qu'une vie ordonnée avec des horaires réguliers est tout à fait adaptée à mon tempérament.

7. Lorsque je vais au restaurant, j'aime aller dans des endroits que je connais déjà. Comme ça, je sais à quoi m'attendre.

8. Je me sens mal à l'aise lorsque je ne comprends pas la raison pour laquelle un événement se produit dans ma vie.

9. Cela m'agace lorsque, dans un groupe, une personne est en désaccord avec ce que pense l'ensemble des autres membres.

10. Je déteste modifier mes projets au dernier moment.

11. Je n'aime pas me mettre dans une situation sans savoir ce que je peux en attendre.

12. Lorsque je vais faire des achats, j'ai des difficultés à décider précisément ce que je veux. (R)

13. Lorsque je suis confronté à un problème, je vois habituellement très rapidement la meilleure solution.

14. Lorsque je n'ai pas d'idées claires à propos d'un problème important, je me sens très contrarié.

15. J'ai tendance à repousser jusqu'au dernier moment les prises de décision importantes. (R)

16. D'habitude, je prends des décisions importantes de façon rapide et confiante.

17. Je me décrirais plutôt comme quelqu'un d'indécis. (R)

18. Je trouve amusant de modifier mes projets à la dernière minute. (R)

19. J'aime l'incertitude liée au fait de se trouver dans une situation sans savoir ce qui peut arriver. (R)

20. Mon espace personnel est habituellement encombré et sans organisation. (R)

21. Dans la plupart des cas de conflit social, je peux voir facilement quelle partie a raison et laquelle a tort.

22. J'ai tendance à avoir du mal à prendre des décisions. (R)

23. Je crois que l'ordre et l'organisation sont deux des principales caractéristiques des bons étudiants.

24. Lorsque je considère la plupart des situations de conflit, je peux habituellement voir comment les deux parties peuvent avoir raison. (R)

25. Je n'aime pas être avec des gens qui sont capables de faire n'importe quoi.

26. Je préfère être avec des amis intimes parce que je sais ce que je peux en attendre.

27. Je pense que j'apprendrais mieux dans un cours dont les objectifs et les exigences ne sont pas établis de façon stricte. (R)

28. Lorsque je pense à un problème, je considère toutes les opinions possibles sur ce problème. (R)

29. J'aime savoir ce que les gens pensent.

30. Je n'aime pas que les paroles d'une personne puissent être interprétées de plusieurs manières.

31. C'est ennuyeux d'écouter quelqu'un qui ne semble pas capable d'avoir un avis clair.

32. Je trouve que le fait de suivre une certaine routine me permet de mieux apprécier la vie.

33. J'aime avoir un mode de vie clair et structuré.

34. Je préfère rencontrer des gens dont les opinions sont très différentes des miennes. (R)

35. J'aime avoir une place pour chaque chose et que chaque chose soit à sa place.

36. Je me sens mal à l'aise lorsque les intentions d'une personne ne me paraissent pas limpides.

37. Lorsque j'essaie de résoudre un problème, j'envisage souvent tellement d'options possibles que cela m'embrouille l'esprit. (R)

38. J'ai toujours vu plusieurs solutions possibles pour les problèmes auxquels j'ai été confronté. (R)

39. Je préférerais recevoir de mauvaises nouvelles que rester dans l'incertitude.

40. Habituellement, je ne consulte pas beaucoup d'opinions différentes avant de former mon propre point de vue.

41. Je n'aime pas les situations imprévisibles.

42. Je n'aime pas les aspects routiniers de mon travail (de mes études). (R)

II - DÉVELOPPEMENTS

A - Besoin de clôture et autres échelles

Webster & Kruglanski (1994) ont étudié le lien entre le besoin de clôture tel qu'il est mesuré par cette échelle et d'autres échelles de mesure de personnalité. Le besoin de clôture est positivement corrélé à « l'autoritarisme » (Sanford, Adorno, Frenkel-Brunswick & Levinson, 1950), au « dogmatisme » (Rokeach, 1960), et au « besoin de structure » (Neuberg & Newsom, 1993). Il est corrélé négativement au « besoin de cognition » (*cf.* fiche 18). Enfin, le besoin de clôture ne paraît lié ni à la désirabilité sociale ni à l'intelligence.

B - Besoin de clôture dispositionnel et jugement

Pour tester la pertinence de cette dimension, on a réalisé des expériences en comparant des sujets en haut besoin de clôture à des sujets en bas besoin de clôture dans diverses situations. Ces travaux indiquent que les effets obtenus de cette manière sont comparables à ceux obtenus dans les recherches où le besoin de clôture est manipulé plutôt qu'invoqué (*cf.* fiche 16).

On a notamment montré que les sujets en haut besoin de clôture, comparés aux sujets en bas besoin de clôture :

- étaient plus sensibles aux effets de primauté dans une tâche de formation d'impression (Webster *et al.*, 1994 ; exp. 4) ;
- étaient plus sensibles au biais dispositionnel (Webster, 1993 ; exp. 2) ;
- réagissaient de manière très contrastée à une tentative de persuasion en fonction de leur niveau de connaissance initiale (Kruglanski, Webster & Klem, 1993 ; exp. 3. *Cf.* fiche 16 pour une présentation plus détaillée d'une expérience identique dans laquelle le besoin de clôture non spécifique est provoqué).

Références

Kruglanski, A.W., Webster, D.M., & Klem, A. (1993). Motivated resistance and openness to persuasion in the presence or absence of prior information. *Journal of Personality and Social Psychology*, 65, 861-876.

Webster, D.M., & Kruglanski, A.W. (1994). Individual differences in need for cognitive closure. *Journal of Personality and Social Psychology*, 67, 1049-1062.

► Voir fiches 16, 18.

FICHE 18

ÉCHELLE DU BESOIN DE COGNITION

I - DÉFINITION

Un grand nombre de chercheurs ont fait porter leurs efforts sur l'étude des facteurs situationnels déterminant l'apparition de traitements cognitifs variant sur le plan de la complexité, de la profondeur et de la quantité de ressources cognitives que l'individu doit engager pour les réaliser. Jusqu'à présent les facteurs différentiels, facteurs découlant des dispositions de l'individu, avaient été négligés. L'échelle du besoin de cognition (Cacioppo et Petty, 1982) permet d'explorer leur impact. Comme le suggère son nom, cette échelle n'a pas pour objectif de distinguer les individus sur la dimension des capacités cognitives (mnésique, verbale, logique, etc.) mais plutôt en fonction du niveau chronique de besoin et d'appétence pour l'effort cognitif.

Les individus ayant à cette échelle un score faible tout comme ceux ayant un score élevé ont également besoin de donner du sens et d'organiser les informations qui leur parviennent, mais ils le feraient, selon Cacioppo et Petty (1982), en suivant des voies différentes.

Les individus ayant un score faible à cette échelle s'appuiront plus fréquemment, dans ce travail, sur les opinions d'autrui, tout particulièrement s'il s'agit de célébrités ou d'experts, sur des heuristiques cognitives et sur les processus de comparaison sociale. Pour reprendre la terminologie des auteurs, ils effectueront un traitement périphérique de l'information (*cf.* vol. 1, fiche 36).

Les individus ayant un score élevé à l'échelle du besoin de cognition tendent spontanément à acquérir et à réfléchir sur les informations qu'ils collectent. Ils ont une attitude plus favorable que les autres à l'égard de tâches réclamant un effort mental important (lecture, examen, résolution de problème, etc.), et rapportent avoir fréquemment résolu des problèmes ou utilisé des dispositifs techniques complexes. Ils ont également plus de connaissances, plus accessibles, sur des thèmes plus variés.

C'est probablement dans l'étude de la **persuasion** que cette échelle a été la plus utilisée (pour une revue voir Cacioppo, Petty, Feinstein et Jarvis, 1995). On a pu démontrer que comparés aux individus ayant un score faible à l'échelle du besoin de cognition, les individus ayant un score élevé étaient plus sensibles à la qualité des arguments, qu'ils produisaient plus de réponses cognitives en réponse au message, qu'ils le mémorisaient mieux et que leurs changements d'opinion étaient moins dépendants de leur degré d'implication personnelle dans le thème abordé par le texte.

II - ÉCHELLE DU BESOIN DE COGNITION

Les propositions présentées ci-dessous sont librement traduites de l'échelle du besoin de cognition (Cacioppo, Petty, Feinstein et Jarvis, 1995) rédigée en langue anglaise. À noter également : cette échelle n'a pas été validée dans les pays francophones.

A - Consignes

On demande aux sujets d'indiquer sur une échelle de type Likert, en 5 points, si les propositions qui suivent les caractérisent tout à fait ou pas du tout.

B - Questions

1. Je préfère les problèmes simples aux problèmes complexes.
2. J'aime avoir la responsabilité de situations nécessitant une réflexion importante.
3. Je ne conçois pas la réflexion comme une distraction.
4. Je préférerais faire quelque chose réclamant peu de réflexion plutôt que quelque chose qui mettra sûrement mes capacités de réflexion à l'épreuve.
5. J'essaie d'anticiper et d'éviter les situations où il est probable que j'aurais à réfléchir en profondeur à quelque chose.
6. Je trouve une grande satisfaction dans le fait de réfléchir intensément durant de longues heures.
7. Je ne réfléchis pas plus que nécessaire.
8. Je préfère réfléchir à des problèmes limités et quotidiens plutôt quà des problèmes se posant dans le long terme.
9. J'apprécie les tâches qui, une fois apprises, réclament peu de réflexion.
10. L'idée de fonder ma réussite sur la réflexion me plaît.
11. Je prends réellement du plaisir à des tâches impliquant la découverte de solutions nouvelles.
12. Apprendre de nouvelles façons de penser ne me stimule pas beaucoup.
13. Je préfère voir ma vie pourvue en casse-tête que je dois résoudre.
14. L'idée de réfléchir de manière abstraite me séduit.
15. Je préférerais un travail intellectuel, difficile et important à un travail important mais ne réclamant pas beaucoup de réflexion.
16. J'éprouve du soulagement plutôt que de la satisfaction lorsque je viens à bout d'un travail nécessitant un gros effort mental.
17. Il suffit pour moi que quelque chose fonctionne, peu importe comment et pourquoi cela fonctionne.
18. Ordinairement, je mène mes réflexions jusqu'à leur terme, même lorsque les problèmes sur lesquels elles portent ne m'affectent pas personnellement.

FICHE 19 ÉCHELLE DE SELF-MONITORING

I - DÉFINITION

L'échelle de self-monitoring (monitorage de soi) a été construite par Snyder (1974) et révisée en 1986 par Snyder et Gangestad. Elle permet de savoir dans quelle mesure un individu exerce un contrôle sur la présentation verbale et non verbale qu'il fait de lui-même. À une extrémité de l'échelle, on trouve les individus hauts en monitorage de soi. Concernés par le caractère approprié de leurs conduites sociales, ils seraient tout particulièrement sensibles à la façon dont autrui se présente et exprime ce qu'il est. Ils utiliseraient ces informations comme des indices leur permettant de définir la façon dont ils devront se présenter à autrui, tant sur un plan verbal que sur un plan non verbal. Cette catégorie d'individus, sorte de caméléons sociaux (Snyder, 1979), a pour exemplaires illustratifs le politicien et l'acteur. À l'autre extrémité de l'échelle de monitorage de soi, on trouvera les individus à faible monitorage de soi. Loin d'être aussi attentifs que les premiers aux informations sociales et au caractère approprié de la présentation qu'ils font d'eux-mêmes, ils privilégieraient, au contraire, l'expression de leur valeur et de leurs attitudes profondes et se soucieraient en premier lieu d'accorder leur comportement à ce qu'ils pensent et ressentent.

II - ILLUSTRATION EXPÉRIMENTALE

Snyder et Monson (1975) ont montré l'impact du monitorage de soi sur l'évolution d'une discussion de groupe. On mesurait tout d'abord le niveau de monitorage de soi des participants (des étudiants), puis on plaçait les sujets dans l'une des deux conditions expérimentales. En condition « publique », les sujets étaient conduits dans une salle où se trouvait un miroir, un microphone, deux caméras, un écran de contrôle vidéo, tous parfaitement visibles, ainsi qu'une table et des chaises. On invitait les sujets à s'asseoir puis on leur expliquait que cette recherche portait sur la discussion en groupe. On leur faisait signer une autorisation par laquelle ils donnaient le droit aux chercheurs de diffuser l'enregistrement de la discussion à d'autres étudiants. Puis la discussion débutait, le chercheur mettait ostensiblement en marche la caméra. Les sujets avaient accès à ce qui était enregistré par le biais de l'écran de contrôle vidéo. Tout ceci contribuait, à la fois, à donner aux sujets l'impression que la discussion serait vue par leurs pairs, et à leur fournir un moyen de contrôle sur l'image qu'ils donnaient d'eux-mêmes. Dans la seconde condition expérimentale, condition « privée », caméras, moniteur vidéo, miroir étaient absents, aucune autorisation n'était signée, le seul témoin de la discussion était l'expérimentateur.

La première hypothèse des auteurs était que les sujets à haut monitorage de soi auront pour stratégie l'affirmation de leur attachement aux normes acceptées et partagées par les membres du groupe de référence saillant dans chaque situation, à savoir l'ensemble des étudiants en condition « publique » et le groupe de discussion en condition « privée ». L'autonomie et le non-conformisme sont généralement privilégiés par les étudiants mais exclus en situation de discussion, on s'attend donc à ce que ces sujets fassent preuve de non-conformisme en condition publique et de conformisme en condition privée. Les auteurs posent, en revanche, que les sujets à faible monitorage de soi agiront de manière indifférenciée dans les deux situations. Les résultats de cette recherche confirment les hypothèses des auteurs.

III - ÉCHELLE DE SELF-MONITORING

A - Consignes

Voici les consignes (traduction libre) données en préambule de la passation de l'échelle.

« Les propositions qui suivent concernent vos réactions personnelles dans différentes situations. Aucune proposition n'est identique à une autre, aussi, lisez attentivement chaque proposition avant de donner votre réponse. Si une proposition est vraie ou le plus souvent vraie appliquée à vous, cochez la case V. Si une proposition est fausse ou rarement vraie appliquée à vous, cochez la case F.

Il est important que vous répondiez aussi franchement et aussi sincèrement que possible. Vos réponses resteront strictement confidentielles. »

B - Questions

Les questions présentées ci-dessous sont librement traduites de l'échelle révisée de self-monitoring de Snyder et Gangestad (1986) rédigée en langue anglaise. À noter également : l'échelle de monitorage de soi n'a pas été validée dans les pays francophones. Nous avons accompagné chaque proposition des lettres V ou F : elles indiquent les réponses que donnerait une personne ayant un score maximum à l'échelle (une personne exerçant un contrôle maximal sur la façon dont elle se présente).

1 Je trouve difficile d'imiter les comportements d'autrui. (F)

V F

☐ ☐ (*idem* pour les items suivants)

2 Lors de réunions ou de fêtes, je ne cherche pas à faire ou à dire des choses que les autres trouveront agréables. (F)

3	Je peux seulement défendre les idées en lesquelles je crois. (F)
4	Je peux improviser des discours concernant des sujets pour lesquels je n'ai aucune connaissance. (V)
5	J'estime que je joue la comédie pour faire bonne impression et divertir autrui. (V)
6	Je ferais probablement un bon acteur. (V)
7	Dans un groupe de gens, j'attire rarement l'attention sur moi. (F)
8	Dans des situations différentes et avec des personnes différentes, j'agis souvent comme une personne différente. (V)
9	Je ne suis pas particulièrement bon à faire en sorte que les autres m'apprécient. (F)
10	Je ne suis pas toujours la personne que je parais être.
11	Je ne changerais pas mes opinions ou ma façon d'agir dans le but de plaire ou de gagner la faveur de quelqu'un. (V)
12	Je me considère comme un artiste de cabaret (« I have considered being an entertainer »). (V)
13	Je ne suis pas bon à des jeux tels que les charades ou les jeux d'improvisation. (F)
14	J'ai de la peine à changer mes comportements pour m'adapter à des personnes et à des situations différentes. (F)
15	Lors de fêtes, je laisse les autres plaisanter et raconter les histoires. (F)
16	Je me sens un peu maladroit en public et je ne me présente pas aussi bien que je le devrais. (F)
17	Je peux regarder quelqu'un dans les yeux tout en lui mentant et en restant impassible (si c'est pour une bonne cause). (V)
18	Je sais tromper une personne en restant amicale avec elle alors même que je ne l'aime pas. (V)

IV - CHAMPS D'UTILISATION

C'est dans l'approche fonctionnelle des **attitudes** que cette échelle se révèle la plus intéressante (pour une analyse d'ensemble voir Snyder et DeBono, 1989). Elle permet d'étudier les fonctions d'ajustement et d'expression des attitudes et leur impact sur les changements d'attitudes (DeBono, 1987; DeBono et Harnish,

1988). L'idée est que les individus à haut monitorage de soi rechercheraient de manière chronique un ajustement social optimum. L'expression d'attitudes appropriées à une situation constituerait l'un des moyens d'opérer ces ajustements. À l'inverse, pour les individus à faible monitorage de soi, les attitudes serviraient une fonction d'expression des valeurs et des idées qui leur sont centrales.

Dans une recherche (DeBono, 1987), les sujets étaient différenciés suivant leurs réponses à l'échelle de self-monitoring. On leur faisait ensuite écouter un message enregistré par un docteur en psychiatrie à propos de l'internement des malades mentaux et présentant des arguments pour et contre l'internement. Sa conclusion était qu'aucune solution n'était meilleure que l'autre. Auparavant, et suivant les conditions expérimentales, le fait d'être favorable à l'internement était présenté implicitement comme pouvant servir une fonction d'ajustement social ou bien comme pouvant servir une fonction d'expression. Dans la condition « ajustement social », il était dit aux sujets que 70 % contre 30 % des personnes interrogées au cours d'une enquête étaient favorables à l'internement. Dans la condition « expression des valeurs », il était dit aux sujets que des gens favorables à l'internement avaient, au cours d'une enquête, exprimé leur attachement à des valeurs telles que l'amour et la responsabilité, deux valeurs auxquelles étaient également attachés les sujets expérimentaux. Nous ne retiendrons ici que les résultats concernant les sujets à haut monitorage de soi. Ils montrent que ces derniers devenaient plus favorables à l'internement en condition « ajustement social » qu'en condition « expression des valeurs ». En outre, ces sujets se rappelaient mieux les arguments favorables à l'internement et produisaient plus d'élaborations cognitives concernant le message.

L'échelle de monitorage de soi a également été employée dans plusieurs études expérimentales portant sur l'impact persuasif de messages publicitaires (*cf.* vol. 1, fiche 41 et Snyder et DeBono, 1985).

FICHE 20 BESOIN DE CONSISTANCE COGNITIVE

I - DÉFINITIONS

A - Consistance cognitive

Les individus ont tendance a préférer les situations équilibrées aux situations déséquilibrées à tel point que lorsqu'il y a incohérence, déséquilibre, ils recherchent différents moyens pour rétablir la cohérence, **l'équilibre**. Les théories de la **consistance cognitive** expliquent comment surviennent les **changements d'attitude**. Les individus opèrent un travail cognitif orienté vers l'établissement ou le rétablissement d'états équilibrés entre les cognitions. C'est l'hypothèse de base de toute théorie de la consistance cognitive. Trois registres peuvent être impliqués dans ce travail de recherche de la consistance. Les deux premiers concernent les comportements :

- on s'attend à ce que certains comportements soient consistants chez une même personne,
- on s'attend à ce qu'une personne se comporte en relation avec ses traits de personnalité, ses attitudes à l'égard des objets…

Le troisième concerne les savoirs, croyances, opinions, ou ce que l'on appelle communément les cognitions.

Ces trois registres de consistance ont donné lieu à de nombreuses recherches. Portant sur la consistance cognitive, ces travaux s'intéressent à l'univers cognitif des individus.

B - Équilibre cognitif : rappel

Heider (1946) est le premier à formuler une théorie de la **consistance cognitive** : « l'équilibre cognitif ». D'après cette théorie *(cf.* fiche 14), si une contradiction existe entre les jugements ou attentes d'une personne concernant un aspect de son environnement social et les implications des jugements ou attentes relatives à d'autres aspects de cet environnement, on peut observer une modification des rapports entre les éléments de l'environnement ou encore une modification de la représentation que la personne s'en fait afin de restaurer **l'équilibre**.

Nous ne reviendrons pas plus en détail sur la théorie de **l'équilibre** de Heider, mais précisons que le modèle présenté est difficilement gérable au-delà de trois éléments en présence.

II - ÉQUILIBRE STRUCTURAL

Cartwright et Harary (1956) proposent une règle de multiplication algébrique permettant la généralisation de **l'équilibre** à plus de trois éléments. Celle-ci se présente sous la forme : (– +) x (– +) x (– +) = (– +)

Concrètement, dans le cas numéro 1 (*cf.* fiche 14), nous avons la formule suivante : (+) x (+) x (+) = (+)

Dans le cas numéro 2 : (–) x (+) x (-) = (+)

Dans le cas numéro 3 : (+) x (+) x (-) = (–)

Dans le cas numéro 4 : (–) x (+) x (+) = (–)

Cette conception de l'« équilibre structural » repose sur deux axiomes indépendants qui font que dans une structure équilibrée, chaque personne doit pouvoir dire :

- soit selon l'axiome 1 : les amis (+) de mes amis (+) sont mes amis (+).
- soit selon l'axiome 2 : les ennemis (-) de mes ennemis (–) sont mes amis (+) ou les amis (+) de mes ennemis (–) sont mes ennemis (–) ou encore les ennemis (–) de mes amis (+) sont mes ennemis (–).

Selon la théorie de la consistance cognitive, l'homme ne supporte pas l'inconsistance, il tend donc nécessairement à rétablir la consistance.

Le problème est alors de savoir comment l'individu va rétablir la consistance à la suite d'une rupture d'équilibre. Si nous reprenons comme exemple les relations suivantes :

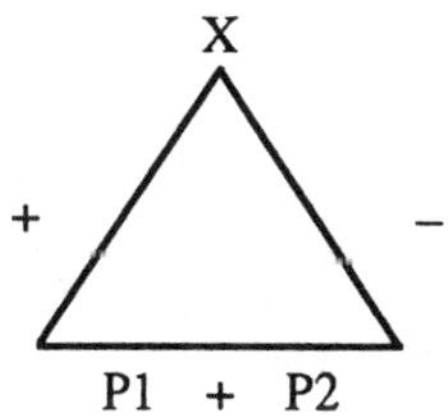

Nous avons vu qu'un individu P1 peut recourir à plusieurs solutions pour soulager cette tension (*cf.* fiche 14) : P1 peut par exemple changer de relation envers P2; P1 peut changer d'attitude envers X; P1 peut convaincre P2 de changer d'attitude ou encore; P1 peut vivre cette inconsistance par la fuite, c'est-à-dire en évitant d'y penser. Il est difficile de prédire avec cette théorie de la consistance cognitive comment celle-ci se rétablira si inconsistance il y a. Nous verrons dans la fiche suivante ce que Festinger nous propose dans sa théorie de la « dissonance cognitive ». Précisons qu'à la suite du modèle de l'équilibre de Heider, de nombreuses théories de la consistance cognitive ont pu être développées telles la théorie de la congruence d'Osgood et Tannenbaum (1955), la psycho-logique d'Abelson et Rosenberg (1958), la théorie de la consistance syllogistique de Mc Guire (1960). Si nous ne développons pas ces théories ici, il était toutefois nécessaire de les mentionner.

Référence

Heider, F. (1946) (1971). Attitudes et organisation cognitive. In C. Faucheux et S. Moscovici (Eds.), *Psychologie sociale théorique et expérimentale* (pp. 17-20). Paris : Mouton.

FICHE 21

DISSONANCE ET RÉTABLISSEMENT DE LA CONSONANCE

I - AUX FRONTIÈRES DU PARADIGME DE LA CONSISTANCE COGNITIVE

Parmi les théories de la **consistance cognitive**, la théorie de la **dissonance cognitive** proposée par Festinger (1957) se situe aux frontières de ce paradigme en ce qui concerne au moins deux de ses éléments.

A - Comportement

Pour Heider, le retour à l'**équilibre** n'est que le reflet d'une préférence du sujet pour un monde équilibré. Le sujet est davantage un analyste ou un observateur qu'un acteur, « il tombe sur une information qui ne le satisfait pas, et qui va initier un état de déséquilibre. Alors ses préférences pour les états équilibrés vont peut-être le conduire à modifier sa conception ou sa connaissance des choses » (Beauvois et Deschamps, 1990, p. 32). Pour Festinger, l'état d'inconsistance est induit par le comportement du sujet lui-même, qui n'est plus dans ce cas-là un analyste mais un acteur. En ce sens, les sujets font quelque chose qui n'est pas en accord avec certaines de leurs cognitions. Ce n'est pas une simple information qui entraîne alors cet état d'inconsistance mais le propre comportement du sujet.

B - Taux de dissonance

Festinger préfère utiliser les termes de « **consonance** » et « **dissonance** » plutôt que ceux de « consistance » et d'« inconsistance ». Il y a dissonance lorsque dans l'univers du sujet deux éléments (ou cognitions) en contradiction apparaissent simultanément – l'une impliquant donc la négation de l'autre – ou encore quand l'individu estime que dans une situation particulière deux éléments présents ne devraient pas être associés entre eux. De là, un effort sera à fournir pour faire en sorte que ces deux éléments s'accordent mieux (en réduisant le taux de dissonance). La **dissonance** est fonction de trois variables :

- l'écart entre les **cognitions** ;
- l'importance de chacune des **cognitions** ;
- le nombre de **cognitions** dissonantes en présence.

Festinger donne un statut particulier à la **cognition** qui est la cause de l'état de **dissonance**. Beauvois et Joule (1981) la nomment « cognition génératrice ». Pour le calcul du taux de dissonance, on ne prendra en compte que les cognitions qui sont en rapport avec cette « cognition génératrice ». On peut déterminer le taux de dissonance de la façon suivante :

$$\text{Taux de dissonance : } \frac{\text{cognitions dissonantes}}{\text{cognitions dissonantes + consonantes}}$$

Le taux de dissonance est une fonction du rapport entre les cognitions dissonantes et l'ensemble des cognitions pertinentes (consonantes et dissonantes) pondérées par leur importance. On comprend alors que la dissonance est inversement proportionnelle au nombre de cognitions consonantes détenues. De plus, l'amplitude de la dissonance détermine l'amplitude des procédures de réduction.

II - RÉTABLIR LA CONSONANCE

Il y a donc dissonance quand les sujets ont une croyance et que les faits ne correspondent pas avec cette croyance. Comme nous l'avons vu précédemment, la théorie de la **dissonance cognitive** traite de **cognitions** : opinions, idées, savoirs concernant l'individu lui-même, les autres, le monde et les situations mais aussi et surtout concernant son propre comportement. Tout écart entre son comportement et ses attitudes entraîne un état psychologique inconfortable. Aussi cet écart doit être réduit par un travail cognitif relativisant ou supprimant les cognitions dissonantes. C'est le travail de réduction de la dissonance.

Comment réduire cet état de dissonance ?

- l'individu peut adopter des stratégies d'évitement ou de fuite pour ne pas penser à la dissonance,
- l'individu peut nier une des **cognitions**. Par exemple, Monsieur P. fume tout en sachant que la cigarette est associée au cancer du poumon. Il sera plus facile pour lui de nier la véracité des études démontrant un lien entre cigarette et cancer que de s'arrêter de fumer ;
- si les deux **cognitions** sont aussi fortes, l'individu peut tenter d'ajouter des cognitions consonantes ou moduler l'importance des cognitions en présence. Par exemple, si on reprend le cas de Monsieur P. qui ne peut s'empêcher de fumer mais qui est également persuadé de l'effet nocif de la cigarette : celui-ci pourra ajouter des conditions consonantes pour réduire la dissonance, en se disant que « fumer donne de la consistance, lui apporte de l'assurance… » ou bien encore, il pourra moduler l'importance des cognitions en présence en réduisant la quantité de cigarettes fumées.

Référence

Beauvois, J.L., & Deschamps, J.C. (1990). La théorie de la dissonance cognitive et sa filiation. In R. Ghiglione, C. Bonnet & J.F. Richard (Eds.), *Traité de psychologie cognitive*. 3. Cognition, représentation, communication (pp. 25-42). Paris : Bordas.

FICHE 22

RÉSUMÉ ET PARADIGMES EXPÉRIMENTAUX

I - RÉSUMÉ

Doise, Deschamps et Mugny (1991, p. 239) nous proposent un résumé (repris de Zajonc, 1968) de la théorie de la **dissonance cognitive.** Cette théorie est regroupée en neuf propositions :

« 1. La dissonance cognitive est un état pénible.

2. L'individu essaie de réduire ou d'éliminer la dissonance cognitive et d'éviter tout ce qui l'augmenterait.

3. Dans un état de consonance cognitive, l'individu évite tout ce qui pourrait produire de la dissonance.

4. L'intensité de la dissonance cognitive varie en rapport avec :

- l'importance des **cognitions** concernées,
- la proportion de cognitions ayant une relation dissonante.

5. L'intensité des tendances décrites en 2. et 3. est en rapport direct avec l'intensité de la dissonance.

6. La dissonance cognitive peut être réduite ou éliminée

- en ajoutant de nouvelles cognitions ou
- en changeant des cognitions existantes.

7. Ajouter de nouvelles cognitions réduit la dissonance

- quand les nouvelles cognitions renforcent les éléments consonants et diminuent donc la proportion des éléments cognitifs qui sont dissonants ou
- quand les nouvelles cognitions diminuent l'importance des éléments cognitifs en état de dissonance.

8. Changer des cognitions existantes réduit la dissonance quand

- leur nouveau contenu les rend moins inconsistantes ou
- leur importance diminue.

9. Cette augmentation ou ce changement de cognitions peut se faire en changeant les aspects cognitifs de l'environnement par l'action ».

II - PARADIGMES EXPÉRIMENTAUX

Nous pouvons maintenant présenter rapidement quatre paradigmes issus de la théorie de la dissonance cognitive et qui ont mobilisé les chercheurs. Qu'est-ce qui peut entraîner de la dissonance et comment rétablir la consonance ?

A - Effets d'un choix

Le fait d'avoir à effectuer un choix n'est pas dissonant dans le cas où seul un des termes de l'alternative nous apparaît comme réellement intéressant. Par contre, si nous devons faire un choix entre deux termes de l'alternative tous deux aussi attirants l'un que l'autre, nous sommes alors placés en situation de **dissonance cognitive.** Il nous faudra faire un choix, et c'est seulement une fois ce choix effectué que pourra commencer le travail de réduction de la dissonance. L'éventualité écartée sera alors dévaluée au profit de l'éventualité retenue qui sera quant à elle surévaluée.

B - Perception de l'information

Si une information apparaissant dans l'environnement du sujet est contradictoire avec ses propres croyances, alors celui-ci peut se trouver en état de dissonance. Or, il apparaît d'après les études faites dans ce paradigme de la perception de l'information que le sujet évite au maximum toute dissonance de ce type en faisant davantage attention aux informations congruentes avec ses propres croyances et en étant moins attentionné à celles qui pourraient entraîner un déséquilibre.

C - Justification de l'effort

Si nous dépensons beaucoup d'énergie pour atteindre un objectif, si nous souffrons pour accéder à quelque chose, et si à la fin nous évaluons négativement cet objectif ou reconnaissons que la chose en question n'a que peu de valeur, un état de dissonance est créé. Une façon de réduire cet état de dissonance est alors d'élever notre appréciation de l'objectif atteint (justifiant ainsi l'effort accompli) et de surévaluer la valeur de la chose acquise pour laquelle nous avons souffert (justifiant ainsi la souffrance subie).

D - Soumission induite

Si un individu est amené à s'exprimer ou à agir de façon contraire à son attitude, il ressentira un état de **dissonance** l'incitant à changer son attitude de manière à la faire correspondre à ce qu'il a dit ou fait. Et plus les déterminants externes susceptibles d'inciter à l'action sont forts (comme la récompense ou la punition), plus faible sera le **changement d'attitude**.

Ce dernier paradigme de la théorie de la dissonance, que l'on peut aussi appeler « **la soumission forcée** » va retenir toute notre attention dans les fiches à venir.

Référence

Doise, W., Deschamps, J.C., & Mugny, G. (1991). *Psychologie sociale expérimentale.* Paris : Armand Colin.

FICHE 23

SOUMISSION FORCÉE, CHANGEMENT D'ATTITUDE ET ENGAGEMENT

I - SOUMISSION FORCÉE

Dans certains cas, il arrive que sous l'emprise de forces présentes dans son environnement, un sujet soit amené à émettre un comportement contraire à ses propres croyances, attitudes ou opinions. C'est ainsi que dans ses recherches portant sur la **soumission à l'autorité**, Milgram (1974) (*cf.* tome 1, fiche 22) montre que de nombreux sujets n'hésitent pas à torturer un individu malgré les protestations de ce dernier.

Les sujets, dans les expériences inspirées de la théorie de la **dissonance cognitive**, ont également à effectuer des comportements qu'ils refuseraient normalement d'exécuter. Les exemples ne manquent pas : on a pu, par exemple, pousser des sujets à manger des sauterelles grillées, approuver une intervention de la police qu'ils considéraient comme injustifiée, plaider devant la télévision en faveur d'un système d'examens considéré comme périmé, arrêter de fumer pendant une soirée complète, s'abstenir de boire pendant quelques heures après avoir mangé des aliments entraînant une très grande soif, avoir un discours raciste alors qu'ils se considéraient comme anti-racistes, prôner l'inutilité des loisirs extra-universitaires, déclarer les vacances scolaires comme trop longues, rédiger un texte pour les expériences sur les animaux alors qu'ils étaient plutôt contre...

II - CHANGEMENT D'ATTITUDE

Les sujets sont donc amenés à faire certains actes contraires à leurs cognitions, ce qui provoque chez eux un état de dissonance. Pour réduire cette dissonance, et dans le cas où les justifications extérieures fournies pour s'engager dans de tels comportements sont insuffisantes, les sujets doivent alors changer d'attitudes pour les accorder avec le comportement qu'ils viennent d'émettre. Dans le cas contraire, c'est-à-dire si les justifications extérieures sont suffisantes pour expliquer son comportement, alors il n'y aura pas **changement d'attitude**, car pas de dissonance. On peut prendre comme exemple pour illustrer ce paradigme de la **soumission forcée** la célèbre expérience de Festinger et Carlsmith (1959). Dans cette expérience, le sujet devait, dans un premier temps, réaliser une tâche très ennuyeuse (tourner des chevilles carrées d'un quart de tour dans le sens des aiguilles d'une montre avec une seule main). Puis prétextant l'absence d'un collaborateur, l'expérimentateur demandait au sujet de bien vouloir l'aider en faisant un travail rémunéré consistant à présenter l'expérience au sujet suivant. Le sujet devait alors vanter l'intérêt de l'expérience : « c'était très plaisant, je me suis bien amusé, c'était passionnant... ». Pour effectuer ce travail, certains sujets recevaient la somme de 1 dollar, d'autres la somme de 20 dollars. Enfin, à l'issue de ce travail, un autre expérimentateur demandait aux sujets d'apprécier leur attitude à l'égard de la tâche expérimentale (plaisir à participer à l'expérience, apport de l'expérience, importance scientifique de celle-ci, volontariat pour une participation future...). On s'arrangeait pour présenter cette dernière phase de l'expérience comme indépendante de la précédente. Conformément aux prédictions de la théorie de la dissonance cognitive, les sujets mal rémunérés modifient davantage leur opinion que les sujets bien rémunérés. Ils déclarent avoir éprouvé plus de plaisir à participer à l'expérience, ils déclarent plus que les autres que l'expérience est importante sur le plan scientifique et sont plus décidés à participer à des expériences semblables.

D'une certaine façon, le gain compense la dissonance. Plus on reçoit un gain élevé et plus la justification est suffisante pour expliquer l'acte contraire à nos attitudes que nous venons de commettre et donc pour ne pas changer de croyance. Le fait d'être bien rémunéré est une cognition consonante. Le dénominateur du taux de dissonance étant plus élevé, le sujet éprouvera moins de **dissonance**. Plus le gain est mineur, moins il y a de possibilité de justifier cet acte contraire à la croyance primaire. Le sujet ne disposant pas de **cognitions** consonantes suffisantes, la réduction de la dissonance ne pourra se faire que par la transformation de la croyance – ou ici, de l'attitude – à l'égard de la tâche. **Changement d'attitude** et récompense varient donc en sens inverse.

Cependant, pour que cette réduction de la dissonance apparaisse, certaines conditions sont nécessaires. Il est en effet nécessaire que le sujet se sente «engagé» dans ses actes ou personnellement responsable de ses actes.

III - ENGAGEMENT

A - CONDITIONS D'ENGAGEMENT

Charles Kiesler (1971) est le précurseur de la psychologie de l'engagement. **L'engagement** est pour lui le lien qui existe entre l'individu et ses actes. Selon cette définition, Beauvois et Joule (1987) concluent que :

- seuls les actes nous engagent et non pas nos idées, croyances ou sentiments;
- on peut être engagé à des degrés divers par ses actes.

Plusieurs critères peuvent être considérés comme engageants :

- le caractère **public** ou privé de l'acte : il est plus engageant de faire quelque chose sous le regard d'autrui que dans l'anonymat;
- le caractère **répétitif** de l'acte : on est plus engagé dans une situation si on réalise plusieurs fois cet acte que si on ne le réalise qu'une seule fois;
- le caractère **irréversible** du comportement : si l'individu a le sentiment qu'il ne peut pas revenir sur le comportement qu'il est sur le point d'émettre, il sera plus engagé que s'il a la possibilité de se rétracter dans les jours suivants;

- le **coût** de l'acte : un acte plus coûteux **engage** plus un individu qu'un acte à moindre coût;
- le sentiment de **liberté** : les degrés de récompense et de punition jouent un rôle important dans le degré de sentiment de liberté.

En effet, dans une situation où il y a peu d'obligation et peu de récompense, on ne peut trouver les raisons de notre acte qu'en étant en accord avec le comportement émis, et de ce fait le sujet se trouve plus **engagé**. Par contre, une forte menace ou une forte récompense sont moins engageantes que précédemment, les raisons de l'acte émis étant alors faciles à trouver. Forte menace et forte récompense constituent donc des facteurs de désengagement. Il ne peut y avoir **dissonance** que s'il y a **engagement** du sujet dans l'acte générateur mais la dissonance ne se réduit pas à l'engagement. L'engagement n'est qu'une condition nécessaire à l'induction de l'état de dissonance.

De plus, c'est moins l'engagement dans l'acte contre-attitudinel que l'engagement dans la **soumission** qui s'avère nécessaire à l'induction d'un état de **dissonance**.

B - Soumission des sujets « libres »

Si le sujet a le sentiment d'être libre de ses actes, on peut se demander pourquoi il accepterait d'émettre un comportement contraire à ses **cognitions**. Or, de nombreuses recherches ont pu montrer que les sujets ayant un fort sentiment de liberté et les sujets ayant un faible sentiment de liberté, acceptent dans des proportions égales de se soumettre aux exigences de l'expérimentateur. C'est pourquoi Kelley (1967) préfère parler d'illusion de liberté, et Beauvois et Joule (1987) de sentiment de liberté plutôt que de liberté (plus récemment d'ailleurs, ces derniers préfèrent utiliser les termes de « déclaration de liberté »).

Le sujet qui est déclaré libre ne risque aucune sanction s'il se démet. On peut alors se demander pourquoi un sujet libre se comporte comme un sujet contraint! C'est en fait ici le pouvoir de l'expérimentateur qui en est la cause. Mais tout comme l'expérimentateur a un certain pouvoir sur le sujet en laboratoire, ces mêmes sujets sont soumis tous les jours à des relations de pouvoir telles que les relations parents-enfants, enseignants-étudiants, patrons-employés, soumis aux lois, aux règlements, aux gouvernements… La théorie de la dissonance serait alors aussi la théorie des conséquences cognitives des actes qu'on nous extorque dans un contexte d'autorité ou de pouvoir (Beauvois et Joule, 1981).

C'est ainsi que la **soumission** peut s'accompagner d'un sentiment de liberté. Pour induire ce sentiment de liberté, il suffit par exemple de préciser au sujet d'expérience qu'il n'est pas tenu de participer à l'expérience, qu'il doit se sentir entièrement libre d'accepter ou de refuser d'y participer…

IV - SOUMISSION, ENGAGEMENT ET CHANGEMENT D'ATTITUDE

« **L'engagement** d'un individu dans un acte correspond au degré auquel il peut s'assimiler à cet acte » (Beauvois et Joule, 1987).

Un individu très engagé ne pourra que s'assimiler lui-même à son acte. Et si cet acte n'est pas conforme à ses attitudes, il devra réajuster son attitude au comportement qu'il vient d'émettre, par le biais d'un changement.

Pour que **dissonance** il y ait, il faut que la justification extérieure soit suffisante pour amener le sujet à émettre le comportement désiré, mais insuffisante pour servir au sujet comme donnée explicative de son comportement. Le sujet doit donc avoir l'impression qu'il est libre d'émettre ou de ne pas émettre cet acte contraire à son attitude.

La relation entre le renforcement (le stimulus présenté au sujet pour qu'il agisse. *cf.* tome 1, fiche 2) et le **changement d'attitude** prend alors cette allure :

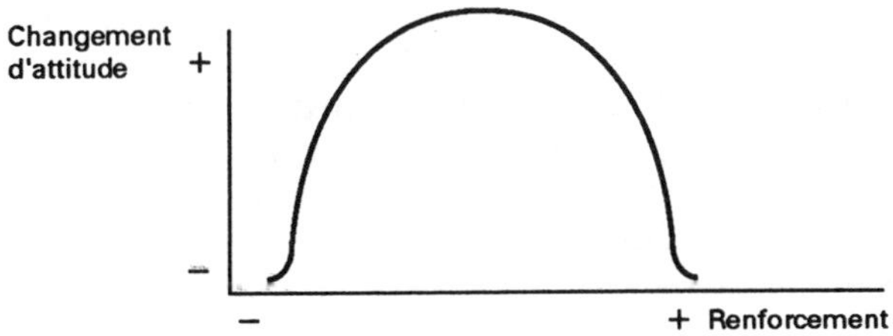

C'est-à-dire qu'il faut suffisamment de renforcement pour inciter le sujet à émettre le comportement contraire à ses attitudes. Au-dessous d'un certain seuil, le renforcement n'est pas suffisant pour pousser l'individu à l'action. Plus la justification augmente – plus le sujet se sent engagé – plus la dissonance augmente. Mais au-delà d'un certain seuil, la justification externe est suffisante pour expliquer la conduite (le sujet se sent de moins en moins engagé), le taux de dissonance diminue et il n'est plus nécessaire de modifier son attitude. On comprend alors qu'une dissonance sévère relève d'un engagement fort, et que lorsque le sujet n'a pas le sentiment d'être libre de ses actes, le changement d'attitude n'est pas significatif.

Référence

Beauvois, J.L., & Joule, R.V. (1987). *Petit traité de manipulation à l'usage des honnêtes gens*. Grenoble : Presses Universitaires de Grenoble.

FICHE 24 PARADIGME DE LA DOUBLE SOUMISSION FORCÉE

I - DOUBLE SOUMISSION FORCÉE : EXTENSION

Parmi les différents paradigmes étudiés dans la théorie de la **dissonance**, celui de la **soumission forcée** s'est avéré le plus riche. Joule s'y est également intéressé afin d'en envisager une extension.

A - Principe de la simple soumission : rappel

Dans ce paradigme, on amène un sujet à émettre une conduite contre-attitudinelle, c'est-à-dire contraire à ses convictions personnelles. On observe ensuite le **changement d'attitude** post-expérimental du sujet, reflétant le travail de réduction de la **dissonance** introduite par ce comportement contre-attitudinel. Ce paradigme de la simple soumission n'implique qu'une seule conduite entraînant le travail cognitif de réduction de la dissonance.

B - Principe de la double soumission : extension

Joule s'intéresse au travail cognitif initié non plus par l'émission d'une seule conduite mais de deux. Le sujet émettant simultanément deux conduites et non plus une seule, ce nouveau paradigme, dans la lignée du précédent, se voit logiquement intitulé « **paradigme de la double soumission forcée** ». Dans ce paradigme, si un sujet émet deux conduites C1 et C2, il suffit qu'une seule de ces deux conduites soit en désaccord avec l'attitude X du sujet pour que celui-ci se retrouve en état de **dissonance**. Si on ne prend en compte qu'une seule de ces deux conduites (par exemple C1), on se retrouve alors dans une situation classique de **soumission forcée** où le comportement C1 est en relation d'inconsistance par rapport à l'attitude X. Si maintenant, on prend en considération la seconde conduite C2, on doit également considérer les relations qu'elle entretient avec l'attitude (relation de consistance, d'inconsistance ou neutre) et les relations qu'elle entretient avec le comportement C1.

II - ILLUSTRATION DU PARADIGME DE LA DOUBLE SOUMISSION FORCÉE

Deux cas de double soumission forcée ont été particulièrement étudiés et peuvent se schématiser de la façon suivante :

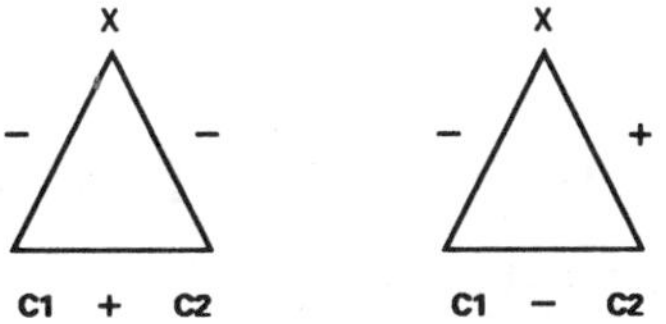

Cas n° 1 Cas n° 2

Cas n° 1 : les conduites s'accordent entre elles (relation de consistance : +) mais pas avec X. On peut reprendre comme illustration de ce cas n° 1 l'expérience de Festinger et Carlsmith (*cf.* fiche 23) où la tâche ennuyeuse C1 s'accorde avec le jeu de rôle C2 (mentir à un pair), comportements allant tous deux à l'encontre de nos attitudes initiales.

Cas n° 2 : les deux conduites ne s'accordent pas entre elles, C1 étant en relation d'inconsistance avec l'attitude X, C2 en relation de consistance. Pour illustrer ce second cas, on peut reprendre l'expérience de Festinger et Carlsmith mais au lieu de demander aux sujets de présenter la tâche comme attrayante, on leur demande de la présenter comme ennuyeuse.

Cas n° 1 et cas n° 2 : une expérience de Joule donne clairement le résultat du travail cognitif initié par deux conduites illustrant ces deux cas. Joule (1993) demande à des sujets fumeurs de s'engager à se priver de tabac pendant une soirée (C1). Par la suite, il leur demande de rédiger un texte soit contre le tabac (C2), soit pour le tabac (C2'). Dans les deux cas, le fait de s'abstenir de fumer entraînera chez le sujet un état de **dissonance** qu'il devra réduire. Cette réduction devra se traduire par la sensation, chez le sujet, d'une moindre difficulté à se priver de tabac. Dans cette expérience, Joule compare trois situations expérimentales : deux conditions de **double soumission forcée**, et une condition de **simple soumission** où le sujet n'a pas d'essai à rédiger.

La situation C1-C2 (rédiger un texte **contre** le tabac) illustre le cas n° 1. Les deux comportements sont en relation d'inconsistance par rapport à l'attitude X mais s'accordent entre eux (s'arrêter de fumer et rédiger un texte contre le tabac). La relation pertinente de ces deux comportements réduit le taux de **dissonance** du sujet. Celui-ci ressent donc le fait de s'arrêter de fumer comme plus difficile que dans les deux autres cas. L'émission de la conduite la moins **engageante** (ici rédiger un texte **contre** le tabac) baisse le taux de dissonance provoqué par l'émission de la conduite la plus engageante.

La situation C1-C2'(rédiger un texte **pour** le tabac) illustre le cas n° 2. Les deux comportements sont en relation d'inconsistance, C1 étant en relation d'inconsistance avec l'attitude X (le fait d'être fumeur), et C2'en relation de consistance avec X. N'étant pas pertinents entre eux, la **dissonance** introduite par ces deux comportements se cumule; le taux de **dissonance** des sujets augmentant, ils ressentent le fait de s'arrêter de fumer comme plus facile que dans les deux autres cas.

Le cas de **simple soumission** évoqué se retrouve donc à peu près à égale distance entre ces deux cas de double soumission mentionnés.

III - DÉFINIR LE TAUX GLOBAL DE DISSONANCE EN DOUBLE SOUMISSION

A - À PARTIR DE LA COGNITION LA PLUS ENGAGEANTE

Lorsqu'une seule conduite est en jeu, le taux de **dissonance** est établi à partir de la conduite contre-attitudinelle émise par le sujet. Mais lorsque ce sont deux conduites qui sont en jeu comme dans le cas de la double soumission forcée, le taux global de dissonance cognitive est à établir à partir du comportement le plus engageant. Par exemple, dans l'expérience de Festinger et Carlsmith, il est plus coûteux pour le sujet de mentir à un pair que d'effectuer la tâche. Dans l'expérience de Joule, il est plus coûteux au sujet de s'arrêter de fumer que de rédiger un texte sur le tabac. Lorsque les deux conduites du sujet sont en relation de consistance entre elles mais en relation d'inconsistance avec l'objet (par exemple, le sujet s'arrête de fumer et rédige un essai contre le tabac), on écrit de la façon suivante le taux de dissonance T1 introduit par le comportement le plus engageant : T1 est égal aux cognitions dissonantes (D = ici s'arrêter de fumer), sur les cognitions dissonantes (D) et consonantes (C : cognitions qui peuvent justifier ce geste), plus le second comportement émis (C2), soit : $T1 = D/D + C + C2$. En condition de simple soumission, le taux de dissonance T2 s'écrit de la façon suivante : $T2 = D/D + C$. Ainsi l'émission de la seconde conduite diminue le taux global de dissonance : $T1 < T2$.

Lorsque les deux conduites du sujet sont en relation d'inconsistance entre elles (par exemple, le sujet s'arrête de fumer et rédige un texte **pour** le tabac), on écrit de la façon suivante le taux global de dissonance T3 introduit par le comportement le plus engageant : $T3 = D + C2' / D + C + C2'$. En condition de simple soumission : $T2 = D/D + C$. Ainsi, l'émission de la seconde conduite augmente le taux global de dissonance : $T3 > T2$.

B - Deux cognitions résistantes au changement

1. Calcul du taux de dissonance

Nous avons vu les effets de l'émission d'une seconde conduite (moins engageante), pertinente ou non avec la première émise, sur le taux global de dissonance; **dissonance** introduite par l'émission de la première conduite (plus engageante). Mais il peut se trouver des cas où les deux conduites sont aussi engageantes l'une que l'autre. Elles peuvent alors être considérées comme deux cognitions génératrices. Dans le cas où ces deux **cognitions** sont en relation de consistance, c'est comme si le sujet était soumis à deux situations de **simple soumission forcée**. L'émission de ces deux conduites va donc induire des dissonances qui vont se cumuler. La réduction de la dissonance sera alors plus marquée qu'en situation de simple soumission, le taux de dissonance étant plus élevé.

Dans le cas où les deux comportements émis sont en relation d'inconsistance, les deux éléments cognitifs s'annihilent mutuellement.

2. Illustration

Les deux comportements sont en relation de consistance et tous deux aussi résistants au changement. Joule (1993) demande à ses sujets de se priver de tabac pendant 18 heures et de mentir à un pair en présentant l'expérimentation comme aisée. Dans deux conditions de **simple soumission forcée**, les sujets effectuent soit le premier comportement (s'arrêter de fumer), soit le second (mentir à un pair). Les résultats démontrent effectivement que la réduction de la **dissonance** est plus marquée en situation de **double soumission forcée** (les sujets ont le sentiment qu'il est plus facile de s'arrêter de fumer), que dans les deux autres conditions de simple soumission (qui ne diffèrent pas entre elles quant au taux de dissonance).

Référence

Joule, R.V. (1993). La double soumission forcée : implications pour la théorie de la dissonance. In J.L. Beauvois, R.V. Joule & J.M. Monteil (Eds), *Perspectives cognitives et conduites sociales. IV. Jugements sociaux et changement d'attitudes* (pp. 137-151). Paris : Delachaux & Niestlé.

FICHE 25 UNE EXPLICATION DE LA DISSONANCE : L'AUTO-PERCEPTION

Bem (1967) ne conteste pas les effets obtenus dans les explications de la théorie de la **dissonance cognitive,** mais propose sa théorie de l'**auto-perception** (*cf.* fiche 5) pour expliquer ces effets. Il remet en cause le fait que l'émission de la conduite contre-attitudinelle induise un travail cognitif lié à la réduction d'une tension interne.

I - RAPPEL

Pour Bem, dans certaines conditions, nous apprenons à nous connaître, mais n'ayant que très peu accès à nos états intérieurs (pensées, croyances, ressentir, goûts, intérêts personnels…), nous agissons de la même façon qu'un observateur le ferait à notre place, c'est-à-dire en nous observant agir. On s'attribue alors une attitude grâce à l'analyse de notre comportement liée aux conditions d'émission de ce comportement. Les individus seraient donc de simples observateurs de leurs comportements. Dans des situations nouvelles, lorsque les états intérieurs sont inaccessibles et flous, les attitudes peuvent être inférées à partir des comportements. On infère alors que nous nous comportons de telle manière parce que nous pensons de cette manière.

Par exemple, si nous avons mangé des épinards, c'est parce que, finalement, on ne les déteste pas tant que ça ! Notre comportement peut donc refléter notre état intérieur et nous renseigner sur notre propre personne.

II - RÉINTERPRÉTATION DE LA DISSONANCE

A - Relecture de la théorie

Puisqu'un sujet s'attribue une attitude en analysant son comportement et les conditions qui l'ont poussé à émettre ce comportement (comme par exemple l'attribution d'une récompense), alors il est tout à fait pensable que les sujets les mieux rémunérés pour leur acte contre-attitudinel soient également les moins affectés dans leur condition initiale, sans pour cela qu'il y ait eu état de **dissonance** et donc sans processus de réduction de cet état.

Les sujets les moins rémunérés ne pouvant attribuer aux circonstances (la récompense), le comportement qu'ils viennent d'émettre, ce dernier sera attribué aux caractéristiques intrinsèques de la tâche jugée alors positive.

Les sujets ne sont que des analystes de leur propre conduite, tout comme un observateur pourrait analyser la conduite d'autrui.

B - Relecture de l'expérience princeps

Dans l'expérience de Festinger et Carlsmith (*cf.* fiche 23), le sujet perçoit son comportement comme ayant été produit par l'offrande d'une forte récompense, il en infère donc que ce comportement ne reflète pas nécessairement ses attitudes réelles et que, s'il s'est conduit de cette façon dans cette situation, c'est que la récompense était importante.

Dans cette perspective n'importe quel observateur ayant connaissance du comportement d'un individu et des conditions qui ont poussé cet individu à admettre ce comportement peut reproduire les mêmes résultats que ceux obtenus chez l'individu **dissonant** de Festinger et Carlsmith.

Bem propose alors à des sujets « observateurs » et non plus « acteurs » d'imaginer l'inférence de sujets « acteurs » en leur fournissant les renseignements suivants : la récompense promise aux sujets et le comportement de **soumission** qui leur est extorqué.

Effectivement, les sujets observateurs de Bem reproduisent assez fidèlement les résultats obtenus avec les sujets expérimentaux réels.

III - LIMITES

À la suite de cette réinterprétation de Bem, certains chercheurs se sont donnés pour objectif de montrer les limites de la théorie de l'**auto-perception** dans ce cadre bien précis.

A - Omission

Certains de ces chercheurs ont pu notamment reprocher à Bem de ne pas avoir reconstitué intégralement les situations présentées par Festinger et Carlsmith.

En effet, Bem omet de préciser aux sujets « observateurs » quelles étaient les attitudes initiales des sujets « expérimentaux réels ». Les sujets observateurs peuvent donc inférer des attitudes initiales différentes, chez les sujets expérimentaux issus des deux conditions (forte ou faible récompense).

B - Motivation

Pour Festinger, la **dissonance cognitive** est motivante, comme la faim peut l'être. C'est une motivation que de réduire un état de dissonance introduit par un comportement contre-attitudinel. La dissonance s'apparente donc aux motivations biologiques classiques comme la faim ou la soif. Il est apparu notamment au travers de nombreuses expériences que la dissonance cognitive s'accompagne de réelles modifications physiologiques.

Ces résultats vont à l'encontre du modèle explicatif proposé par Bem puisque, selon ce modèle, le sujet, apprenant simplement à se connaître, est un sujet détendu, dont l'activité d'inférence ne s'accompagne pas de tension particulière.

C - Manipulation de la récompense

La théorie de Bem suppose que les sujets s'attribuent des attitudes différentes parce qu'ils ne sont pas soumis dès le départ à des situations environnementales équivalentes (manipulation de la récompense). C'est-à-dire qu'ils infèrent leur attitude par rapport au comportement qu'ils viennent d'émettre en fonction de la récompense perçue.

Beauvois, Ghiglione et Joule (1975-1976) mettent en place une série d'expérimentations dans lesquelles les sujets, cette fois, ne peuvent inférer leur attitude en rapport avec une récompense quelconque.

Dans l'une de ces expériences, l'expérimentateur demande à des sujets que l'on appellera « compères », de l'aider à convaincre un sujet naïf de l'existence d'êtres supra-terrestres. Lors d'un pré-test, on a pu vérifier que les compères, tout comme les sujets naïfs, ne croyaient pas en l'existence de tels êtres. Les compères doivent donc émettre un comportement contraire à leur attitude initiale, ce qui devrait entraîner un état de **dissonance** classique. Au vu des résultats, après avoir tenté de convaincre un sujet naïf, non seulement les compères **changent d'opinion** et admettent plus volontiers l'existence d'êtres supra-terrestres, mais en plus, ceux qui n'ont pas réussi à convaincre leur sujet changent plus d'opinion que les autres, ils admettent plus volontiers que les autres l'existence de ces êtres. Le fait d'avoir réussi à convaincre un sujet naïf peut être considéré par le compère comme une récompense. Avoir persuadé autrui est une cognition consonante avec l'acte de persuasion, tout comme la récompense aurait pu l'être.

Contrairement à ce que suppose la théorie de Bem, dans ce cas précis, le compère n'a pas pu évaluer son attitude initiale en la confrontant à la récompense offerte. Le compère n'a pas pu expliquer son comportement en le référant au fait qu'il soit ou non récompensé, la récompense étant connue une fois le sujet **engagé** dans l'acte dissonant, c'est-à-dire à la fin de la discussion, celle-ci étant implicite et la seconde évaluation concernant l'existence d'êtres supra-terrestres étant censée (pour les compères) ne pas être utilisée.

Cet exemple n'est qu'une illustration parmi d'autres expérimentations, qui donne à penser qu'un processus **auto-attributif** ne peut être tenu pour responsable de tels effets.

Référence

Beauvois, J.L., Ghiglione, R., & Joule, R.V. (1975-1976). Quelques limites des réinterprétations commodes des effets de dissonance. *Bulletin de Psychologie*, 29, 758-765.

FICHE 26 UNE AUTRE EXPLICATION : LA RATIONALISATION

I - CONCEPTION « RADICALE » DE LA THÉORIE INITIALE

Beauvois et Joule (1981), pour répondre aux diverses réinterprétations (dont celle d'**auto-perception** de Bem, *cf.* fiche 25), défendent quant à eux une conception dite « radicale » de la théorie de la **dissonance cognitive**. Cette conception est en fait davantage une théorie de la **rationalisation** qu'une théorie de la cohérence cognitive.

Selon cette version, toutes les incohérences ne sont pas réduites par le travail de réduction de la dissonance. Seules sont réduites celles dans lesquelles la conduite est impliquée. Seules les incohérences entre les cognitions génératrices et les cognitions pertinentes sont à prendre en compte dans le calcul du taux de dissonance global. Ce travail de réduction de la dissonance se traduit par le fait que le sujet modifie son attitude initiale dans le sens d'un meilleur accord avec l'acte qu'il vient de réaliser. C'est un travail d'ajustement cognitif de **rationalisation**. Grâce à ce réajustement, le sujet ne fait que justifier *a posteriori* ses conduites les unes après les autres sans pour autant que ce soit un processus de connaissance de soi.

Cette version radicale consiste à ne conserver de la théorie initiale de Festinger que son « noyau dur ».

II - PROCESSUS DE RATIONALISATION

On peut noter deux points communs essentiels à toutes les situations de **soumission forcée**.

Premièrement, l'individu se soumet à une pression pour émettre un acte contraire à ses attitudes initiales.

Deuxièmement, si cet individu a le sentiment d'avoir agi librement dans l'émission de ce comportement, il rétablit la valeur de son comportement par le processus de **rationalisation**. Ce processus de rationalisation ne peut intervenir que lorsque les circonstances sont **engageantes** pour le sujet et que l'acte qu'il vient d'émettre est problématique puisqu'allant toujours à l'encontre de ses convictions ou motivations.

Des cognitions de deux types sont donc présentes dans la situation de **soumission** ou de **double soumission forcée** :

– les cognitions d'**engagement** qui sont nécessaires à l'apparition d'un état de **dissonance** et donc à la **rationalisation**;

– les **cognitions** dissonantes (et consonantes) qui interviennent dans le calcul du taux de dissonance et qui déterminent donc l'amplitude de la rationalisation.

Afin de réduire un état de dissonance, le sujet peut :

– soit trouver suffisamment de justifications externes, ce qui lui permet de ne pas changer son attitude initiale. C'est un processus d'auto-justification;

– soit de ne pas trouver suffisamment de justifications externes pour réduire cet état de dissonance et donc modifier son attitude initiale de façon à rendre son comportement moins dissonant avec son système de valeurs. C'est un processus de **rationalisation.**

III - ÉPURATION DE LA THÉORIE DE LA DISSONANCE

Beauvois et Joule font une différence entre conception « radicale » et conception « laxiste », défendant eux-mêmes la première de ces conceptions et précisant que « la présentation donnée par Festinger ouvrait la voie aussi bien à cette conception « radicale » qu'à celle [...] qualifiée de « laxiste » (1981). Ces auteurs proposent donc une épuration de la théorie de la dissonance. Cette conception radicale de la théorie initiale de Festinger est présentée de la façon suivante :

« – [...] seul l'établissement du taux de dissonance permet d'évoquer la notion d'état de **dissonance** et donc de faire fonctionner la théorie;

– le taux de dissonance est défini à partir d'une cognition et d'une seule : la cognition génératrice;

– la cognition génératrice est la représentation d'un comportement;

– la réduction de la dissonance n'a pas pour objet l'élimination de toutes les relations de dissonance mais seulement de celles dans lesquelles la cognition génératrice est impliquée ». (Beauvois & Joule, 1981, p. 114).

Dans la fiche suivante, seront présentés les résultats d'expérimentations allant dans le sens de la conception radicale de la théorie de la dissonance et de la **rationalisation dite cognitive**. Mais notons d'ores et déjà qu'une autre voie de réduction de la dissonance a été mise en évidence par Joule (1986). C'est ce qu'il nomme la **rationalisation en acte** (*cf.* fiche 28).

Référence

Beauvois, J.L., & Joule, R.V. (1981). *Soumission et idéologies. Psychosociologie de la rationalisation.* Paris : Presses Universitaires de France.

FICHE 27

ILLUSTRATION : LA RATIONALISATION COGNITIVE

Joule (1979) défend la conception radicale de la théorie de la dissonance cognitive et effectue une série de trois expérimentations.

I - PREMIÈRE EXPÉRIENCE

A - Mise en place

Les sujets sont amenés à réaliser une tâche fastidieuse (recopier une liste de signes sans signification pendant une demi-heure). Quatre groupes de sujets sont constitués :

– dans le premier groupe, les sujets sont mis en état de **dissonance,** ceux-ci pensant réaliser la tâche en étant libres de leur acte ;

– dans le second groupe, l'expérimentateur ne laisse pas le choix aux sujets et leur impose la tâche. Ces derniers ne sont donc pas en état de dissonance.

Une fois le travail effectué, l'expérimentateur donne aux deux groupes une information négative sur la qualité de leur travail :

« *Je viens de jeter un coup d'œil sur vos feuilles et dans l'ensemble vous avez eu un rendement extrêmement médiocre. Je suis vraiment très surpris car nous avons déjà fait passer ce type de test à plus de cent personnes et vous êtes les premiers à avoir recopié aussi peu de signes en une demi-heure... Je me demande même si l'on pourra utiliser votre travail. Peut-être serons-nous obligés de refaire l'expérience avec d'autres sujets* » (Beauvois & Joule, 1981, p. 106).

– Dans les deux groupes restants (groupes contrôles), aucune information n'est donnée sur la qualité du travail.

B - Résultats

Ce sont ceux qui reçoivent un « feed back » négatif concernant leur travail et qui sont en état de dissonance qui trouvent la tâche plus intéressante.

Figure 1 - Attitude à l'égard de la tâche

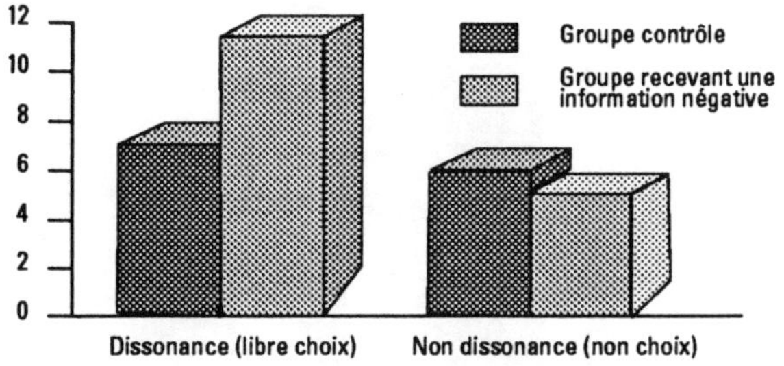

Plus le chiffre est élevé, plus l'attitude à l'égard de la tâche est positive.

II - DEUXIÈME EXPÉRIENCE

A - MISE EN PLACE

L'expérimentateur reprend la même procédure expérimentale, mais cette fois, renvoie un « feed back » positif aux sujets concernant leur travail.

« *Je suis agréablement surpris car dans l'ensemble vous avez eu un rendement tout à fait exceptionnel. Depuis que l'on fait passer ce type de test – et nous l'avons déjà fait passer à plus de cent personnes – vous êtes de loin les premiers à avoir recopié autant de signes en une demi-heure... Ceci va certainement nous amener à modifier nos premières conclusions. C'est vraiment très bien!* » (Beauvois & Joule, 1981, p. 106).

B - RÉSULTATS

Le groupe **dissonant** ayant eu une information positive sur son travail ne trouve pas, dans ce cas-là, la tâche comme plus intéressante que ceux du groupe contrôle. En effet, en situation dissonante, l'information négative augmente l'attrait de la tâche tandis que l'information positive réduit cet attrait. En situation non dissonante, on obtient l'effet inverse.

Figure 2 - Attitude à l'égard de la tâche

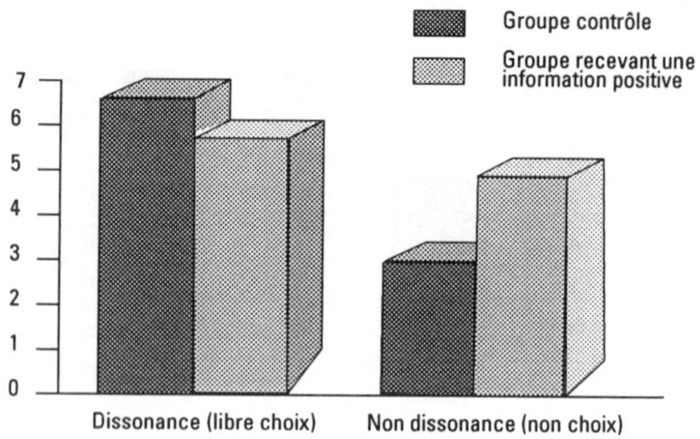

Plus le chiffre est élevé, plus l'attitude à l'égard de la tâche est positive.

1. Selon la conception « laxiste »

Le travail fastidieux étant émis dans une situation de libre choix, ces deux **cognitions** ne s'accordant pas entre elles, le sujet se trouve en état de **dissonance**. Il devrait donc **changer son attitude** à l'égard de la tâche en la trouvant moins fastidieuse et plus intéressante qu'il n'aurait pu l'imaginer. Mais le « feed back » négatif étant inconsistant avec le fait que la tâche soit considérée comme peu fastidieuse et intéressante devrait modifier à son tour l'attitude du sujet pour mieux accorder ces deux cognitions entre elles. Les sujets devraient trouver alors la tâche plus fastidieuse et moins intéressante après avoir reçu l'information qu'avant. Ceci n'est pas confirmé par les résultats.

2. Selon la conception « radicale »

Si on définit le taux de dissonance par rapport à la conduite de soumission uniquement (le fait d'accepter la tâche) et non plus par rapport à l'attitude privée (trouver la tâche ennuyeuse), comme le préconise la conception « radicale » de la théorie de la dissonance, l'information négative ne s'accorde pas avec la conduite de soumission qui consiste à bien effectuer ce travail. De ce fait, le taux de dissonance (T2) obtenu à la suite de l'information négative est supérieur au taux de dissonance (T1) obtenu sans cette information puisque nous avons les rapports suivants :

$$T1 = \frac{D}{D + C} < T2 = \frac{D + \textit{information négative}}{D + \textit{information négative} + C}$$

III - TROISIÈME EXPÉRIENCE

A - MISE EN PLACE

Joule demande à des sujets « observateurs » de prédire l'attrait de sujets « réels » pour la tâche. Ces sujets réels sont présentés comme placés dans trois situations « libre choix » avec feed back différenciés.

Selon le cas, ces sujets « observateurs » doivent prédire l'attrait du sujet « réel » pour la tâche lorsque ce dernier est mis en situation :

– « libre choix avec retour négatif » ;

– « libre choix sans retour » ;

– « libre choix avec retour positif ».

B - RÉSULTATS

Les sujets « observateurs » prédisent une attitude plus positive à l'égard de la tâche lorsque les sujets « réels » sont mis en situation de **libre choix avec retour positif**. Inversement, les sujets « observateurs » prédisent une attitude moins positive à l'égard de la tâche lorsque les sujets « réels » sont mis en situation de **libre choix avec retour négatif**.

Ces résultats rejoignent les prédictions de Bem et de la conception laxiste de la dissonance cognitive, mais ce ne sont pas, comme nous avons pu le constater précédemment, les résultats obtenus avec des sujets expérimentaux réels.

Figure 3 - Prédiction de l'attrait pour la tâche dans les trois situations « libre choix »

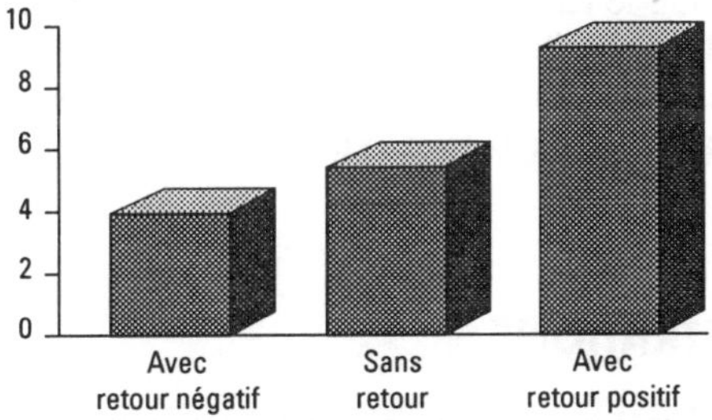

Plus les chiffres sont élevés, plus l'attitude des sujets expérimentaux réels à l'égard de la tâche est jugée positive par les sujets observateurs.

Référence

Joule, R.V. (1979). *Spécificité de la théorie de la dissonance cognitive. Test de quelques hypothèses limites et essai de théorisation.* Thèse de 3e cycle, université de Nancy.

FICHE

28

RATIONALISATION EN ACTE

I - RATIONALISATION COGNITIVE ET RATIONALISATION EN ACTE

A - DÉFINITION

Joule pose l'hypothèse selon laquelle l'individu « rationalisant » peut recourir à deux types de **rationalisation**, l'utilisation de l'une réduisant la probabilité de l'autre : la **rationalisation cognitive** et la **rationalisation en acte.**

Après avoir étudié le phénomène de « rationalisation cognitive » (*cf.* fiches 26 et 27), voyons ce qu'on entend par « rationalisation en acte ».

La rationalisation en acte est la rationalisation d'un comportement par un second comportement légitimant le premier. Soit un individu auquel on extorque un comportement allant à l'encontre de ses convictions initiales. Celui-ci, ne pouvant expliquer l'acceptation de son comportement contre-attitudinel par des renforcements extérieurs (punition, récompense...), se trouve en état de dissonance. L'individu cherche donc à réduire cet état de dissonance.

Nous avons vu que ce travail de réduction de la dissonance s'effectue à l'aide d'une rationalisation cognitive. Mais, lorsqu'on ne laisse pas à l'individu le temps de rationaliser son comportement de manière cognitive, il est possible de lui extorquer un second comportement allant dans le sens du premier émis ; ce second comportement lui permettant de rationaliser le premier extorqué. C'est ce que Joule entend par « rationalisation en acte ».

B - ILLUSTRATIONS

1. Privation de tabac avec vs sans fait accompli

Prenons pour référence l'expérience de Joule (1986) :

la situation qu'il étudie concerne des fumeurs à qui il demande de participer à une recherche sur l'effet du tabac.

- À une première partie d'entre eux, qui se sont déjà abstenus de fumer pendant 18 heures, l'expérimentateur propose une nouvelle requête : s'abstenir de fumer pendant trois jours ;

– à une seconde partie d'entre eux, qui ne savent pas qu'ils devront s'abstenir de fumer, il leur demande de **s'engager** à ne pas fumer pendant 18 heures. Une fois la requête accordée, l'expérimentateur leur propose la nouvelle requête, plus importante que la précédente.

Les sujets de cette seconde condition acceptent les deux requêtes massivement (91,6 %). Quant à ceux qui se sont effectivement privés pendant 18 heures (première condition), ils ne sont plus que 39,13 % à accepter la nouvelle requête.

Prendre la décision de s'arrêter de fumer pendant trois jours, juste après avoir décidé de s'arrêter de fumer pendant 18 heures, fournit une possibilité d'auto-justification qui se trouve être une nouvelle décision attestant du bien-fondé de la précédente. C'est une façon de faire apparaître comme rationnel le comportement coûteux qu'ils viennent juste d'accepter (se priver pendant 18 heures).

L'équilibre cognitif du sujet ayant été ébranlé par la réalisation du premier comportement de **soumission**, l'expérimentation offre à celui-ci la possibilité d'auto-justifier son acte.

Par contre, le fumeur qui s'est effectivement privé de tabac 18 heures a eu le temps de **rationaliser de façon « cognitive »**. Il a eu le temps de trouver des justifications de son acte et n'a donc plus besoin d'accepter la seconde proposition pour l'aider dans son travail de **rationalisation**.

2. Avec vs sans fait accompli/avec vs sans privation de tabac

Dans une seconde expérimentation, quatre situations expérimentales sont comparées.

On demande aux sujets dans chaque cas, d'accepter de se priver de tabac pendant trois jours :

– dans le premier cas, l'expérimentateur prévient le sujet qu'il devra s'abstenir de fumer pendant 18 heures quand celui-ci arrive au laboratoire. Le sujet est mis devant « le fait accompli » (situation **avec fait accompli**) et n'a pas encore accepté la requête (**avec privation de tabac**). Puis l'expérimentateur lui propose la requête suivante : se priver de tabac pendant trois jours ;

– dans le second cas, l'expérimentateur prévient le sujet qu'il devra s'abstenir de fumer pendant 18 heures, quelques jours avant son arrivée au laboratoire. Le sujet est prévenu des conditions (**sans fait accompli**) et n'a pas encore accepté la requête (**avec privation de tabac**) ;

– dans le troisième cas, les sujets ont déjà accepté la requête de s'abstenir de fumer 18 heures, mais au début de l'expérience, on les informe que cette privation ne sera pas nécessaire (c'est la condition **fait accompli/sans privation**) ;

- dans le quatrième cas, les sujets n'ont pas été invités à s'abstenir de fumer pendant 18 heures (**sans privation**), et on leur demande de s'abstenir trois jours (**sans fait accompli**).

Pourcentage d'acceptation d'une privation de tabac de trois jours

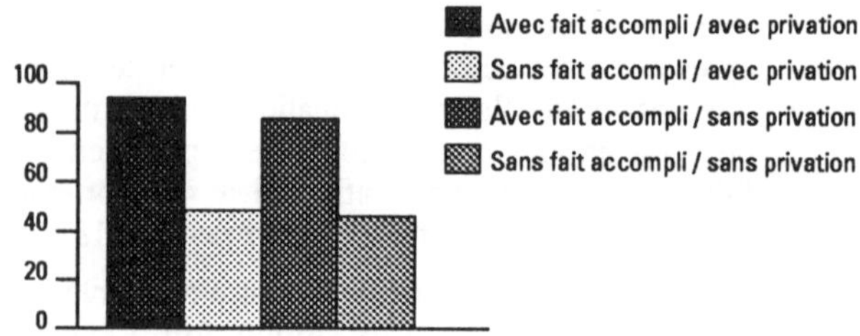

Ceux qui acceptent le plus d'accomplir le comportement très coûteux sont ceux qui ont été soumis à la condition « fait accompli » (91,67 % et 86,96 % contre 47,62 % et 50 %).

De plus, les sujets soumis à la situation « fait accompli/sans privation » (situation 3) acceptent plus la requête finale (86,96 %) que ceux soumis à la condition « non fait accompli/avec privation » (situation 2 : 47,62 %). Les sujets prévenus que la privation de tabac de 18 heures serait inutile sont plus à même d'accepter la requête très coûteuse que ceux qui n'en ont pas été informés.

Tout se passe comme si le fait de pouvoir **rationaliser cognitivement** son comportement (s'abstenir de fumer pendant 18 heures) limitait les chances d'en émettre un autre plus coûteux (s'abstenir de fumer pendant 3 jours).

Mais lorsque le sujet n'a pas eu le temps de rationaliser cognitivement son comportement, l'acceptation d'un comportement encore plus coûteux allant dans le même sens (rationalisation en acte) lui permet de justifier le premier.

II - RETOUR SUR LES LIMITES DE L'AUTO-PERCEPTION

Ces expérimentations remettent à nouveau en cause la perspective **auto-attributive** de Bem. Selon cette perspective, dans la première expérimentation présentée, les sujets devraient normalement davantage modifier leur « auto-perception » après s'être effectivement abstenus de fumer durant 18 heures, qu'avant de l'avoir fait.

Or, on observe précisément l'inverse. Les sujets acceptent plus volontiers la requête très coûteuse, lorsqu'elle est présentée avant la privation de tabac de 18 heures, que lorsqu'elle est formulée après.

De plus, si on considère cette fois la seconde expérimentation, selon la perspective **auto-attributive**, les sujets ayant été avertis à l'avance de la nécessité de se priver de tabac pendant 18 heures ne devraient pas accepter moins volontiers la requête la plus coûteuse que ceux dont la décision de se priver de tabac pendant 18 heures a été extorquée en situation de fait accompli. Or, comme nous l'avons vu dans la situation « fait accompli », 97,67 % acceptent la requête finale (se priver de tabac pendant 3 jours), et ils ne sont plus que 47,62 % à accepter cette requête dans la situation « non fait accompli ».

Référence

Joule, R.V. (1986). *Rationalisation et engagement dans la soumission librement consentie.* Université des sciences sociales de Grenoble, Thèse pour le Doctorat d'État ès Lettres et Sciences Humaines.

FICHE 29 EXPLICATION CAUSALE ET RATIONALISATION

I - DISSONANCE ET EXPLICATION CAUSALE

A - ILLUSTRATION

Channouf, Le Manio, Py et Somat (1993) ont découvert que des enfants **internes** – qui tendent à chercher en eux la cause d'un événement agréable ou désagréable – **rationalisent** plus que des enfants **externes** – qui tendent à chercher à l'extérieur d'eux-mêmes la cause d'un évènement agréable ou désagréable – (*cf.* fiche 50).

1. Mise en place

Avant d'accomplir l'acte de **soumission** proprement dit, un questionnaire présenté aux enfants leur est proposé déjà rempli pour moitié, par une personne imaginaire. Les enfants sont invités à prêter attention aux réponses cochées afin de comprendre la logique de cette personne fictive, et d'agir et penser comme elle.

Selon le cas, dans le questionnaire proposé aux enfants, sont choisies uniquement des réponses de type interne (les événements étant expliqués comme résultant des capacités, des caractéristiques personnelles) ou uniquement des réponses de type externe (les événements étant expliqués comme résultant de facteurs incontrôlables tels que le hasard, la chance, le destin...).

Les enfants ont pour tâche de remplir la seconde moitié du questionnaire à la manière de l'individu fictif qui avait commencé le remplissage.

Ainsi, les auteurs induisent chez ces enfants des orientations internes ou des orientations externes.

Ensuite, vient la situation de **soumission forcée**. Les enfants sont invités à préparer en vingt minutes une lettre à l'attention du ministre, dans le but, utilisant le plus d'arguments possibles, de faire raccourcir la durée des grandes vacances.

Cinq minutes après la rédaction de l'essai, les expérimentateurs mesurent l'attitude des enfants à l'égard de la durée des grandes vacances, à l'aide d'une échelle en 11 points mesurant l'accord ou le désaccord pour raccourcir les vacances. Cette mesure est répétée une semaine et un mois après.

Un groupe contrôle est également constitué suivant la même procédure, les enfants de ce groupe n'étant pas placés en situation de **soumission forcée.**

2. Résultats

Tous les enfants ont accepté la rédaction de l'essai contraire à leur opinion initiale malgré la possibilité qu'il leur était offerte de refuser.

Changement d'attitude à l'égard des grandes vacances

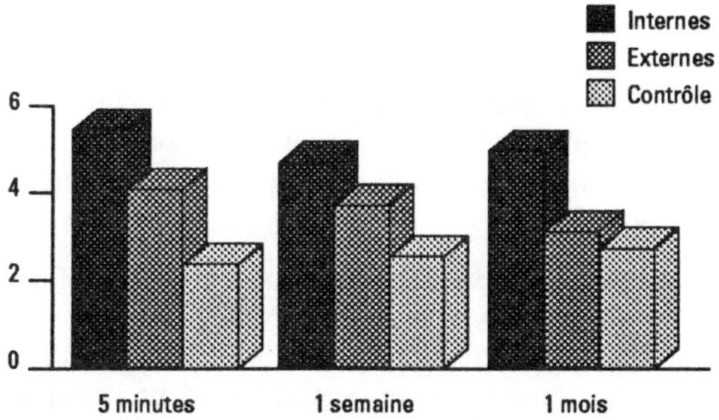

Une moyenne plus élevée correspond à un accord plus élevé en faveur du raccourcissement des grandes vacances.

3. Remarques

On remarque que les effets de **soumission forcée** tiennent bien dans le temps surtout pour les sujets induits à penser de manière **interne** et que ces derniers **rationalisent** plus que les externes.

B - Explication

Pour les tenants de l'**explication causale**, l'individu explique son comportement de **soumission** et invente une raison pour l'avoir accompli (attrait pour la tâche, facilité de privation, etc.). L'individu cherche donc à expliquer son comportement. Une fois l'explication trouvée, le taux de **dissonance** diminue.

C'est un fait, les sujets **internes** semblent plus sensibles à la soumission forcée que les sujets **externes**. Ce qui tendrait à prouver qu'il y a un lien entre **processus causaux** et **dissonance**. Le fait d'avoir tenu un certain discours donnerait plus de poids personnel, plus de responsabilité aux actes, surtout chez les sujets internes qui doivent trouver moins de justifications situationnelles de leur acte que les sujets **externes** et donc ressentir une plus grande responsabilité de leur part, par rapport à leur conduite. C'est pourquoi ils ressentiraient d'avantage de **dissonance** et **changeraient d'avantage d'attitude.**

II - DISSONANCE ET RATIONALISATION

A - Contre-explication

Cette interprétation **attributive** du phénomène ne séduit pas les tenants de la **rationalisation** pour lesquels un processus causal n'est pas spontanément utilisé par les sujets pour réduire la dissonance. La réflexion causale est exigeante sur le plan cognitif. C'est ainsi que nous n'effectuons pas constamment des attributions ou explications de type causal.

Pour Beauvois, par exemple, les gens ne théorisent pas sur leur **soumission**. En temps normal, les gens ne cherchent pas d'**explication causale** quand il y a soumission forcée. C'est le **script** de l'**obéissance** qui pousse les sujets à obéir; un script étant composé d'informations stockées dans la mémoire et qui correspondent à des situations bien connues (*cf.* fiche51).

« Si le comportement proprement dit est problématique, la **soumission**, elle, ne l'est pas. Elle relève probablement [...] de routines sociales » qui ne donnent plus lieu à des inférences causales. « Seul le caractère problématique de l'acte [...] implique sa **rationalisation** » (Beauvois, Bungert, Rainis & Tornior, 1993, p. 165-166).

D'ailleurs, l'**engagement** tel qu'il est défini par Kiesler (*cf.* fiche 23) est en fait un engagement dans la soumission plutôt que dans l'acte contre-attitudinel. Et c'est cet engagement dans la soumission qui s'avère nécessaire à l'induction d'un état de dissonance. L'**engagement** du sujet dans la **soumission** ouvre le processus de **rationalisation**.

Ainsi, les sujets **internes** ou induits à penser de manière interne ne seraient pas soumis à un taux de dissonance plus fort de par leur internalité, mais la dissonance ressentie serait moins bien tolérée que s'ils privilégiaient le registre **externe** « en raison des liens existants [...] entre l'internalité et des normes qui lui sont connexes, telles que la norme de consistance. Dans le cadre d'une situation de **soumission forcée**, l'**internalité** agirait ainsi comme un facteur facilitateur du développement de stratégies de réduction de la **dissonance** [...] » (Channouf, Py & Somat, 1993, p. 135).

B - Retour au feed back négatif

Reprenons une expérience de Joule (1979) présentée dans la fiche 27.

1. Rappel

Après avoir accompli une tâche fastidieuse, l'individu reçoit ou ne reçoit pas un feed back négatif à l'égard de la tâche qu'il vient d'accomplir. Et ce sont ceux qui reçoivent un feed back négatif qui trouvent également la tâche comme plus intéressante.

2. Explication

D'après Beauvois, nous l'avons vu, c'est le **script** de l'**obéissance** qui pousse le sujet à obéir. Et « ce n'est que lorsque l'expérimentateur, par un feed back négatif par exemple, introduit une sorte de catastrophe dans le cours de l'action (une rupture de script) que l'inférence causale est susceptible de trouver place. Mais alors, le processus de **rationalisation** de l'acte, rendu encore plus problématique, mobilise les ressources cognitives au profit de la rationalisation, c'est-à-dire, au profit de la restauration de la valeur du comportement. Ce que le processus **auto-attributif** ne peut pas réaliser. » (Beauvois, Bungert, Rainis & Tornior, 1993, p. 164).

En effet, comment un individu peut-il inférer de manière causale une attitude plus positive à l'égard d'une tâche lorsqu'on lui apprend, à la suite de sa réalisation, que celle-ci n'a pas été accomplie correctement ?

Références

Beauvois, J.L., Bungert, M., Rainis, N., & Tornior, L. (1993). Statut d'agent, rationalisation et explication causale dans la soumission forcée. In J.L. Beauvois, R.V. Joule & J.M. Monteil (Eds.), *Perspectives cognitives et conduites sociales. IV. Jugements sociaux et changement des attitudes* (pp. 153-166). Paris : Delachaux et Niestlé.

Channouf, A., Py, J., & Somat, A. (1993). Internalité, clairvoyance normative et dissonance cognitive. In J.L. Beauvois, R.V. Joule & J.M. Monteil (Eds.), *Perspectives cognitives et conduites sociales. IV. Jugements sociaux et changement des attitudes* (pp. 119-136). Paris : Delachaux et Niestlé.

FICHE 30

APPLICATION : LE JOUET INTERDIT

Cette théorie de la dissonance cognitive a été appliquée à des situations de vie réelles, notamment la santé, le tabagisme, la politique, etc...

Voici, à titre d'exemple, une application que l'on peut situer dans le domaine de l'éducation.

L'effet de l'importance de la menace sur la dépréciation du comportement interdit

Elliot Aronson & J. Merril Carlsmith (1974)

I - HYPOTHÈSE

Ces auteurs partent de l'idée que, en référence à la théorie de la **dissonance cognitive** :

« chez une personne que l'on amène à abandonner l'exécution d'un acte qui lui plaît sous l'effet d'une menace de punition, souhaiter faire cet acte et devoir ne pas le faire sont deux notions dissonantes. La menace de punition grave aboutit d'elle-même à des notions grandement consonantes avec l'abandon de l'action. Si toutefois une personne abandonne la réalisation d'une action qui lui plaît sous l'effet d'une menace légère, ces notions consonantes lui font défaut et elle doit, par conséquent, chercher des justifications supplémentaires pour s'être abstenue. Une méthode de justification consiste à se convaincre que l'acte qui lui plaît n'est pas souhaitable. Donc, chez une personne conduite à abandonner sous la menace une action souhaitée, la tendance à déprécier l'action sera d'autant plus grande que la menace sera légère. »

II - MÉTHODE

Cette hypothèse de Aronson et Carlsmith a été testée sur une population d'enfants issue de l'école maternelle de Harvard (11 garçons et 11 filles âgés de 3 ans à 4 ans).

Après s'être familiarisé avec chacun de ces enfants individuellement, l'expérimentateur conduisait chacun d'eux (toujours individuellement) dans une salle de jeux comportant une glace sans tain et une table basse.

Sur cette table basse étaient disposés cinq jouets. Les cinq jouets furent présentés un par un aux enfants (on leur expliquait comment les manipuler et on leur permettait de jouer un peu avec le jouet présenté avant de passer au suivant).

Une fois l'enfant habitué à tous les jouets, l'expérimentateur les posait par terre et n'en gardait que deux sur la table. Il demandait alors à l'enfant, avec lequel des deux il préférerait jouer. Puis il recommençait ainsi de suite pour les dix paires de jouets. Ainsi un classement a pu être établi pour chaque enfant, du jouet le plus préféré (1) au jouet le moins préféré (5).

Une fois ce classement terminé, l'expérimentateur plaçait le jouet classé second sur la table, les autres restant par terre. Il déclarait alors à l'enfant qu'il devait s'absenter quelques minutes. Pendant ce temps, l'enfant aurait le droit de s'amuser avec tous les jouets, sauf celui classé second, placé sur la table.

– Dans la condition de menace légère, l'expérimentateur précisait à l'enfant :

« Je ne veux pas que tu joues avec le...... Si tu jouais avec, je serais très fâché. Mais tu peux jouer avec tous les autres pendant que je suis parti, et je reviendrai tout de suite ».

– Dans la condition de menace forte, l'expérimentateur précisait à l'enfant :

« Je ne veux pas que tu joues avec le...... Si tu jouais avec, je serais très en colère. Il faudrait que j'emporte tous mes jouets chez moi, et je ne reviendrais plus jamais. Tu peux jouer avec tous les autres pendant que je suis parti, mais si tu t'amusais avec le...., je penserais que tu n'es rien qu'un bébé. Je vais revenir tout de suite. ».

L'expérimentateur quittait alors la pièce et observait l'enfant derrière la glace sans tain pendant dix minutes. Puis il revenait.

La même technique de comparaison par paires était à nouveau administrée et ils jouaient tous les deux pendant un petit moment, y compris avec le jouet interdit.

Les 22 sujets passèrent tous, les deux conditions (menaces : légère et forte) à 45 jours d'intervalle; la moitié subissait d'abord la condition « menace légère », puis la condition « menace forte », l'autre moitié subissant d'abord la condition « menace forte », puis la condition « menace légère ».

Les résultats portent donc dans les deux conditions sur 22 sujets.

III - RÉSULTATS

Aucun enfant ne joua avec le jouet interdit pendant ces 10 minutes de solitude.

- Dans la condition de menace légère, l'attrait pour l'objet diminue chez 8 sujets sur 12 ayant changé leur préférence.
- Dans la condition de menace forte, on n'observe aucune diminution d'intérêt pour le jouet. Par contre, pour 14 sujets, l'objet devient plus attrayant.

Cette augmentation de l'attrait pour l'objet interdit pose question. Est-ce dû à la condition « menace forte » ou est-ce dû au fait que l'expérimentateur a élevé sa valeur en attirant l'attention sur ce jouet, ou encore que l'enfant se soit lassé des autres jouets ?

Figure 1 - Changement de l'attrait du jouet « interdit »

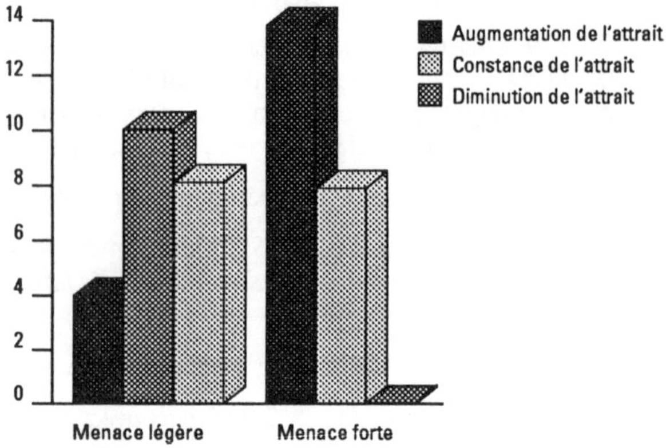

Afin de lever cette ambiguïté, l'expérimentation est recommencée sur 11 sujets. Mais au lieu d'interdire aux enfants de prendre le jouet classé second, l'expérimentateur s'en va avec.

Si, dans cette condition (absence de menace), les sujets ne modifient pas leur classement, l'attrait accru pour l'objet interdit serait fonction de la condition « menace forte ».

Si l'intérêt accru pour l'objet classé second persiste dans cette condition (absence de menace), l'augmentation de l'attrait perçu précédemment dans la condition « menace forte » serait fonction de la « mise en vedette » du jouet en question.

Sur les 11 sujets, l'attrait pour l'objet augmente chez 7 d'entre eux, reste identique chez 4 et ne diminue chez aucun. Les résultats obtenus en condition contrôle sont équivalents à ceux obtenus en condition « menace forte », mais diffèrent de ceux obtenus dans la condition « menace légère ». Ce qui signifie que la tendance à déprécier le jouet interdit dans la condition « menace légère » s'est manifestée en dépit d'une tendance générale à surestimer le jouet. Afin de réduire la **dissonance**, l'enfant déprécie le jouet en question.

Figure 2 - Changement de l'attrait du jouet « critique »

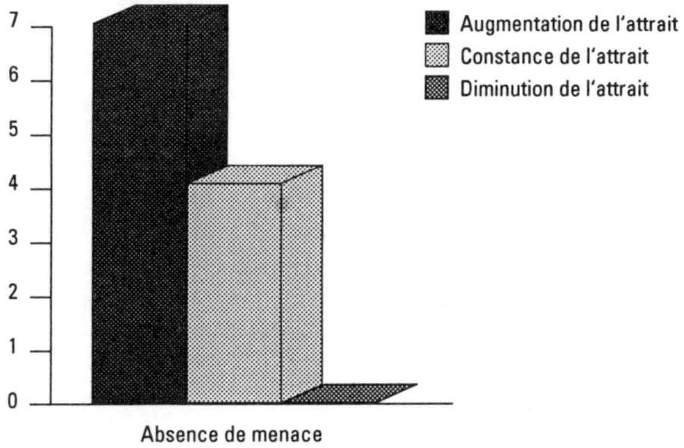

IV - DISCUSSION

« On peut espérer que l'effet mis en évidence ici peut être généralisé au-delà de simples préférences pour des jouets; il se peut en effet que des menaces de punitions légères plutôt que graves soient un bon moyen pour assurer la formation d'un système de valeurs chez les enfants. Ainsi, d'après les résultats de cette expérience, on peut penser que si l'on menace de punition légère un enfant coupable de comportement agressif, l'enfant pourrait être amené à déprécier l'agressivité. Une menace légère serait donc plus sûre qu'une menace grave pour réduire de façon définitive les conduites agressives. Ce raisonnement concorde avec les données attestées dans le domaine de la recherche sur le développement de l'enfant. On observe une corrélation positive entre l'agressivité des enfants et la sévérité des punitions infligées par les parents du fait de l'agression. »

Référence

Aronson, E., & Carlsmith, J.M. (1974). L'effet de l'importance de la menace sur la dépréciation du comportement interdit. In J.P. Poitou (Ed.), *La dissonance cognitive* (pp. 102-108). Paris : Armand Colin.

TITRE II

PENSER ET COMPRENDRE SON ENVIRONNEMENT

FICHE 31

SENS COMMUN OU THÉORIES NAÏVES

I - DÉFINITION

Le sens commun est un corpus de connaissances produit spontanément par les individus, fondé sur des traditions partagées et enrichi par des expériences personnelles, des observations et des pratiques. « Les choses y reçoivent des noms, les individus sont classés en catégories, des conjonctures sont faites spontanément au cours de l'action ou de la communication ordinaires » (Moscovici & Hewstone, 1984, p. 542).

II - POURQUOI S'INTÉRESSER AU SENS COMMUN ?

En s'intéressant au sens commun, on étudie un type particulier de connaissances. On tente d'analyser les explications auxquelles les gens ont recours spontanément quant ils veulent comprendre le monde dans lequel ils vivent.

Fritz Heider est un des premiers théoriciens à souligner que les gens cherchent à comprendre pourquoi certaines choses se produisent. D'après lui, « l'homme de la rue » cherche à expliquer de façon aussi fiable que possible les comportements et les événements qu'il observe dans son environnement social. Chaque individu est désireux de conférer un sens aux événements, aux comportements et aux échanges avec autrui et cherche à trouver autour de lui une certaine cohérence et une certaine stabilité (*cf.* fiche 14).

« Sans cesse, l'homme cherche à expliquer, à comprendre, à organiser la perception qu'il a de son environnement ; il élabore sa conception de la causalité, recherche le pourquoi des événements, des comportements. Il s'efforce de maîtriser son environnement par la connaissance qu'il s'en forge » (Deschamps, 1977, p. 10).

L'homme cherche donc à connaître le monde pour ensuite y agir avec plus de discernement. Mais, comment construisons-nous le réel ? Quelle image nous faisons-nous d'autrui ? Comment pensons-nous les situations dans lesquelles nous sommes impliqués ou que nous observons de l'extérieur ? Comment pensons-nous et percevons-nous notre environnement social ? S'intéresser à la psychologie naïve, c'est tenter d'expliquer la psychologie à laquelle nous recourons tous les jours.

Nous utilisons nos impressions d'autrui et cherchons à donner aux situations et aux réactions d'autrui des types d'explications pour établir notre connaissance du monde social.

Nous devons faire face à d'innombrables situations de la vie quotidienne. « Les individus ou les groupes sont constamment sollicités pour prendre une décision, se prononcer sur un sujet ou définir une attitude » (Rouquette, 1973, p. 322). Nous sommes donc plongés dans un monde qui nous submerge d'informations alors que notre capacité à traiter ces informations est limitée. C'est pourquoi nous avons recours à certaines « croyances », « représentations » et « illusions » qui nous donnent accès à un monde plus simple, plus prévisible et mieux à même d'être expliqué et donc maîtrisé. Toutefois, ces « raccourcis » peuvent nous conduire à ce que certains appellent des « erreurs » (*cf.* fiche 52) tandis que d'autres préfèrent parler de « biais » (*cf.* fiches 54 et 55). Nous disposons donc de stratégies qui, si elles ne sont pas les plus logiques d'un point de vue scientifique sont toutefois les mieux adaptées à la reconstruction de notre environnement (Leyens, 1983; Fiske & Taylor, 1991)

III - PENSÉE NAÏVE ET PENSÉE FORMELLE

Ainsi, nous sommes loin de penser et de nous conduire comme le voudrait la logique scientifique, suivant une méthode rationnelle, logique et universelle. Et cette différence entre l'idéal d'une pensée conforme à la science, à la raison, et la réalité de la pensée dans le monde social, a amené les chercheurs à négliger ce type de pensée. En effet, la pensée sociale et le raisonnement ordinaire ont pendant longtemps été considérés comme quantité négligeable, voire comme des phénomènes indignes d'intérêt puisque tributaires de divers manques et handicaps par rapport à la pensée savante et au langage expert. Or, si d'un côté, il existe des savoirs et des langages experts concernant les problèmes de société, d'un autre côté, chacun possède ses propres représentations sociales, raisonnements, pensées et arguments sur ces mêmes objets. Et ces derniers sont loin d'être pauvres car « la pensée sociale n'est assurément pas le lieu de l'incohérence et du désordre. Tout semble indiquer au contraire qu'elle se construit selon un ordre rigoureux et conformément à des règles précises. [...] Loin de se résoudre en une série arbitraire d'erreurs et de manquements à la logique classique, la pensée naturelle offre donc sa propre cohérence et constitue un type de rationalité » (Rouquette, 1973, p. 327).

Références

Beauvois, J.L. (1984). *La psychologie quotidienne.* Paris : Presses Universitaires de France.

Leyens, J.P. (1983). *Sommes-nous tous des psychologues ?* Bruxelles : Pierre Mardaga éditeur.

Moscovici, S., & Hewstone, M. (1984). De la science au sens commun. In S. Moscovici (Ed.), *Psychologie sociale* (pp. 539-566). Paris : Presses Universitaires de France.

FICHE 32 THÉORIES IMPLICITES DE LA PERSONNALITÉ

I - THÉORIE

A - DÉFINITIONS

1. La personnalité

La personnalité est « un ensemble de facteurs internes plus ou moins stables qui font que les comportements d'un individu sont consistants dans le temps et diffèrent des comportements que d'autres personnes pourraient manifester dans des situations semblables » (Child, 1968, p. 83).

La personnalité est un caractère original propre à chaque personne. Elle est généralement décrite en termes de traits.

Ce sont eux qui constituent la base de la psychologie quotidienne de la personnalité.

Ces traits étant multiples, nous n'en citerons que certains pour exemples : *intelligent, vantard, sympathique, hypocrite, chaleureux, sincère, sensible, ambitieux, affectueux...*

2. La théorie est implicite

Ce qui est implicite n'est pas énoncé formellement mais découle naturellement.

Pour Rosenberg et Sedlack, « la théorie est considérée comme implicite parce que les traits catégoriels ainsi que les croyances que manipule une personne sont inférés de ses descriptions et de ses attentes [...] plutôt qu'ils ne sont établis par cette personne comme le serait une théorie formelle » (cité par Beauvois, 1984, p. 147).

Si la théorie est dite implicite, elle n'est pas forcément inconsciente mais plutôt naïve, en ce sens qu'elle ne repose sur aucun critère objectif de validité. Reposant en effet essentiellement sur la « sagesse populaire », les théories implicites de la personnalité sont très proches des **représentations sociales** (*cf.* fiche 34).

3. Les théories implicites de la personnalité

Lorsque nous voulons ou que nous devons expliquer la conduite, le comportement d'autrui, nous préférons avoir recours à des explications stables. Cette stabilité nous permet de prédire et de contrôler le comportement d'autrui. Le travail cognitif est alors facilité en comparaison à une situation où les explications sont continuellement changeantes.

« Tout individu cherche à stabiliser son environnement, à l'organiser. La complexité des indices, des comportements et des situations caractérisant notre environnement social, ses fluctuations et son instabilité conduisent le sujet à rechercher des régularités, des invariants. » (Paicheler, 1984, p. 292).

Cherchant à tout prix des régularités dans leur environnement, les gens commettent parfois des erreurs lorsqu'il s'agit de rendre compte de la connaissance qu'ils ont d'autrui (*cf.* fiches 52 et 54). Mais ces erreurs sont consensuelles.

Comme l'expliquent Bruner et Tagiuri (1954) en introduisant l'expression **théories implicites de la personnalité**, « le sujet, dans la perception qu'il a et dans l'image qu'il se construit des gens, présuppose des relations entre les traits ou attributs et considère que certains traits vont habituellement ensemble tandis que d'autres au contraire semblent s'exclure » (cités par Beauvois 1984, p. 145).

Les **théories implicites de la personnalité** donnent aux individus par l'intermédiaire de stratégies cognitives, la possibilité d'accéder à des informations qui renforcent leurs attentes à propos de sujets en particulier, alors même que ces informations pourraient être construites à partir du matériau empirique disponible.

Ainsi, avec très peu d'informations, le « psychologue naïf » peut se construire un représentation « cohérente » et complète de la personnalité d'un autrui ; il peut percevoir, mémoriser et interpréter la personnalité d'autrui ainsi que la sienne propre.

L'individu attribue donc le comportement des gens à des traits de caractère, certains traits étant considérés comme se présentant toujours en même temps.

B - Illustration

Une illustration classique des théories implicites de la personnalité est l'expérience de Asch (1946) portant sur la formation d'impression (l'expression « théories implicites de la personnalité » n'ayant pas encore été proposée).

Lors de cette expérience, Asch présente à ses sujets expérimentaux une personne fictive caractérisée par une liste de traits. Cette personne est présentée comme intelligente, adroite, travailleuse, chaleureuse, déterminée, pratique et prudente.

La moitié des sujets reçoit la liste telle quelle. L'autre moitié reçoit une liste identique sauf pour un trait : *chaleureuse* est remplacé par *froide*.

Après avoir pris connaissance de cette liste, les sujets devaient donner leur impression sur cette personne et choisir un certain nombre d'autres traits pouvant la caractériser.

Pourcentages de traits choisis

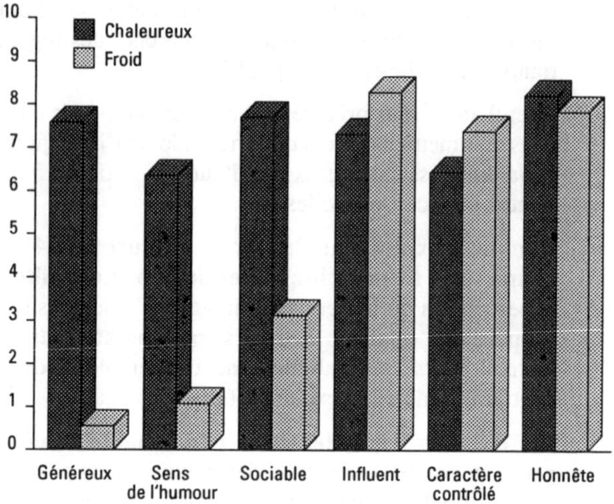

– Ce travail n'a entraîné aucune difficulté : les sujets se font très rapidement une impression de la personne décrite de façon succincte et infèrent très facilement d'autres traits pouvant la caractériser ;

– cette représentation s'avère partagée par un grand nombre de sujets de la population interrogée ;

– le simple fait d'avoir mentionné que cette personne était soit froide, soit chaleureuse entraîne des représentations complètement différentes : alors que chaleur et générosité semblent être deux traits corrélés positivement, quelqu'un ne peut être froid et généreux à la fois.

Ces deux termes ont activé des théories implicites différenciées.

II - SCHÉMAS, EXPÉRIENCE PERSONNELLE ET RÉSISTANCE AU CHANGEMENT

A - SCHÉMAS ET EXPÉRIENCE PERSONNELLE

Nous partageons donc des théories implicites car nous vivons en société, nous baignons dans une certaine culture, nous avons hérité de l'expérience d'autrui. Mais le fait d'avoir des théories implicites communes n'exclut pas celui de posséder des théories implicites personnelles, celles-ci étant construites à partir de notre propre expérience.

Avec l'arrivée de la psychologie cognitive, depuis ces vingt dernières années, de nombreux travaux ont pu accréditer l'idée que nous mémorisons et traitons certaines informations en fonction de **schémas** conceptuels acquis antérieurement. C'est-à-dire que nous avons mémorisé en schémas conceptuels certaines situations vécues au cours de notre histoire et de nos expériences personnelles. Ces schémas conceptuels non seulement dirigent la sélection des informations à traiter mais aussi permettent au sujet de rendre compte d'informations absentes.

C'est ainsi qu'à moindre prix (en activant ces schémas), nous connaissons la réalité sociale, nous savons ce que sont autrui et leur mode de fonctionnement.

B - Résistance au changement

- Nous avons vu que nous avons besoin d'élaborer des systèmes stables d'explication de façon à pouvoir maîtriser notre environnement et le prédire. Ainsi, nous cherchons à placer les autres dans des catégories sommaires ;
- les **théories implicites de la personnalité** communes, que nous avons hérité d'autrui, sont largement partagées. Puisque nous sommes nombreux à partager ces théories, ceci, nous conforte dans l'idée qu'elles ne peuvent qu'être « vraies » ;
- nous nous attendons à ce qu'une personne classée dans telle catégorie agisse en fonction de ce classement. Ainsi, nous cherchons dans la réalité des informations qui renforcent nos attentes.

Par exemple, si l'on nous présente une personne comme chaleureuse, sympathique, nous cherchons des éléments venant confirmer et renforcer nos attentes vis-à-vis de cette personne, laissant de côté les éléments qui pourraient les contredire. Ce phénomène (chercher des éléments allant dans le sens de nos attentes) est connu sous le nom de **biais de confirmation d'hypothèse**. Nous cherchons donc dans l'environnement et chez autrui des informations qui renforcent notre propre conception de la réalité.

Tous ces éléments font en sorte que nos théories implicites soient résistantes au changement.

Référence

Beauvois, J.L. (1984). *La psychologie quotidienne.* Paris : Presses Universitaires de France.

FICHE 33 THÉORIES IMPLICITES DE L'HOMME

I - DÉFINITION

A - Filtres cognitifs

Deconchy propose la notion de **filtres cognitifs** pour rendre compte de la pensée de l'homme sur l'homme, en précisant qu'il est probable à ce niveau, que des filtres interviennent dans le traitement de l'information afin que ne soient pas perturbées les conceptions anthropologiques dominantes.

« Sans référence à un système idéologique particulier, l'intérêt se déplace ainsi vers l'étude expérimentale d'un certain nombre de filtres cognitifs relativement trans-individuels [...] qui interviennent dans le traitement de l'information [...] portant sur l'homme considéré dans sa « nature » ou, mieux, dans ses indicateurs spécifiques. Autrement dit, la question à rapprocher serait celle d'établir par quelle « idée de l'homme », [...], l'homme est amené à filtrer la production d'une connaissance portant précisément sur l'homme » (Deconchy, cité par Doise, 1990, p. 151).

B - Parallèle entre TIP et TIH

Deconchy trace donc un parallèle entre les *théories implicites de la personnalité* (TIP. *cf.* fiche 32) et ces filtres idéologiques qui peuvent être considérés comme des *théories implicites de l'homme* (TIH).

Dans les deux cas (TIP et TIH), il est fait référence :

« – à un certain type de distorsion de l'information telle qu'elle est (en soi) empiriquement disponible ;

– à la mise au point (d'ailleurs non machiavélique) d'un outillage destiné à légitimer scientifiquement cette distorsion ;

– à une fonction idéologique de cette distorsion et de cette mise au point » (Deconchy, 1987, p 155).

La différence réside en ce que les TIH seraient plus directement présentes dans les rapports entre l'humanité entière et le reste de la nature alors que l'on se servirait plutôt des TIP dans les rapports entre acteurs sociaux individuels.

Mais, « comme pour les TIP, il s'agit de calibrer, de moduler, de *filtrer* l'information scientifique portant sur les conduites et sur les comportements humains de telle façon que puissent *se reproduire* les schémas explicatifs posés, proposés et quelquefois imposés par l'anthropologie dominante » (Deconchy, Appert et Samain, 1987, p. 117).

C - Un secteur réfractant ces TIH

1. Une idéologie portant sur la connaissance de l'homme

Ces **théories implicites de l'homme** sont basées sur des mécanismes tendant à filtrer l'information qui pourrait contrecarrer certaines idéologies portant sur l'homme.

L'homme est donc amené à filtrer la production d'une connaissance portant précisément sur l'homme.

Et notamment, la spécificité humaine ne doit pas être mise en cause :

« L'humain ne peut se réduire totalement et adéquatement à ce qu'il est possible d'en établir par voie scientifique ou par voie rationnelle » (Deconchy, 1987, p. 152).

2. Hypothèse générale

Une hypothèse générale est posée :

« Le sujet humain tend fonctionnellement à s'immuniser cognitivement contre l'idée que les conduites et que les comportements humains sont adéquatement introduits et produits par le jeu de déterminismes naturels et tend à occulter l'éventuelle pertinence des discours qui chercheraient à valider cette proposition » (Deconchy, 1991, p. 209).

Cette immunisation opérerait de telle sorte que les anthropologies dominantes ne soient pas remises en cause et que la spécificité humaine soit sauvegardée.

On se méfierait cognitivement, par exemple, des méthodologies présentant l'homme comme réagissant exclusivement aux lois de la nature car la « nature » de l'homme ne peut se définir seulement en termes de nature.

II - ILLUSTRATIONS

A - Spécificité humaine et animale

Deconchy (1984b) propose à des sujets de lire un article concernant un comportement particulier de l'oiseau-lyre huppé.

Le mâle et la femelle ont un chant complètement différent. À tel point qu'il semble impossible à chacun des deux sexes de reproduire le chant du sexe opposé.

Mais, lorsque l'un des deux partenaires vient à disparaître, l'oiseau restant se met à chanter tour à tour les deux chants après quelques heures de silence.

Pour la moitié des sujets, la connaissance de ce comportement s'est dévoilée au cours d'observations répétées. Pour l'autre moitié, cette connaissance s'est dévoilée au cours d'expérimentations répétées.

Il est alors demandé aux sujets de bien vouloir évaluer si ce comportement peut être transposé à certains comportements humains et peut par conséquent aider à comprendre comment les hommes se conduisent.

En fonction de ce comportement animal, neuf comportements humains ont été proposés.

Moyenne des évaluations de la transposabilité
du comportement animal aux comportements humains

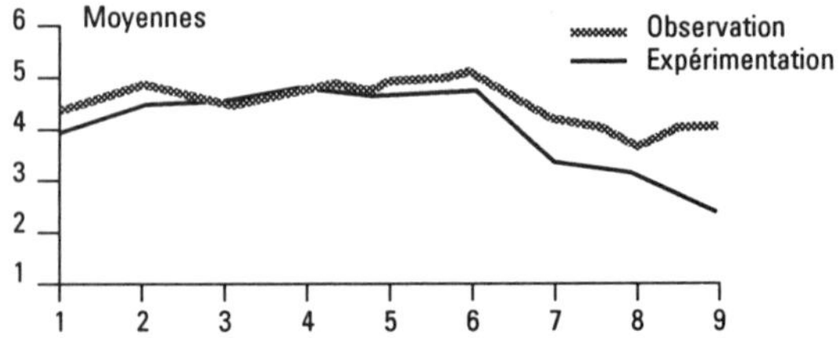

1 : tendance à l'imitation

2 : répartition des tâches dans les groupes de coopération

3 : spécification des comportements masculins et féminins

4 : choix du couple comme forme la plus fréquente de la vie sociale

5 : importance de la présence de l'autre pour la réalisation de chacun

6 : importance des relations entre les individus pour l'apprentissage

7 : création artistique

8 : rites funéraires et comportements de deuil

9 : croyance en l'après-vie.

La transposition à l'homme du comportement vocal de l'oiseau-lyre huppé apparaît moins pertinente lorsque cette connaissance est validée par voie expérimentale que lorsqu'elle est validée par voie d'observation.

Dans cette situation où les comportements humains peuvent avoir les mêmes causes naturelles que les comportements animaux, les sujets introduisent des différenciations d'autant plus importantes lorsque l'information est véhiculée par une source scientifique et par voie expérimentale (impliquant des lois de nature).

B - Spécificité humaine et machine

Meyer et Anis reprennent l'hypothèse principale de Deconchy dans une expérimentation portant sur la représentation homme/machine.

Il apparaît que la génération automatique de textes remet également en question la spécificité humaine, et que « toute information qui touche aux frontières de la spécificité humaine de l'homme en tant qu'espèce sera décryptée de manière originale. Ces modèles d'interprétation (ou **filtres cognitifs**) seraient quasi indépendants de système de croyance particuliers et tendraient à mettre en avant l'irréductibilité fondamentale de l'homme à tout déterminisme naturel » (Meyer, Anis, 1992, p. 95).

Dans cette expérience, ceci se traduit par le fait qu'une nette survalorisation du texte apparaît dans la condition où l'homme est comparé à une machine. Comparer l'homme à la machine est inhabituel et maximise les écarts par rapport à la condition où une machine est comparée à l'homme.

Ces deux illustrations font partie d'un champ de recherches aujourd'hui assez vaste et tendant à accréditer l'existence de ces **théories implicites de l'homme**.

Références

Deconchy, J.P. (1984b). La résistance à la validation expérimentale d'une connaissance portant sur les comportements « idéologiques ». *Archives de Sciences Sociales des Religions* (CNRS), 58, 117-138.

Deconchy, J.P. (1987). Conduites sociales, comparaison sociale et représentation du patrimoine comportemental commun à l'homme et à l'animal. In J.L. Beauvois, R.V. Joule & J.M. Monteil (Eds.), *Perspectives cognitives et conduites sociales. I. Théories implicites et conflits cognitifs* (pp. 151-185). Cousset : DelVal.

Meyer, T., & Anis, J.C. (1992). Comparer la machine à l'homme et l'homme à la machine : approche expérimentale des représentations d'une génération automatique de récit. *Langages*, 106, 92-105.

FICHE 34 LES REPRÉSENTATIONS SOCIALES

I - DÉFINITIONS

Moscovici introduit le terme « représentations sociales » en 1961 et nous en donne la définition la plus complète en les présentant comme « des systèmes de valeurs, des idées et des pratiques dont la fonction est double : en premier lieu, établir un ordre qui permettra aux individus de s'orienter et de maîtriser leur environnement matériel, ensuite, faciliter la communication entre les membres d'une communauté en leur procurant un code pour désigner et classifier les différents aspects de leur monde et de leur histoire individuelle et de groupe » (Moscovici, 1961, cité par Semin, 1989, p. 243). En étudiant les représentations sociales, on cherche à étudier ce que les gens pensent et **comment** et **pourquoi** ils le pensent.

A - Double dynamique : cognitive et sociale

Les membres de groupes sociaux partagent des croyances, des idées, des valeurs, en un mot des représentations. Ces représentations sont sociales car partagées par un grand nombre de personnes et peuvent de ce fait dicter certaines conduites à suivre, celles-ci étant inculquées dès le plus jeune âge par toutes sortes d'institutions telles l'école, la famille, l'église, les associations, les médias… La représentation sociale d'un groupe, d'un objet donné, l'ensemble des connaissances, des croyances, des opinions partagées par un groupe sont des processus actifs de la construction de la réalité : « La représentation, parce qu'elle est un processus de construction du réel agit simultanément sur le stimulus et sur la réponse. Plus précisément, elle oriente celle-ci dans la mesure où elle modèle celui-là » (Herzlich, 1973, p. 304). Elle est une forme de « connaissance, socialement élaborée et partagée ayant une visée pratique et concourant à la construction d'une réalité commune à un ensemble social » (Jodelet, 1989a, p. 36). Si une représentation sociale est partagée par un grand nombre de personnes et qu'elle permet à l'individu d'interpréter son monde environnant, cette interprétation du monde agit sur les pratiques : après avoir entendu un discours circulant dans la société, l'individu se positionne et produit le sien propre. Il intègre les éléments qui lui sont essentiels et gomme les différences de point de vue. La représentation sociale n'est pas seulement l'expression d'un contenu en rapport avec un objet, mais aussi de celui d'un individu ou groupe en rapport avec d'autres individus car : « le sujet est en situation d'interaction sociale » et « le sujet étant un sujet social, il fait intervenir dans son élaboration des idées, valeurs et modèles qu'il tient de son groupe d'appartenance ou des idéologies véhiculées dans la société [...]. Il produit une représentation qui reflète les normes institutionnelles découlant de sa position ou les idéologies liées à la place qu'il occupe » (Jodelet, 1984, pp. 365-366). Et « la représentation est tributaire de la position que les sujets occupent dans la société, de l'économie ou de la culture. Elle est donc l'expression à la fois d'un contenu et d'une relation, relation du sujet à l'objet, du sujet à la société dans laquelle il s'insère. Les représentations sociales renvoient donc à une double dynamique, à la fois cognitive et sociale » (Comby, Devos & Deschamps, 1993, p. 20).

D'après Moscovici et Vignaux (1994, p. 29), les représentations sociales remplissent différents types de fonctions, « les unes cognitives – **ancrer** des référents, **stabiliser** ou **déstabiliser** des situations évoquées –, d'autres proprement sociales, à savoir, maintenir ou créer des **identités** et des **équilibres collectifs** ».

B - Processus et fonctions

À la suite de Moscovici, on distingue deux processus à l'œuvre dans l'activité des représentations : l'objectivation et l'ancrage. Ces deux processus rendent compte de la façon dont le social transforme une connaissance scientifique en représentation et de la façon dont cette représentation transforme le social.

1. Objectivation

Ce processus d'objectivation permet aux individus, confrontés à un « objet » inconnu ou insolite, de rendre concret ce qui est abstrait. Ce qui tend à faciliter entre autres la communication puisque « les représentations sociales sont des modalités de pensée pratique orientées vers la communication, la compréhension et la maîtrise de l'environnement social, matériel et idéel » (Comby, Devos et Deschamps, 1993, p. 21).

L'objectivation permet de transformer un concept en une image plus concrète pour l'individu ou encore en ce que Moscovici appelle un « noyau figuratif ». Elle permet notamment de changer le savoir scientifique en l'image d'une chose.

2. Ancrage

Ce second processus permet aux individus de rendre l'étrange familier. Une fois la transformation du concept en image, il est possible de relier « quelque chose » qui est nouveau à quelque chose qui est ancien et donc d'ancrer, d'incorporer les nouveaux éléments de savoir dans un réseau de catégories plus familières, de mettre cet objet nouveau dans un cadre de référence bien connu pour pouvoir ensuite l'interpréter. En ce sens, l'ancrage apparaît comme une extension de l'objectivation.

Abric (1994, pp. 15-18) distingue quatre fonctions essentielles des représentations sociales :

1 – une fonction de savoir : « *elles permettent de comprendre et d'expliquer la réalité.* [...] Elles permettent aux acteurs sociaux d'acquérir des connaissances et de les intégrer dans un cadre assimilable et compréhensible pour eux [...] et facilitent la *communication sociale* ». Comme le note Farr (1984, p. 386), les représentations sociales permettent de rendre l'invisible perceptible et l'étrange familier ;

2 – une fonction identitaire : « *elles définissent l'identité et permettent la sauvegarde de la spécificité des groupes* » ;

3 – une fonction d'orientation : « *elles guident les comportements et les pratiques* » et notamment, « les conclusions sont posées avant même que l'action ne débute » ;

4 – une fonction justificatrice : « *elles permettent* a posteriori *de justifier les prises de position et les comportements* ».

Pour Abric toujours (*ibid.*, p. 14), la représentation est « un ensemble organisé et cohérent », mais la composante sociale de la représentation « génère des règles qui peuvent être très différentes de la logique cognitive ».

Ainsi, les représentations constituent-elles « un filtre pour les connaissances ; seules celles qui sont en accord avec les autres croyances, les autres opinions [...] seront acceptées et assimilées par la collectivité » (Lipiansky, 1991, p. 43). Permettant « d'appréhender les événements de la vie courante, les données de l'environnement, les informations qui y circulent, les personnes de l'entourage proche ou lointain (Jodelet, 1984) », donnant un sens à l'inattendu, les individus s'orientent dans l'environnement matériel et le dominent. Mais ayant une fonction explicative et s'articulant « essentiellement sur la réponse « parce que », les représentations sociales sont des structures causales socialement partagées qui bien souvent sont le résultat d'une transformation des explications scientifiques (Hewstone, 1989) » (Comby, Devos & Deschamps, 1993, pp. 6-7).

La représentation sociale étant « le produit et le processus d'une activité mentale par lequel un individu ou un groupe reconstitue le réel auquel il est confronté, et lui attribue un signification spécifique » (Abric, 1987, p. 64), « elle est déterminée à la fois par le sujet lui-même (son histoire, son vécu), par le système social et idéologique dans lequel il est inséré, et par la nature des liens que le sujet entretient avec ce système social [...]. Les comportements des sujets ou des groupes ne sont pas déterminés par les caractéristiques objectives de la situation mais par la représentation de cette situation » (Abric, 1989, pp. 188-189).

II - ILLUSTRATION

Lors d'une étude portant sur la représentation du Sida (Comby, Devos & Deschamps, 1993), ce double processus d'objectivation et d'ancrage a bien été explicité.

- Par l'objectivation, les informations sont détachées du contexte scientifique et appropriées par les individus. En étudiant la presse écrite, Herzlich et Pierret (1988) montrent comment la représentation du Sida s'est construite à partir du savoir scientifique en fonction de critères culturels et normatifs : « Jusque dans le courant 1983, les termes utilisés dans la presse pour dénommer le « mystérieux mal » font référence au groupe le plus fréquemment associé à la maladie, les homosexuels [...]. L'image du Sida restera pendant longtemps celle d'une infection touchant des groupes bien particuliers [...] dits « à risques ». La prévalence de l'infection dans des groupes préalablement dénigrés amène les individus à voir un lien de causalité entre une appartenance sociale stigmatisée et l'infection par le virus VIH. » (Comby, Devos & Deschamps, 1993, p. 8).
- Par l'ancrage, les nouveaux éléments sont intégrés dans des catégories plus familières : « L'objet représenté est intégré dans des systèmes de pensée qui lui préexistent, mais, de part et d'autre, des transformations découlent de cette intégration. Il n'est pas rare que, pour appréhender le Sida, on le compare au cancer. Ce faisant, on le déforme pour l'intégrer dans un système de pensée déjà connu. Ce dernier peut s'en trouver également modifié. L'intégration cognitive d'un nouvel objet se fait dans, et modifie, les cadres habituels d'appréhension du réel. » (Comby, Devos & Deschamps, 1993, p. 9).

Référence

Moscovici, S. (1961). *La psychanalyse, son image et son public.* Paris : Presses Universitaires de France.

FICHE 35

REPRÉSENTATIONS SOCIALES DU SIDA

I - INTRODUCTION

Supposer qu'un individu, pleinement informé sur les modes de transmission du Sida et engagé dans des pratiques sexuelles, adopte des conduites préventives en matière de sexualité semble un idéal quelque peu illusoire. Un ensemble de recherches entreprises sur les représentations sociales de la sexualité et les attitudes face au Sida chez des jeunes adultes tente de cerner « le contexte interprétatif où s'ancrent, s'instituent et prennent sens et forme les pratiques sexuelles » (Apostolidis & Cordival, 1995).

Le Sida semble réservé à des groupes bien spécifiques (*cf.* fiche 34), groupes qui avant même l'apparition de la maladie, étaient considérés comme déviants et marginaux ; ce qui tendrait à accroître leur responsabilité face à la contraction de la maladie. Les explications d'une séropositivité varient en fonction du mode de contraction du VIH et les attitudes à l'égard des personnes contaminées semblent opposer de nos jours « victimes innocentes » (transfusés, hémophiles) et « coupables blâmés » (homosexuels, toxicomanes). Le mode de contraction fait alors figure de principe organisateur de la représentation sociale du Sida.

II - MÉTHODE

Les expérimentateurs présentent un scénario à des étudiants ; scénario dans lequel un individu ayant contracté le virus du Sida répond à une interview. Lors de cette interview (fictive mais présentée de façon réelle), les sujets sont informés de la façon dont l'interviewé à contracté le virus ; c'est-à-dire, soit à la suite : de rapports homosexuels, d'injections de drogue par voies intraveineuses, de rapports hétérosexuels, d'une transfusion sanguine. Chaque sujet est ensuite invité à répondre à un questionnaire relatif à la personne séropositive qui lui est présenté.

Le scénario est exactement le même dans tous les cas de figure. Seul le mode de contraction varie.

III - RÉSULTATS

L'impression des sujets sur le personnage séropositif varie en fonction du mode de contraction du virus.

Figure 1 - Image globale (en moyenne) de la personne séropositive en fonction du mode de contraction

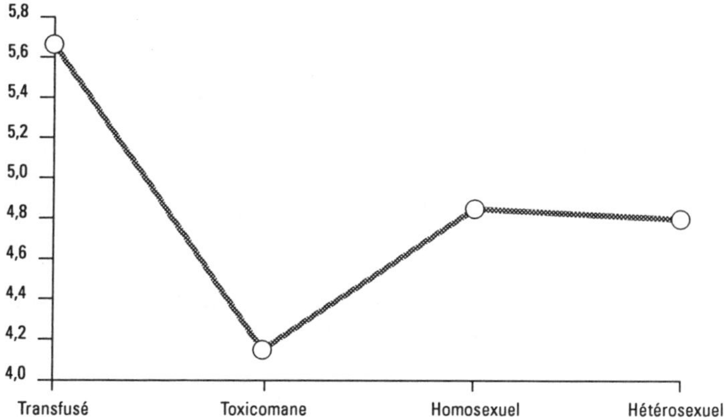

Plus la moyenne est élevée, plus l'image est positive.

Figure 2 - Description (en moyenne) de la personne séropositive en fonction du mode de contraction

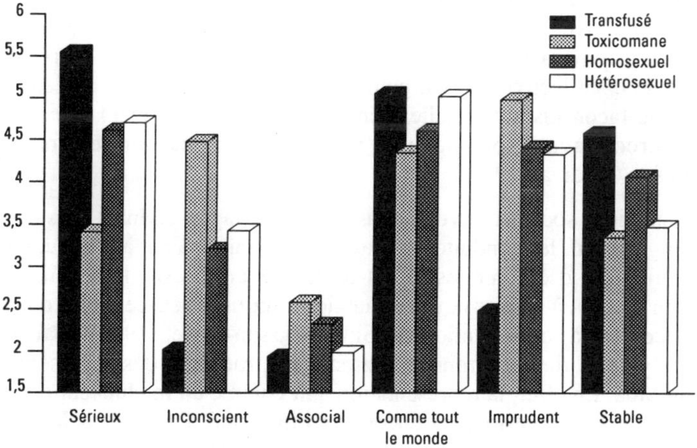

Le sujet répond à l'aide d'une échelle en 7 points allant de 1 : « pas du tout » à 7 : « tout à fait ».

Les résultats font apparaître trois profils fondamentalement différents : celui du toxicomane héritant d'une impression d'ensemble négative et en marge de celle des autres portraits. Celui de la personne transfusée bénéficiant à contrario d'une impression très fortement positive. Enfin, celui de la personne contaminée par voie sexuelle. Il ne semble pas, en effet, qu'il y ait une différence d'impression de la personne séropositive en fonction de ses préférences sexuelles. Les impressions d'ensemble de l'homosexuel et de l'hétérosexuel, toutes deux très proches, sont intermédiaires entre les deux profils précédemment cités.

D'autre part, la personne transfusée n'a qu'une très faible **responsabilité** dans le fait d'avoir été contaminée. Sa maladie est plutôt due au hasard, à la malchance; tandis que les personnes contaminées par voies sexuelle ou intraveineuse semblent assez responsables de leur maladie. Le hasard et la malchance intervenant peu dans la contraction du virus, ceux-ci tiennent toutefois une place plus importante à la suite de rapports sexuels que chez les toxicomanes. Il apparaît également que si pour les quatre conditions de contamination, le soutien moral et personnel s'avèrent nécessaires, l'aide sociale reste sélective, celle-ci étant moins justifiée pour le toxicomane et indispensable pour le transfusé.

IV - DISCUSSION

« Une perspective humanitaire conduirait à percevoir l'adversité de la séropositivité indépendamment de la façon dont la personne a été contaminée par le virus. Or, il apparaît que le mode de contraction du virus entre incontestablement d'une part dans la perception évaluative de cette personne et d'autre part dans la qualité des explications que les sujets donnent à propos de l'événement. » D'autre part, « si les comportements d'aide personnelle sont envisagés, ils n'ont pas une incidence négative sur les valeurs de la société ou plus précisément sur la relation positive du sujet avec ces mêmes valeurs. Si les comportements d'aide sociale sont bien moins envisageables, c'est parce qu'ils mettent en péril les références normatives de la collectivité. C'est pourquoi il est bien plus difficilement admis qu'on aide de façon institutionnelle (pension, gratuité, assistance) une personne que l'on perçoit avant tout par une transgression des normes sociales » (Apostolidis & Cordival, 1995).

Les représentations sociales, savoirs construits et partagés, donnant sens et orientant l'échange social, les conduites, il s'avère nécessaire, quant à l'aspect préventif, non seulement d'étudier les effets de la prévention sur les changements d'attitude en mettant à l'épreuve des stratégies d'influence susceptibles de contribuer efficacement à la prévention du Sida (Masson-Maret, 1994), mais également d'analyser et de comprendre contenus et processus des représentations sociales du Sida. En effet, la représentation agit comme un modulateur de la perception, de la compréhension, ou encore de l'intention d'agir, dans les interactions du sujet avec son environnement. Or, la construction de l'objet « Sida », à travers la notion de « groupes à risques » peut avoir selon Spears *et al.* (1992) non seulement des effets négatifs pour ces groupes que l'on discrimine, mais également des conséquences nuisibles à la santé de la population hétérosexuelle.

En effet, Morin et Verges (1992) recueillent auprès de jeunes certains discours de ce type : « Je sais que ça peut arriver à tout le monde, mais je ne suis ni homo, ni toxico, alors… ».

L'objet Sida doit donc être analysé sous ces multiples aspects, dans une optique préventive, de manière à atteindre une efficacité optimale.

Référence

Apostolidis, T., & Cordival, S. (1995). *Représentations sociales et attitudes à l'égard des personnes séropositives en fonction du mode de contraction de la maladie.* Rapport de recherche du LPS. EHESS.

FICHE 36

L'APPROCHE DU NOYAU CENTRAL

I - DÉFINITIONS

A - Le noyau central

La représentation d'un « objet » donné est constituée d'un ensemble d'informations, de croyances, d'opinions et d'attitudes. Au sein de cette représentation, Abric montre le rôle déterminant de ce qu'il nomme le noyau central. Selon cette théorie, toute représentation est constituée de nombreux éléments cognitifs, ces éléments étant structurés et hiérarchisés. Certains d'entre eux occupent une position centrale dans la représentation de l'objet en question. En 1984, Abric avance l'hypothèse que le noyau constitue « l'élément générateur, organisateur et stabilisateur de la représentation » (cité par Aissani, Bonardi & Guelfucci, 1990, p. 337).

Le noyau central de la représentation assure deux fonctions :

« – une fonction génératrice : il est l'élément par lequel se crée, ou se transforme, la signification des autres éléments constitutifs de la représentation. Il est ce par quoi ces éléments prennent un sens, une valeur;

– une fonction organisatrice : c'est le noyau central qui détermine la nature des liens qui unissent entre eux les éléments de la représentation. Il est en ce sens l'élément unificateur et stabilisateur de la représentation. » (Abric, 1989, p. 197; 1994, p. 22).

De plus, le noyau central possède une propriété essentielle qui est la stabilité. L'ensemble des éléments qui le composent sont très résistants au changement dans des contextes mouvants et évolutifs. Ces éléments étant liés aux conditions historiques, sociologiques et idéologiques des individus ou des groupes. Ils sont indépendants du contexte immédiat.

Le repérage des éléments centraux d'une représentation permet :

– de définir si deux représentations sont différentes au sein de deux groupes sociaux par exemple. En effet, selon cette théorie, pour que deux représentations soient différentes à l'égard d'un même objet, il faut que les éléments intégrés au noyau central soient également différents;

– « de saisir la structure d'un ensemble de cognitions et de pratiques relatives à un objet social » donné (Moliner, 1993, p. 9).

Le noyau central est la base commune, collectivement partagée. Mais, si un des éléments du noyau central est mis en cause, alors, l'ensemble de la structure de la représentation est également remis en cause et la représentation change.

Cependant, il peut exister des divergences individuelles toutefois organisées autour d'un noyau collectivement partagé ; et ce, grâce à la seconde composante des représentations sociales : le système périphérique.

B - Le système périphérique

Les éléments périphériques, sous la dépendance du noyau central, sont plus souples et « permettent d'intégrer dans la représentation des variations individuelles déterminées par des expériences spécifiques » (Guimelli, 1994a, p. 17). Ainsi, certaines divergences individuelles, au regard d'une représentation sociale donnée, n'excluent pas le fait que cette représentation puisse être organisée autour d'un noyau commun. La signification centrale de la représentation n'est pas remise en cause et chacun peut se positionner de manière individuelle en fonction des éléments qu'il intègre à sa représentation.

Changer de représentation à l'égard d'un objet donné en fonction d'informations diverses circulant dans la société ou analyser constamment la situation par rapport au noyau central, serait très coûteux pour l'individu. Ainsi, confrontés à des informations contradictoires, les éléments périphériques servent en quelque sorte de « pare-chocs » à la représentation. Flament (1989) considère ces éléments périphériques comme des schèmes, se référant notamment à la théorie des scripts de Schank et Abelson (1977). « Un script est la description d'actes ou d'événements essentiels qui se succèdent de manière cohérente dans une situation donnée lorsque tout se passe normalement » (Guimelli & Jacobi, 1990, p. 310). Si, des éléments viennent contredire la représentation, ce sont d'abord les schèmes périphériques qui sont transformés, le noyau central restant intact pour un temps. Mais, si le phénomène s'amplifie, alors le noyau central peut être atteint et se transformer structurellement.

Les schèmes périphériques assurent donc les fonctions essentielles suivantes :

- une fonction de concrétisation : le système périphérique constitue l'interface entre la réalité concrète et le noyau central, il est dépendant du contexte et immédiatement compréhensible et transmissible. Il indique ce qu'il est normal de faire ou dire dans telle situation ;
- une fonction de régulation : si le contexte évolue, le système périphérique peut intégrer de nouvelles informations sans que celles-ci n'atteignent le noyau central. La représentation est alors adaptée à la situation. De la même façon, peuvent apparaître dans ce système des variations individuelles liées à l'histoire propre du sujet ;

– une fonction de défense : dans le système, peuvent apparaître et être supportées des contradictions sans pour autant changer le noyau central de la représentation.

C - Complémentarité des deux composantes

Les représentations sont à la fois stables et mouvantes, rigides et souples : « stables et rigides parce que déterminées par un noyau central profondément ancré dans le système de valeurs partagées par les membres du groupe, mouvantes et souples parce que nourries des expériences individuelles, elles intègrent les données du vécu et de la situation spécifique et l'évolution des relations et des pratiques sociales dans lesquelles s'insèrent les individus et les groupes » (Abric, 1994, p. 29).

Abric (1994, p. 80) résume les caractéristiques du système central et du système périphérique d'une représentation sociale dans le tableau suivant :

Système central	Système périphérique
• Lié à la mémoire collective et à l'histoire du groupe	• Permet l'intégration des expériences et histoires individuelles
• Consensuel → définit l'homogénéité du groupe	• Supporte l'hétérogénéité du groupe
• Stable • Cohérent • Rigide	• Souple • Supporte des contradictions
• Résiste au changement	• Évolutif
• Peu sensible au contexte immédiat	• Sensible au contexte immédiat
• Fonctions : – génère la signification de la représentation – détermine son organisation	• Fonctions : – permet l'adaptation à la réalité concrète – permet la différenciation du contenu – protège le système central

II - ILLUSTRATION

Flament (1971 ; Flament & Monnier, 1971), étudiant la représentation du groupe, suppose que celle-ci s'organise autour de deux éléments qui en constituent le noyau central : l'**amitié** et l'**égalité**.

Moliner (1988) reprend les travaux de Flament et confirme expérimentalement cette configuration de la représentation du groupe. Il se propose de travailler sur deux éléments centraux (amitié et égalité) et un certain nombre d'éléments périphériques ; plus particulièrement, la **communauté d'opinions** et la **communauté d'intérêts**. Intéressons-nous à l'égalité (élément central) et à la communauté d'opinions (élément périphérique) :

Moliner demande à des étudiants la probabilité en pourcentage (de 0 à 100 %) que dans un groupe amical, il y ait absence de hiérarchie ou communauté d'opinions entre les membres du groupe. Les deux items obtiennent une probabilité moyenne de 75 %. Ces deux éléments ont donc une même forte saillance, une certaine équivalence quantitative. Il suffit d'évoquer un groupe amical pour que les sujets pensent à 95 % qu'il s'agit d'un groupe idéal. Or, lorsque par la suite, Moliner présente aux sujets soit un groupe amical dont les membres ne partagent pas les mêmes opinions, soit un groupe amical hiérarchisé, et qu'il leur demande de préciser s'ils reconnaissent là un groupe **idéal**, la mise en cause de ces deux éléments provoque des effets différenciés. En effet, alors que dans le groupe amical avec divergence d'opinions, 73 % des sujets reconnaissent toujours un groupe idéal, dans le groupe hiérarchisé, 78 % ne reconnaissent plus le groupe idéal. Moliner en déduit ainsi, expérimentalement, que l'égalité est un élément du noyau central de la représentation du groupe idéal, alors que la communauté d'opinions est un élément périphérique.

Ces deux éléments ne jouent pas le même rôle dans la représentation bien qu'ils soient équivalents quantitativement. Ainsi, ce n'est pas tant l'aspect quantitatif de l'élément de la représentation qui importe mais son aspect qualitatif, c'est-à-dire, le fait qu'il soit fortement relié à tous les autres.

« Ce n'est pas parce qu'une cognition est fortement reliée à toutes les autres qu'elle est centrale, c'est parce qu'elle est centrale qu'elle est reliée aux autres. Et elle est centrale parce qu'elle entretient un lien privilégié avec l'objet de représentation. Ce lien est symbolique et il résulte des conditions historiques et sociales qui ont présidé à la naissance de la représentation » (Moliner, 1994, p. 202).

Références

Abric, J.C. (1994). *Pratiques sociales et représentations*. Paris : Presses Universitaires de France.

Moliner, P. (1994). Les méthodes de repérage et d'identification du noyau des représentations sociales. In C. Guimelli (Ed.), *Structures et transformations des représentations sociales* (pp.199-232). Paris : Delachaux et Niestlé.

FICHE 37 ÉTUDIER LA STRUCTURE DES REPRÉSENTATIONS SOCIALES

Les éléments périphériques sont organisés autour d'un noyau central qui donne à la représentation sa cohérence et sa signification. Le repérage des éléments qui constituent le noyau central s'avère donc nécessaire à la compréhension de la structure d'une représentation. Différentes techniques peuvent être utilisées pour étudier cette structure, mais quelles que soient les techniques utilisées, trois étapes doivent être respectées. Abric (1994, chap. 3) consacre un chapitre entier à la présentation de ces différentes techniques ; elles sont reprises ici de manière synthétisée.

I - ÉTUDIER LE CONTENU

Cette étape consiste à rechercher les éléments significatifs minima qui sont susceptibles d'entrer dans la structure de la représentation analysée. Deux types de méthodes peuvent être utilisées.

A - MÉTHODES INTERROGATIVES

« Elles consistent à recueillir une expression des individus concernant l'objet de représentation étudié » (Abric, 1994, p. 60).

- **Entretien** : permet d'explorer, de la façon la moins directive possible, l'ensemble des éléments d'une représentation d'un individu. L'entretien non directif convient donc particulièrement à ce type de recherche exploratoire.
- **Questionnaire** : permet d'introduire des mesures quantitatives que l'entretien ne permet pas, mais limite l'expression des individus.
- **Planches inductrices** : les sujets s'expriment librement à partir de dessins élaborés par le chercheur.
- **Dessins et supports graphiques** : cette technique est particulièrement appropriée aux recherches où la représentation étudiée s'avère difficilement transmissible en mots. Après avoir produit un dessin, les sujets verbalisent leur représentation à l'aide de leur propre support. Le chercheur peut ensuite quantifier les éléments issus de la production graphique. C'est ainsi que Galli et Nigro (1990) ont pu étudier l'évolution de la représentation, chez des enfants, de la radioactivité après Tchernobyl.

– **Approche monographique** : Jodelet (1989b) a utilisé cette méthode (difficile à mettre en œuvre) pour étudier la représentation de la maladie mentale dans une communauté thérapeutique. Elle a utilisé pour ce faire, tout au long de quatre années, diverses techniques : techniques ethnographiques, enquêtes sociologiques, analyses historiques et techniques psychosociologiques telles que : entretiens en profondeur, observations directes des comportements et des interactions…

B - Méthodes associatives

Ces méthodes « reposent elles aussi sur l'expression verbale que l'on s'efforce de rendre plus spontanée, moins contrôlée » (Abric, 1994, p. 60).

– **Association libre** : à partir d'un mot inducteur, le sujet mentionne d'autres mots ou groupes de mots qui lui viennent à l'esprit.

– **Carte associative** : cette technique permet de recueillir des associations plus élaborées. Elle consiste à demander au sujet d'établir, après la première production d'associations, une seconde association avec le couple de mots formé (mot inducteur + association mentionnée par le sujet) et ainsi de suite jusqu'à ce qu'on obtienne une chaîne de plusieurs mots fortement reliés, donnant ainsi un sens plus précis au premier mot induit. Il est cependant difficile de poursuivre au-delà de quatre éléments.

Si cette première étape permet d'explorer et d'analyser le contenu d'une représentation, elle ne permet pas en revanche d'informer sur son organisation.

II - ORGANISATION ET STRUCTURE

Il est ensuite nécessaire d'étudier la relation entre les éléments ainsi que leur hiérarchie.

A - Relations entre les éléments

– **Constitution de couples de mots** : « il s'agit de demander au sujet, à partir d'un corpus qu'il a lui-même produit (par associations libres par exemple), de constituer un ensemble de couples de mots qui lui semblent "aller ensemble" » (Abric, 1994, p. 72).

– **Comparaison pairée** : dans ce cas, proche de la méthode précédente, le chercheur propose au sujet toutes les combinaisons de couples de mots possibles ; ce dernier évaluant sur une échelle (très semblables/très dissemblables) le degré de similitude entre les termes (*cf.* Di Giacomo, 1981).

– **Constitution d'ensembles de mots** : il s'agit de regrouper en « paquets » tous les mots qui semblent aller bien ensemble.

B - Hiérarchie entre les éléments

– **Tris hiérarchisés successifs** : le chercheur proposant généralement une liste d'items en nombre pair, le sujet sépare les plus représentatifs de l'objet étudié, des moins représentatifs, en deux tas égaux. Reprenant le tas « plus représentatif », il recommence alors l'opération ainsi de suite de manière à arriver à l'élément unique le plus représentatif de l'objet en question (*cf.* Abric, 1989).

Par la suite, la plupart de ces techniques permettent l'utilisation d'une analyse de similitude classique de manière à construire un graphe représentatif de la structure de la représentation étudiée. Ce graphe permet de visualiser le degré de similitude entre deux éléments et d'observer si un ou plusieurs de ces éléments sont fortement reliés aux autres éléments de la représentation. De cette manière, on peut poser l'hypothèse qu'un élément se trouvant au centre de plusieurs autres qui lui sont directement rattachés est susceptible de faire partie du noyau central alors qu'un autre élément peu relié aux autres fera plutôt partie du système périphérique. Mais cette étape menée à terme n'est toutefois qu'une phase de supposition qu'il sera nécessaire de soumettre à la dernière.

– **Choix successifs par blocs** : cette autre méthode permet non seulement d'analyser les relations de similitude entre les éléments de la représentation mais également les relations d'antagonisme ou d'exclusion. Pour ce faire, le sujet numérote de – 2 à + 2 les items qui lui sont proposés, de la manière suivante. Pour une liste de 20 items, par exemple, il note + 2 les quatre items les plus représentatifs de l'objet étudié. Parmi les items restants, il note – 2 les quatre les moins représentatifs. Parmi les 12 restants, il recommence la même opération et note + 1 les quatre les plus représentatifs et – 1 les quatre les moins représentatifs. Les quatre restants se verront attribuer la note 0. Par la suite, grâce à un indice de distance, on peut visualiser de la même manière que précédemment le rapport entre les différents éléments qui peuvent être très similaires (similitude maximale = + 1) ou s'exclure (exclusion maximale = – 1) (*cf.* Guimelli & Jacobi, 1990).

III - Centralité et périphérie

– **Mise en cause du noyau central** : Moliner (1988) utilise cette technique dans son étude sur le groupe idéal (*cf.* fiche 36). « On peut distinguer le ou les éléments dont la remise en cause entraîne un changement de représentation : ce sont les éléments de noyau central. Et ceux dont la remise en cause n'entraîne pas de changement : ce sont les éléments périphériques » (Abric, 1994, pp. 76-77).

– **Induction par scénario ambigu (ISA)** : prenons un autre exemple de Moliner (1993) pour illustrer cette méthode. Après avoir constitué une liste de 14 items repérés comme faisant partie de la représentation de l'entreprise chez des étudiants, Moliner construit un scénario ambigu et précise à la fin du texte inducteur : soit *c'est une entreprise* soit *ce n'est pas une entreprise*. Le sujet estime alors si chacun des 14 items qui lui sont présentés caractérise l'objet induit dans le scénario. Les items communs aux deux textes font alors partie du système périphérique puisque non spécifiques à la représentation de l'entreprise. Quant aux items spécifiques au texte faisant explicitement référence à l'entreprise, ils font partie du noyau central.

- **Schèmes cognitifs de base (SCB)** : cette technique vise à représenter formellement les connaissances déclaratives de l'individu. « Une "représentation" de connaissances est dite déclarative lorsqu'elle n'intègre pas l'ordre d'utilisation de ces connaissances dans une procédure particulière » (Rouquette, 1994, p. 154). Si les connaissances du sujet peuvent être décrites par de nombreux contenus, la logique naturelle quant à elle obéit à des régularités mettant en œuvre des opérations cognitives particulières et spécifiques. Ces opérations cognitives ont certes plusieurs formes mais se présentent en nombre fini. À partir d'un ensemble de couples d'items issus d'une association libre, on étudie les types de relations que ces mots entretiennent entre eux. Le sujet qui relie deux éléments utilise pour les relier ce qu'on appelle un « connecteur » ou « opérateur ». On dénombre 28 connecteurs différents (+ 1 nul) organisés en cinq familles appelées schèmes cognitifs de base. Par cette méthode, on peut cerner précisément le type de relations qu'un item entretient avec les autres ainsi que l'importance (en nombre) de relations qui l'unissent aux autres items et finalement définir s'il appartient ou non au noyau central de la représentation.

Ce modèle SCB élaboré par Guimelli et Rouquette (1992; Rouquette, 1994) étant relativement complexe et ne pouvant se résumer sans ambiguïté, nous renvoyons le lecteur à une illustration expérimentale d'un de ses auteurs (Guimelli, 1994b) et portant sur la fonction d'infirmière.

Référence

Abric, J.C. (1994). *Pratiques sociales et représentations*. Paris : Presses Universitaires de France.

FICHE 38 LA CROYANCE EN LA JUSTICE DU MONDE

I - LE MONDE EST JUSTE

A - À PROPOS DES THÉORIES DE L'ATTRIBUTION

À la suite des théories de **l'attribution** (cf. titre II, chap. 2), nous reprendrons deux éléments essentiels pour introduire cette « **croyance dans la justice du monde** » : nous ne faisons pas seulement des attributions préférentiellement de type dispositionnel pour expliquer le comportement d'autrui (*cf.* fiche 52), mais nous émettons également des attributions de responsabilité pour expliquer le sort de certains individus, victimes d'événements négatifs (*cf.* fiche 47). Effectivement, d'après certaines études, il apparaît que plus les conséquences d'un accident sont graves et plus la victime est blâmée pour ce qui lui arrive. Une explication de ce phénomène est l'hypothèse du monde juste de Melvin Lerner (1965).

B - DÉFINITION

Lerner (1965) avance l'idée que les individus ont besoin de certitude, de cohérence, d'anticiper les situations, et ne peuvent expliquer les diverses souffrances du monde par un coup vicieux du hasard. Ils cherchent donc à rendre légitime le coup du sort, à lui trouver un sens. Une façon de légitimer le coup du sort est de rendre responsable la victime d'un événement malheureux. En effet, comment sinon par des explications causales de type dispositionnel, les individus peuvent-ils aborder l'injustice, la souffrance, les malheurs d'autrui et continuer à vivre tout en vaquant à des affaires de genre anecdotique ? Nous filtrons donc ce que nous voyons par un non-dit cognitif « tout ce qui arrive à quelqu'un, il l'a mérité ». En blâmant les victimes d'un événement fâcheux qui leur arrive, l'individu protège ses propres croyances. Ne pas rendre la victime responsable de ce qui lui arrive reviendrait à penser et à accepter que le monde est injuste et que d'innocentes personnes (comme nous-mêmes) pourraient souffrir sans raison. Ce filtrage de l'information, Lerner le renvoie au « *belief in a just world* » que nous pouvons traduire par « **croyance en la justice du monde** ».

C - Illustrations

Cette croyance en un monde juste peut se résumer ainsi :

1. « Les gens ne peuvent pas ne pas mériter ce qui leur arrive d'heureux »

Ainsi, le psychologue naïf observant deux individus derrière une glace sans tain – ces deux individus effectuant le même travail qualitativement et quantitativement – et sachant qu'un des deux, tiré au hasard, ne pourra être rétribué, perçoit le travail du malchanceux comme inférieur à celui de l'autre, alors que rien n'aurait pu les départager de façon objective. L'individu chanceux, choisi par le hasard, ne pouvait que mériter son sort heureux (Lerner, 1965).

2. « Il faut bien que les gens à qui il arrive quelque chose de malheureux l'aient mérité » (Deconchy, 1984a, p. 349-350)

Ainsi, une jeune femme ayant accepté de se soumettre à un apprentissage sévère pour rendre service « par dévouement et par abnégation » (elle se voit administrer des chocs électriques utilisés comme renforcements négatifs dans un apprentissage de syllabes sans significations) sera perçue comme immature, peu aimable, etc. (Lerner et Simmons, 1966). L'individu filtre la perception de la situation pour la rendre cognitivement supportable. Ce filtre permet à l'individu de percevoir le monde comme prévisible, ordonné et juste.

II - Conjuration du destin ou incantation du réel

A - Définition

Dans le même état d'esprit, un certain nombre d'autres recherches ont tenté de mettre en évidence la présence d'autres filtres, qui ne sont plus cette fois d'ordre explicatif, mais qui débouchent directement sur certaines pratiques ; la « stratégie » mise en œuvre par le sujet étant alors de faire ce qu'il faut pour infléchir en sa faveur un hasard, un sort, un destin. L'individu a alors l'illusion de pouvoir modifier les productions causales de certains événements.

B - Illustrations

1. « Croyance en un monde juste et comportement altruiste » (Zuckerman, 1975)

Zuckerman téléphone à des étudiants sur un campus et leur demande de bien vouloir passer une soirée en compagnie d'un aveugle pour lui faire la lecture. Dans la moitié des cas, Zuckerman s'arrange pour leur téléphoner hors partiels; leur emploi du temps est donc libre. Dans l'autre moitié, les étudiants ont un emploi du temps très chargé, la demande étant formulée en pleine période de partiel. Zuckerman s'aperçoit alors que les étudiants qui acceptent le plus souvent la requête sont également ceux qui ont le moins de temps. Ceux-ci acceptent de sacrifier un peu de leur temps précieux « prédestiné » à la révision des examens. Il semble donc qu'il y ait un lien entre « faire le bien » et « infléchir le sort en sa faveur ». Le fait de rendre service devrait mettre la chance de leur côté le jour de l'examen. En faisant le bien, on mérite en retour un sort positif.

2. « Conduites sociales, stratégies cognitives et expectations d'un événement probablement fâcheux » (Delhomme et Deconchy, 1989)

L'expérimentation se déroule dans les services de chirurgie cardiaque de grands hôpitaux. D'après leur dossier, les malades se regroupent en trois catégories :

- une situation où le malade est dans l'incertitude en ce qui concerne une éventuelle opération;
- une situation où le malade sait qu'il subira une intervention chirurgicale;
- enfin, une situation où le malade opéré sait qu'il sortira de l'hôpital dans les 48 heures.

L'expérimentatrice demande aux sujets de bien vouloir prêter leur montre à un autre malade qu'ils ne connaissent pas.

Ce sont les sujets de la première catégorie (encore dans l'incertitude quand à leur sort), qui sont également les plus altruistes. Cette variable dépendante « altruiste » versus « non altruiste » fait partie d'un ensemble d'autres variables non mentionnées dans cet exemple, mais qui amènent les auteurs à l'issue de leurs recherches, à poser une question fondamentale : « Peut-on y entrevoir une trace de ce que, face à un destin probablement tragique mais peut-être tout de même évitable, le sujet humain tend à déplacer ses lieux de *prise d'information*, à partir des sites *empiriquement* repérables, vers des espaces *imaginaires* exerçant des effets divers sur le champ d'expérience : sorte d'opération matricielle pour la construction de divers « au-delà » ? » (Delhomme et Deconchy, 1989, p. 277).

Pourcentages des personnes « altruistes » versus « non altruistes »

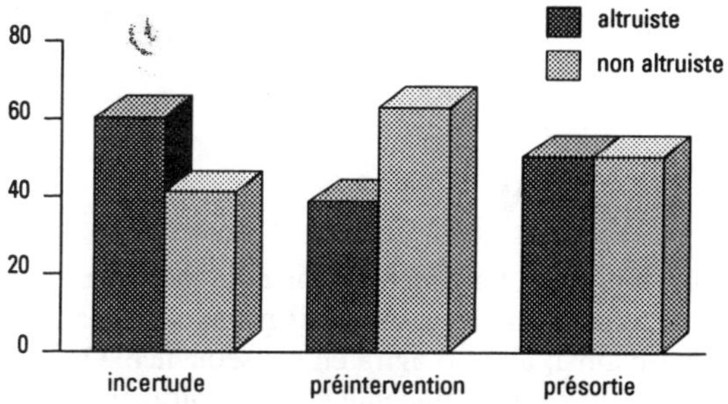

3. Souffrance volontaire ou auto-mutilation

D'autres expériences tendent à accréditer l'existence de ces filtres. Notons que dans son expérience princeps, Milgram (*cf.* tome 1, fiche 22) avait pu constater que l'individu se soumettait à l'ordre d'infliger, à autrui, des chocs électriques dangereux, au nom de la science. Dans une expérience de Walster, Aronson et Brown (1966), les sujets recrutés pour effectuer deux expérimentations disjointes, l'une portant sur une évaluation gustative, l'autre sur l'auto-attribution de chocs électriques, passent dans une première salle où sont installés les mets qu'ils devront manger. D'un coté, les mets sont relativement séduisants puisqu'il s'agit de gâteaux et autres gâteries. D'un autre côté, les mets composés de chenilles, sauterelles, etc. sont relativement répugnants. Un tirage au sort est effectué et les sujets se voient attribuer l'une ou l'autre de ces alternatives. Mais avant de passer à l'évaluation gustative, ceux-ci doivent participer à une autre expérience où il s'agit de s'auto-administrer des chocs électriques (en quantité et intensité libres). Ceux qui ont une alternative malheureuse s'attribuent plus de chocs électriques avec une intensité supérieure. Lorsqu'en 1980, Curtis, Rietdorf et Ronell recommencent cette expérience en ajoutant un groupe « incertitude » (les sujets se verront attribuer un de ces sorts mais celui-ci n'est pas encore défini), les sujets placés dans l'incertitude quant à leur sort, sont ceux qui s'attribuent le plus de chocs électriques, et d'intensité plus importante.

Référence

Delhomme, P., & Deconchy, J.P. (1989). Conduites sociales, stratégies cognitives et expectation d'un événement probablement fâcheux. In J.L. Beauvois, R.V. Joule & J.M. Monteil (Eds.), *Perspectives cognitives et conduites sociales. II. Représentations et processus sociocognitifs* (pp. 261-277). Paris : DelVal.

FICHE 39

CROYANCE DANS LA CONSISTANCE ATTITUDE-COMPORTEMENT

I - UN BESOIN

Nous avons fortement tendance, de manière intuitive, à considérer que si un individu agit de telle manière, c'est qu'il pense au départ de telle manière ou bien que s'il pense ainsi, alors il agira en conséquence. Or, si cette consistance attitude-comportement semble évidente et nécessaire au sujet dit « naïf », elle ne l'est pas pour autant toujours dans les faits. La relation entre attitude et comportement permet à l'individu de stabiliser son environnement et de prédire le comportement d'autrui. Mais dans les faits, il n'y a pas nécessairement corrélation entre les attitudes et les comportements ou entre « ce que l'on dit » et « ce que l'on fait ». On s'attend effectivement à ce que certains comportements soient consistants chez une même personne ; on s'attend également à ce que cette même personne se comporte en relation avec ses traits de personnalité (*cf.* fiche 32), ses attitudes à l'égard des objets, à l'égard des personnes (*cf.* fiche 20). Chacun peut aisément observer les comportements et en inférer ses propres attitudes ainsi que celles d'autrui (*cf.* fiche 25).

Or, si les attitudes sont reliées aux conduites, l'établissement de cette relation requiert certaines conditions qui se doivent d'être respectées. C'est ainsi que cette relation entre attitude et comportement a largement été étudiée par les psychologues sociaux (*cf.* tome 1, fiche 40).

Voyons quelques illustrations de la non-consistance entre attitude et comportement.

II - ILLUSTRATIONS

A - Attitudes et comportements face à l'utilisation du préservatif

Une enquête, portant sur la représentation de l'utilisateur et du non-utilisateur de préservatif, révèle que les jeunes ont une image positive du préservatif et de son utilisateur. Ce dernier est présenté comme responsable, prévoyant, prenant plaisir à la vie, moderne mais méfiant. Le non-utilisateur se voit attribuer une image négative : irresponsable, inconscient, imprudent, mal informé, timide et dangereux. Pourtant, malgré cette attitude bien différenciée au regard de l'utilisateur et du non-utilisateur de préservatif, lorsqu'il s'agit de l'utiliser pour soi-même, le comportement n'apparaît pas comme consistant avec l'attitude des sujets (Masson-Maret, 1990).

B - Comportement et attitude face à un couple de Chinois

LaPiere (1934) analyse la relation entre comportement et attitudes de propriétaires d'hôtels et de restaurants à l'égard d'un couple de Chinois.

LaPiere, au début des années 1930, ayant connaissance d'une certaine « distance sociale » et de l'attitude générale des Américains à l'égard des Chinois, se présente accompagné d'un couple d'Asiatiques dans 251 établissements (restaurants, hôtels, cafés...). Seul un de ces établissements leur refuse l'hospitalité. Six mois plus tard, LaPiere envoie un courrier à chacun des établissements visités et leur demande s'ils accepteraient de recevoir deux clients asiatiques. À cette question, plus de 90 % des réponses furent négatives.

Afin d'observer l'influence de leur visite, LaPiere compare les réponses obtenues entre établissements effectivement visités et établissements, situés dans les mêmes régions, auxquels il a formulé la même requête, mais dans lesquels ils ne se sont pas présentés. Le fait d'avoir reçu ou non un couple de Chinois six mois auparavant n'a aucun effet sur la réponse obtenue : le taux de refus reste le même.

Cette recherche menée sur le terrain et devenue classique avait pour objectif de souligner les limites de questionnaires parfois mal adaptés et portant sur certaines attitudes. Bien que discutable sur le plan expérimental, elle permet de relativiser cette consistance attitude-comportement qui, si elle existe effectivement dans bien des situations, n'est pas pour autant nécessairement retrouvée à l'aide d'un simple questionnaire portant sur des comportements symboliques ou des attitudes spécifiques. Il ne suffit pas toujours de demander à autrui ce qu'il pense pour inférer de ce qu'il dit la manière dont il agit.

Voir tome 1, titre II, chap. 4.

Références

LaPiere, R.T. (1934). Attitudes vs actions. *Social Forces*, 13, 230-237.

Masson-Maret, H. (1990). *Psychologie et changement d'attitude. Une recherche-action : la prévention du SIDA*. Habilitation à Diriger des Recherches, Université de Nice-Sophia Antipolis.

FICHE 40 CROYANCE : MODÈLE SPINOZIEN

« Vous ne pouvez pas ne pas croire ce que vous lisez ». Cette déclaration provocante est le titre d'un des articles publiés par Gilbert et ses collègues (Gilbert, Tafarodi & Malone, 1993) et qui porte sur la manière dont nous sommes amenés à tenir quelque chose « pour vrai » (à le « croire »). Le modèle défendu par Gilbert est appelé « spinozien » parce qu'il est fondé sur les travaux du célèbre philosophe B. Spinoza. Il s'oppose au modèle « cartésien ».

I - COMMENT CROYONS-NOUS ?

Selon le modèle « cartésien », lorsqu'un individu reçoit une information, il comprend tout d'abord son sens (ce que cette proposition signifie). L'individu évalue ensuite le degré de vérité de l'information (en fonction de ses aptitudes logiques) avant d'accepter ou de refuser cette proposition ou cette information.

Selon le modèle « spinozien » (Gilbert, 1991 ; 1993), la compréhension d'une information (ou d'une proposition) implique que l'on tienne celle-ci pour vraie. Ce n'est qu'*a posteriori* que cette information peut être rejetée au prix d'efforts cognitifs importants.

La principale différence entre ces deux modèles réside dans le fait qu'un système manquant de ressources (cognitives) est dans l'impossibilité d'évaluer correctement une proposition selon le modèle cartésien (indécision), alors qu'il est amené à croire cette proposition selon le modèle spinozien.

II - ILLUSTRATION

Dans l'une des expériences conduites par Gilbert et ses collaborateurs (Gilbert, Krull & Malone, 1990), ceux-ci ont demandé à des sujets de participer à une expérience sur l'apprentissage des langues étrangères dans un environnement naturel. Les sujets étaient placés face à un micro-ordinateur qui présentait, une par une, 28 propositions du type « un *ghoren* est une cruche ». Le premier mot de la phrase renvoyait au mot de la langue à apprendre (ici, le « hopi ») associé à sa traduction. Après la présentation de chaque proposition, l'écran indiquait, selon les conditions, si cette proposition était « vraie », ou « fausse », ou encore le sujet ne recevait aucune information (écran blanc). De plus, la présentation d'un tiers des propositions vraies et fausses était suivie d'un bruit fortement désagréable (500 Hz). Cette manipulation avait pour but de déranger les sujets (de les occuper) de manière à ce que leurs capacités cognitives soient réduites.

Dans une seconde phase, on présentait aux sujets les propositions vraies et fausses sous la forme de questions du type : « Est-ce qu'un *ghoren* est une cruche ? ». Les sujets pouvaient répondre à ces questions par « vrai », « faux », « aucune information » (si les sujets pensaient avoir vu la proposition mais sans information quant à sa véracité), ou encore « jamais vu » (si les sujets pensaient qu'on ne leur avait pas présenté cette proposition).

Figure 1 - Pourcentage de propositions estimées vraies et fausses en fonction de la présentation des propositions (vraies ou fausses) et de l'interruption du traitement (bruit), d'après Gilbert *et al.*, 1990

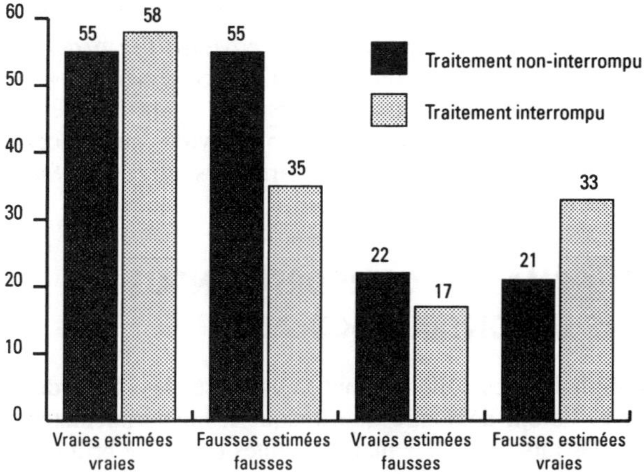

Les résultats de cette expérience sont en accord avec les prévisions du modèle « spinozien ». En effet, les erreurs d'identification sont plus fréquentes pour les propositions fausses suivies d'un bruit (interruption du traitement), qui sont identifiées comme « vraies » dans 33 % des cas (*cf.* dernière colonne).

Si cette expérience est amusante, elle soulève des questions importantes. Par exemple, Gilbert *et al.* (1993) ont montré que des sujets qui devaient déterminer la durée d'emprisonnement d'un suspect étaient fortement influencés par des informations explicitement présentées comme « fausses », lorsque leur attention était amoindrie pendant la lecture de ces informations (les sujets devaient réaliser une seconde tâche concurrente à l'examen des faits).

Référence

Gilbert, D.T. (1991). How mental systems believe. *American Psychologist,* 46, 107-119.

FICHE 41

PROPHÉTIES S'AUTO-RÉALISANT

I - CONFIRMATION COMPORTEMENTALE

A - DÉFINITION

Les prophéties s'auto-réalisant *(self-fulfilling prophecies*; Merton, 1948), ou « effets de confirmation comportementale » (Snyder, 1984), consistent dans le fait qu'une personne, ayant initialement adopté des croyances erronées à propos d'un individu, amène cet individu à se comporter de telle sorte qu'il confirme ces croyances (Snyder, 1992).

B - CONFIRMATION COMPORTEMENTALE DANS LE CONTEXTE SCOLAIRE

Rosenthal et ses collègues ont travaillé sur le « biais de l'expérimentateur ». Ils ont démontré que lorsque les expérimentateurs travaillaient avec des rats ordinaires mais présentés comme « brillants » pour le type de tâche qu'ils avaient à accomplir, ils obtenaient effectivement de meilleurs résultats que les expérimentateurs auxquels on avait présenté les rats comme « très mauvais » (*cf.* Rosenthal & Jacobson, 1968a, b).

Peut-on généraliser ces effets à la situation scolaire ? En d'autres termes, est-ce que les attentes des enseignants par rapport aux élèves peuvent avoir une influence sur les performances de ces derniers ?

Rosenthal & Jacobson (1966) ont fait passer un questionnaire d'intelligence à des élèves d'une école au début de l'année scolaire. Les auteurs ont ensuite tiré au sort le nom de 20 % des élèves de chaque classe. Ils ont indiqué à l'enseignant que ces élèves avaient réalisé des performances excellentes au test et qu'ils devraient obtenir, cette année, de très bons résultats scolaires. Huit mois plus tard, les sujets ont de nouveau répondu à un test d'intelligence.

Rosenthal et Jacobson ont trouvé que les gains en intelligence ont été plus forts pour les sujets présentés comme « brillants » que pour les autres.

Toutefois, il ne faut pas considérer ce résultat comme une généralité ; les résultats des recherches conduites dans ce secteur ne sont pas toujours aussi convaincants (Snow, 1995). Il existe néanmoins une possibilité pour que, dans certains cas, les performances des élèves soient influencées par les attentes des enseignants.

Comment les attentes des enseignants peuvent-elles avoir une influence sur les performances des élèves ? Il est probable que les attentes de l'enseignant l'amènent à modifier son comportement envers les élèves. Vis-à-vis des élèves envers qui il a de fortes attentes de réussite, l'enseignant peut favoriser le climat relationnel, donner des évaluations plus précises de leur travail (qui leur permettront de mieux se corriger), enseigner des choses plus difficiles, et permettre aux sujets de répondre plus souvent (donc d'être soumis à plus de feed-back) (*cf.* Harris & Rosenthal, 1985).

C - Confirmation comportementale dans les situations d'interaction

1. Cas général

Dans une situation d'interaction sociale, les attentes que l'on a à notre égard peuvent nous amener à nous comporter en accord avec celles-ci (Darley & Fazio, 1980). Comment cela se passe-t-il ? Selon Darley & Fazio (1980), une situation d'interaction entre deux personnes (une « cible » et un « observateur ») se déroule selon la séquence suivante :

- sur la base de ses observations ou en fonction de la catégorie d'appartenance de la personne avec qui il interagit (la « cible »), l'individu (l'« observateur ») développe des attentes à l'égard de cette personne ;
- l'observateur agit ensuite à l'égard de la cible en fonction de ses attentes concernant celle-ci ;
- la cible interprète les actions de l'observateur ;
- sur la base de cette interprétation, la cible répond à l'action de l'observateur ;
- l'observateur interprète les actions de la cible ;
- après avoir agi, la cible interprète son propre comportement.

Par exemple, si l'on doit entrer en compétition avec une personne réputée agressive, on s'attend à ce que cette personne ne se montre pas très chaleureuse et se comporte de manière agressive. En fonction de ces attentes, il y a de fortes chances pour que l'on se comporte avec méfiance à son égard et qu'on agisse de manière relativement agressive. En retour, cette personne peut interpréter notre comportement comme révélant une certaine agressivité et agir effectivement d'une manière agressive (Snyder & Swann, 1978b). Cela peut l'amener ensuite à se considérer elle-même comme plus agressive qu'elle ne l'aurait fait sans cette expérience.

2. Les stéréotypes créent leur propre réalité

Les stéréotypes consistent dans des attentes généralisées à l'égard des membres de certains groupes sociaux. Par conséquent, ces attentes peuvent quelquefois amener l'individu à se comporter de telle manière que le membre du groupe stéréotypé confirme son stéréotype.

Par exemple, Snyder, Tanke & Bersheid (1977) ont observé que des étudiants de sexe masculin qui devaient communiquer par téléphone avec une étudiante de sexe féminin évaluaient celle-ci moins favorablement (au niveau de l'intelligence, de la sympathie, de la sociabilité, de l'enthousiasme...) lorsqu'elle était présentée comme physiquement peu attractive que lorsqu'elle était présentée comme physiquement attractive (les sujets recevaient une photographie de leur interlocutrice avant la discussion). Ces résultats reflètent les stéréotypes sur la beauté physique. De plus, 12 juges indépendants, auxquels on a demandé d'écouter les enregistrements de ces communications, ont eux-aussi évalué plus favorablement les personnes présentées comme physiquement attractives (ils n'avaient pourtant aucune information à ce sujet). Ces jeunes femmes ont donc confirmé les attentes (fausses) des étudiants masculins.

Word, Zanna & Cooper (1974) ont montré des effets comparables dans des simulations d'entretiens d'embauche avec des sujets « noirs ». Les interviewers se comportaient de manière différente avec un candidat « noir » et un candidat « blanc ». Le comportement qu'ils adoptaient avec un candidat « noir » entraînait de mauvaises performances de la part du candidat, **quelle que soit sa couleur de peau**.

Dans le même sens, des sujets se sont comportés en accord avec le stéréotype **du sexe opposé** au leur lorsqu'ils interagissaient avec une personne **croyant** qu'ils étaient du sexe opposé à leur sexe réel (Skrypnek & Snyder, 1982).

D - Perception de soi

Les attentes des autres peuvent entraîner une confirmation comportementale de la part d'un individu. Cette confirmation comportementale peut en retour modifier la représentation que l'individu a de lui-même. Ainsi, des sujets ayant répondu à des questions biaisées dans le sens de l'extraversion (*cf.* Snyder *et al.*, 1978a; fiche 64) s'estiment plus extravertis que des sujets ayant répondu à des questions biaisées dans le sens de l'introversion (Fazio, Effrein & Falender, 1981).

II - DISCONFIRMATION COMPORTEMENTALE

Nous comportons-nous toujours en accord avec les attentes que les autres ont à notre égard ? Non, bien évidemment, et fort heureusement *(cf.* Snyder, 1984 ; Miller & Turnbull, 1986). Il arrive même que l'on agisse à l'opposé des attentes des autres. Par exemple, si, pour reprendre un exemple précédent, l'individu s'attend à interagir avec une personne agressive, il peut dès le départ tenter de désamorcer l'agressivité de la cible en se comportant de manière chaleureuse plutôt que de l'affronter. En retour, la cible pourra agir de manière moins agressive (et, pourquoi pas, se considérer elle-même comme peu agressive).

Références

Leyens, J.P. (1983). *Sommes-nous tous des psychologues.* Liège : Mardaga.

Snyder, M. (1984). When belief creates reality. In L. Berkowitz (Ed.), *Advances in experimental social psychology* (vol. 18, pp. 247-305). Orlando, FL : Academic Press.

► Voir fiche 64.

FICHE 42

ILLUSION DE CONTRÔLE ET OPTIMISME IRRÉALISTE

I - ILLUSION DE CONTRÔLE

A - DÉFINITION

L'illusion de contrôle correspond à une tendance générale à croire que l'on peut contrôler des événements déterminés par le hasard (Langer, 1975 ; Langer & Roth, 1975).

Taylor & Brown (1994) ont toutefois fait remarquer que cette définition de l'illusion de contrôle pouvait conduire à des prédictions absurdes. Par exemple, on a du mal à penser que des gens pourraient croire qu'ils contrôlent le lever et le coucher du soleil. Par conséquent, ces auteurs définissent l'illusion de contrôle comme « une tendance des sujets à croire qu'ils ont plus de contrôle sur les événements qu'ils n'en ont objectivement ».

B - ILLUSTRATION

Considérons une expérience réalisée par Langer (1975 ; exp. 2). Un expérimentateur proposait à des gens sur leur lieu de travail de participer à une loterie. Le prix du billet de loterie était de 1$ et le gain possible de 50$. Lorsque les sujets acceptaient de participer à la loterie, on leur donnait la possibilité de choisir le ticket (condition « choix ») ou bien on leur tendait un ticket (condition « non-choix »). Quelque temps plus tard, l'expérimentateur revenait auprès des sujets pour leur faire une proposition. On leur expliquait qu'une personne travaillant dans un bureau voisin désirait participer à la loterie, mais qu'il n'y avait plus de billets à vendre. L'expérimentateur ajoutait que cette personne était prête à racheter le billet de quelqu'un. L'expérimentateur continuait en demandant au sujet « combien le vendriez-vous ? ».

L'hypothèse était la suivante : si les sujets pensent pouvoir contrôler les événements objectivement imputables au hasard, tels que l'issue d'une loterie, ils devraient revendre leur billet plus cher lorsqu'ils l'ont eux-même choisi (le choix est assimilé à une capacité de détecter le « bon billet ») que lorsqu'ils ne l'ont pas choisi.

Pourcentage de refus de vendre le billet et prix moyen de revente du billet, d'après Langer (1975)

	Conditions	
	Choix	Non-choix
Refus de vendre le billet	37 %	19 %
Prix	8,97$	1,96$

Les résultats montrent effectivement que les sujets qui ont pu choisir leur ticket acceptent moins facilement de le revendre. Lorsqu'ils acceptent de le revendre, ils l'estiment plus de quatre fois plus cher que les sujets qui n'ont pas eu la possibilité de choisir leur billet.

Il est à noter que les gens ont d'autant plus tendance à penser qu'ils peuvent contrôler des situations incontrôlables que ces situations ressemblent à celles dans lesquelles des capacités sont en jeu (Langer, 1975). Donc, en augmentant la compétition, le choix et l'engagement dans ces tâches, on renforce l'illusion de contrôle.

II - OPTIMISME IRRÉALISTE

A - Définition

On peut définir l'optimisme irréaliste comme « une tendance des gens à croire qu'ils seront confrontés à plus d'événements positifs, et à moins d'événements négatifs, que les autres personnes » (Heine & Lehman, 1995 ; Weinstein, 1980).

Cet optimisme est « irréaliste » dans la mesure où il est impossible que tous les gens soient plus « plus chanceux » que la moyenne (McKenna, 1993 ; Weinstein, 1980).

B - Illustration

La plus grande partie des étudiants américains interrogés par Weinstein (1980) pensaient avoir plus de chances que les autres étudiants de la même université d'atteindre les 80 ans, d'obtenir un premier emploi agréable, de pouvoir posséder leur propre maison. Symétriquement, ils considéraient qu'ils avaient moins de « chances » que les autres étudiants de devenir alcooliques, de faire une tentative de suicide, de développer un cancer du poumon, ou encore d'avoir une attaque cardiaque.

Certains facteurs affectent l'optimisme irréaliste :

- l'optimisme irréaliste est quelquefois présenté comme une caractéristique fondamentale de l'être humain. Toutefois, celui-ci pourrait être lié au système culturel dans lequel les sujets évoluent. Les Japonais semblent en effet beaucoup moins sensibles à cette illusion que des sujets occidentaux (Heine *et al.*, 1995) ;
- par ailleurs, l'optimisme dépend dans une large mesure des personnes avec qui l'on se compare. Les sujets s'estiment généralement plus chanceux que les autres lorsque les autres sont des personnes éloignées ou mal connues (« les gens en général », « les étudiants de votre université »). Lorsqu'il s'agit de « votre meilleur ami » ou « d'un parent proche », les gens ne se montrent pas plus optimistes pour eux que pour ces personnes (Perloff & Fetzer, 1986) ;
- l'optimisme irréaliste apparaît d'autant plus fort que les gens ont des raisons d'être pessimistes. Par exemple, des sujets séropositifs se sont déclarés moins susceptibles de développer le Sida que des sujets séronégatifs (Taylor, Kemeny, Aspinwall, Schneider, Rodriguez & Herbert, 1992 ; *cf.* fiche 43).

C - Interprétations

1. Contrôle et stéréotypes

Selon Weinstein (1980), l'optimisme irréaliste serait dû à des comparaisons biaisées avec des individus stéréotypés. Les gens possèdent des idées précises (et souvent erronées) sur les caractéristiques des personnes susceptibles de rencontrer tel ou tel événement. Par exemple, les gens interrogés sur leurs probabilités de développer une maladie grave (par exemple un cancer ou le Sida) se compareraient à des sous-groupes stéréotypés qu'ils jugent très vulnérables par rapport à cette maladie (par exemple, les homosexuels et les consommateurs d'héroïne pour le Sida ; les fumeurs pour le cancer). Cette comparaison les amènerait donc à se percevoir comme plus chanceux que ces personnes « à risques ».

2. Stratégie de défense du soi

Une autre interprétation de cet effet est plus motivationnelle. Elle propose que la confrontation avec un événement négatif tel qu'une maladie grave augmente l'anxiété des sujets. Pour réduire cette anxiété, les sujets pourraient rechercher, ou inventer, des groupes de comparaison plus vulnérables qu'eux-mêmes (*cf.* Perloff *et al.*, 1986).

Références

Dubois, N. (1987). *La psychologie du contrôle.* Grenoble : Presses universitaires de Grenoble.

Langer, E. (1975). The illusion of control. *Journal of Personality and Social Psychology,* 32, 311-328.

Weinstein, N.D. (1980). Unrealistic optimism about futur life events. *Journal of Personality and Social Psychology*, 39, 806-820.

► Voir fiches 15, 43, 50.

FICHE 43

ILLUSION DE CONTRÔLE ET OPTIMISME IRRÉALISTE : APPLICATIONS

I - SANTÉ

A - SANTÉ MENTALE

On considère généralement qu'une perception réaliste de soi et de son environnement sont des éléments essentiels pour la santé mentale (Taylor & Brown, 1988). Pourtant, selon Taylor et ses collègues (1988 ; 1993 ; 1994), les illusions telles que l'optimisme irréaliste ou l'illusion de contrôle pourraient contribuer à la santé mentale des gens.

En effet, selon ces auteurs, le contentement, des attitudes positives envers soi, la capacité à s'intéresser et à prendre soin des autres, l'ouverture d'esprit, la capacité à produire un travail créatif et productif, et la capacité à gérer le stress constituent des critères de santé mentale (Taylor & Brown, 1994). L'optimisme renforce chacune de ces dimensions et peut donc être considéré comme un facteur contribuant à la santé mentale.

Dans le même sens, on a montré que les sujets dépressifs constituaient l'une des rares catégories de personnes qui ne succombent pas à l'illusion de contrôle (Alloy & Abramson, 1979) et possèdent une vision pessimiste de leur avenir (Alloy & Ahrens, 1987 ; Janoff-Bulman & Hecker, 1988). On suspecte d'ailleurs que la perte du sentiment de contrôle sur les événements pourrait être la cause de certains types de dépression (Seligman, 1975). Une manière de traiter ces dépressions consiste donc à amener les patients à percevoir qu'ils peuvent contrôler leur environnement (Miller & Seligman, 1975).

B - HOSPITALISATION ET VIEILLISSEMENT

La vie en milieu hospitalier prive les patients du sentiment de contrôle puisqu'ils sont totalement pris en charge par le personnel. Langer & Rodin (1976) ont eu l'idée de redonner du contrôle à des personnes vivant dans ce milieu en leur offrant une plante dont elles devaient s'occuper. Malgré l'apparente insignifiance de cette manipulation, dans les trois semaines qui ont suivi, l'état physique et psychologique de ces personnes s'est amélioré, en comparaison avec des personnes ayant reçu la plante mais dont le soin avait été confié au personnel hospitalier.

De la même façon, des personnes âgées qui avaient la possibilité de prévoir et de contrôler le moment et la durée des visites, donc de décider quand et pour combien de temps elles désiraient recevoir un visiteur, subissaient une amélioration de leur état de santé psychologique et physique (Schulz, 1976 ; *cf.* aussi Rodin, 1986 ; Schulz, Heckhausen & Locher, 1991 pour des revues de travaux).

II - COMPORTEMENTS À RISQUES

L'illusion de contrôle et l'optimisme irréaliste conduisent les gens à penser qu'ils sont quasiment invulnérables et qu'ils disposent de plus de contrôle sur les situations qu'ils n'en ont effectivement. Par conséquent, ces illusions pourraient avoir des conséquences négatives pour les sujets, en les amenant notamment à se conduire de manière moins prudente dans des situations à risques.

A - Accroissement des comportements à risques

1. Comportement sexuel

Taylor et ses collègues (Taylor, Kemeny, Aspinwall, Schneider, Rodriguez & Herbert, 1992 ; Taylor *et al.*, 1993) ont trouvé que des sujets masculins homosexuels porteurs du virus du Sida pensaient avoir moins de chance de développer la maladie que des homosexuels masculins séronégatifs. L'optimisme irréaliste permettrait de rejeter momentanément et de manière illusoire la menace. En effet, parmi les sujets séropositifs, les individus les plus optimistes apparaissaient d'humeur plus positive et semblaient moins intensément concernés par le Sida que les sujets les plus pessimistes.

Toutefois, on peut se demander dans quelle mesure un tel optimisme n'entraîne pas de la part des sujets une augmentation des comportements à risques (par exemple, des rapports sexuels non protégés) ? Il semblerait que ce ne soit pas le cas puisque les sujets optimistes et pessimistes face au Sida ne diffèrent pas quant à leur comportement sexuel.

D'autres travaux ne sont pas aussi encourageants. Des étudiants d'une université britannique se sont estimés moins exposés au Sida que les autres étudiants et ont considéré que les pratiques à risques, en cette matière comme dans d'autres, étaient caractéristiques des autres mais pas d'eux-mêmes (Harris & Middleton, 1994).

2. Conduite automobile

Les gens estiment généralement qu'ils sont meilleurs conducteurs, qu'ils sont plus prudents et possèdent de meilleurs réflexes que les autres automobilistes (Delhomme, 1991 ; 1994). Ils pensent, d'ailleurs, qu'ils ont moins de « chances » d'avoir un accident de la route lorsqu'ils conduisent le véhicule que lorsqu'ils sont passagers (McKenna, 1993). Il semble donc que les conducteurs sont persuadés qu'ils contrôlent mieux les situations de conduite que les autres.

Cette constatation pourrait avoir des conséquences importantes au niveau de la conduite. La perception d'un contrôle sur une situation pourrait amener les conducteurs à accroître leurs prises de risques. Par exemple, plus les jeunes conducteurs pensent exercer du contrôle sur la conduite, plus ils accélèrent (Delhomme & Meyer, 1995).

B - Prévention

Les travaux sur l'illusion de contrôle et l'optimisme irréaliste ont des implications directes sur la prévention. On s'étonne souvent du faible impact des campagnes de promotion des comportements sécuritaires, que ce soit en matière de santé ou en matière de prévention routière (Weinstein, Grubb & Vautier, 1986). Toutefois, puisque les gens se considèrent différents des autres et pensent avoir des comportements plus adaptés que les autres (*cf.* Delhomme, 1991 ; Harris *et al.*, 1994), ils ne se sentent pas concernés par ces campagnes de préventions. Elles s'adressent aux autres.

Pis encore, de telles campagnes seraient susceptibles d'offrir aux individus la possibilité de se différencier par rapport au modèle décrit dans ces messages et renforceraient ainsi l'optimisme irréaliste (Harris *et al.*, 1994).

Delhomme *et al.* (1995) suggèrent que l'une des voies possibles serait d'éviter de mettre l'accent dans ces campagnes publicitaires sur l'aspect insécuritaire de certains comportements (vitesse, absorption d'alcool...), mais plutôt de valoriser les comportements sécuritaires. « Selon nos résultats, l'hypothèse paraît plausible que les messages adressés sur le registre du risque personnel (vitesse, performance, conditions de conduite exceptionnelles...) renvoient à des expériences personnelles entraînant un sentiment accru de maîtrise et donc potentiellement un effet contraire à celui espéré » (Delhomme *et al.*, 1995, p. 56).

Référence

Taylor, S. E., & Brown, J.D. (1988). Illusion and well-being : A social psychological perspective on mental health. *Psychological Bulletin*, 103, 193-210.

► Voir fiches 15, 42.

FICHE 44

HEURISTIQUES DE JUGEMENT

Certains psychologues sociaux s'intéressent à la façon dont nous traitons les informations, en vue de prendre la meilleure décision possible. Ces prises de décision plus ou moins complexes se font généralement en « situation d'incertitude », par exemple : quelle est la probabilité qu'un étudiant obtienne son doctorat, que telle profession m'apporte une satisfaction personnelle et/ou financière ou encore qu'un patient ait telle maladie, etc. Les chercheurs ont alors constaté que nous ne prenons que rarement la décision optimale ; nous avons plutôt tendance à nous fier à nos intuitions premières et de ce fait, à donner des réponses biaisées.

I - BIAIS ET HEURISTIQUES

Lorsque l'on soumet des individus à un problème dit « rationnel » nécessitant par exemple le respect de lois probabilistes, la plupart d'entre eux n'y parviennent pas ; ils tombent dans le piège de ce que Palmarini (1995) appelle des « illusions probabilistes ». Les auteurs ont repéré de cette manière une multitude de biais et distorsions dans plusieurs types de raisonnement (Kruglanski et Ajzen, 1983) et notamment dans notre façon de traiter l'information statistique (Kahneman et Tversky, 1982).

A - Qu'est-ce qu'un biais ?

La notion de « biais » désigne les écarts qui existent entre les jugements que l'on porte et les jugements conformes à des modèles normatifs telles les règles statistiques, mais aussi les règles logiques ou formelles. L'application de ces modèles permet à l'individu qui tente de résoudre un problème spécifique d'aboutir à la meilleure réponse possible via un traitement pertinent des informations. En cas de non respect de ces modèles, il aura davantage tendance à se tromper. À l'origine de ces biais, on trouve le plus souvent différents processus heuristiques.

B - Qu'est-ce qu'une heuristique ?

1. Définition

Les heuristiques (Kahneman *et al.*, 1982) sont des processus cognitifs que nous mettons en œuvre pour résoudre des problèmes spécifiques. Si elles peuvent être efficaces, elles aboutissent le plus souvent à des biais. Ce sont en effet des stratégies cognitives simplistes, des « raccourcis » mentaux économiques qui nous autorisent à trouver des solutions acceptables, mais pas toujours correctes. Cette façon de procéder nous permet en outre de simplifier les problèmes et situations auxquels nous sommes confrontés et de lever l'incertitude qui les caractérise tout en conservant intacte notre énergie mentale.

Cet aspect fonctionnel des heuristiques se traduit soit par la négligence d'une partie de l'information, soit par la focalisation sur une autre partie de l'information; dans les deux cas, les efforts cognitifs s'en trouvent réduits. Un raisonnement plus élaboré dit « rationnel » consiste au contraire à examiner d'abord toutes les alternatives envisageables, puis à pondérer le plus grand nombre d'informations possibles avant de déterminer la solution optimale.

2. Exemple

Imaginez la situation suivante : vous devez ouvrir, dans un laps de temps limité, une serrure avec un trousseau comportant une trentaine de clés. Deux types de démarche s'offrent à vous : « heuristique » ou « rationnelle ». La première consisterait à regarder approximativement la forme de la serrure et à rechercher la clé susceptible d'y correspondre. En agissant ainsi, on peut trouver rapidement la bonne clé, mais sans certitude de la trouver. La seconde reviendrait à essayer les clés une par une jusqu'à la bonne. C'est une démarche plus lente, mais dont on est sûr du résultat.

II - DIFFÉRENTES HEURISTIQUES

Étant donné la multitude d'heuristiques qui ont été repérées par les chercheurs, nous nous intéressons ici aux plus fréquentes, c'est-à-dire à celle de la représentativité d'une part, et à celle de la disponiblité d'autre part. Tversky et Kahneman sont incontestablement les plus importants représentants de ce courant de recherche sur l'étude du jugement dans l'incertitude.

A - HEURISTIQUE DE LA REPRÉSENTATIVITÉ

Il existe plusieurs façons de la repérer; voici celle qui est aujourd'hui l'une des plus classiques : l'expérience des avocats et des ingénieurs (Tversky et Kahneman, 1973).

1. Négliger l'information statistique...

- Les sujets participant à cette expérience sont informés que l'on a procédé à l'interview d'un échantillon composé de 30 % d'avocats et de 70 % d'ingénieurs. Ces interviews ont permis la rédaction de fiches descriptives succintes sur chacune de ces personnes. Ils recoivent ensuite une seule de ces fiches que l'on a tirée au hasard de l'échantillon. On peut y lire : « *Jean est un homme de 39 ans. Il est marié et a deux enfants. Il s'occupe activement de politique locale. Son passe-temps préféré est la collection de livres rares. Il aime la compétition, la discussion et s'exprime bien* ». La tâche des sujets consiste à estimer la probabilité que Jean soit avocat.

■ Avez-vous tendance, comme la majorité des sujets de cette expérience, à répondre qu'il y a 90 % de chances pour que Jean soit avocat? Si c'est le cas, alors vous avez, comme eux, suivi votre intuition première qui vous a conduit à donner une réponse biaisée (la réponse correcte est 30 %). Cela tient sans doute au fait que vous avez négligé l'information sur la probabilité *a priori* c'est-à-dire sur la répartition du nombre d'avocats et d'ingénieurs dans l'échantillon. Vous avez préféré focaliser votre attention sur la description (appelée information individualisante). Le biais évoqué ici se traduit alors par une tendance à la surestimation: l'heuristique de la représentativité en est à l'origine.

2. Au profit des similitudes

Lorsque nous mettons en oeuvre l'heuristique de la représentativité, nous recherchons les similitudes plutôt que les différences pour juger de la probabilité d'un évènement ou d'un objet associé à un modèle ou catégorie. Ainsi, nous nous demandons si la personne décrite possède les caractéristiques généralement attribuées à la catégorie des avocats, si elle est représentative de l'image que l'on se fait de cette catégorie. Celle-ci offrant des ressemblances avec la description de l'individu, on a alors tendance à déclarer plus probable que cet individu appartienne à la catégorie envisagée.

B - Heuristique de la disponibilité

1. Négliger l'information sur les taux de fréquence...

On annonce aux sujets de cette expérience (Tversky et Kahneman, 1974) que l'on a calculé, à partir d'un texte typique, la fréquence relative d'apparition de la lettre « r » placée en première et en troisième position dans les mots de la langue française. Leur tâche consiste à dire s'ils jugent plus probable le nombre de mots commençant par la lettre « r » ou le nombre de mots ayant cette lettre en troisième position. La majorité des sujets choisissent la première option. En réalité, il y a plus de mots ayant la lettre « r » en troisième position. Le biais repéré dans cette expérience se rapporte à notre tendance à juger plus fréquents et plus probables certains événements indépendamment de leur fréquence relative d'apparition. À la source de cette distorsion, on trouve l'heuristique de la disponibilité.

2. Au profit des exemples faciles à trouver

La mise en œuvre de l'heuristique de la disponibilité suppose que l'on privilégie la recherche d'exemples facilement récupérables ou disponibles en mémoire pour juger de la probabilité d'un événement ou d'un objet. Il nous est ainsi plus facile de trouver des mots ayant la lettre « r » en première position qu'en troisième.

Si, dans la vie courante, la mise en œuvre de ces biais et heuristiques et de bien d'autres (Beauvois et Deschamps, 1990) n'est pas directement observable, elle n'en est pas moins réelle. Certains auteurs soulignent même le danger qu'ils représentent étant donné leur fréquence d'apparition dans des domaines aussi divers que l'éducation, la santé, l'économie ou la justice (Palmarini, 1995).

Références

Palmarini, M. P. (1995). *La réforme du jugement ou comment ne plus se tromper.* Paris : Odile Jacob.

Tversky, A., & Kahneman, D. (1974). Judgment underuncertainty : Heuristics and biaises. *Science*, 185, 1124-1131.

► Voir fiches 46 et 65.

FICHE 45

CORRÉLATIONS ILLUSOIRES

I - DÉFINITION

Le phénomène de « corrélation illusoire » correspond à la « tendance des gens à percevoir une corrélation entre deux classes d'événements qui, en réalité, a) ne sont pas corrélés, b) sont corrélés d'une manière moins importante que ne l'estiment les gens » (Chapman, 1967).

Nous allons présenter ici deux types de corrélations illusoires qui ont été appliqués à la perception intergroupe : les « corrélations illusoires basées sur la distinctivité » et les « corrélations illusoires basées sur les attentes ».

II - CORRÉLATIONS ILLUSOIRES BASÉES SUR LA DISTINCTIVITÉ

Chapman (1967) a trouvé que des sujets à qui on avait présenté des paires de mots surestimaient fortement le nombre de présentations des paires contenant deux mots de longueur inhabituelle lorsqu'ils devaient ensuite estimer le nombre de présentations de chaque paire.

Selon Chapman, cet effet est lié au caractère « distinctif » (à la distinctivité) des mots longs. En effet, les mots longs sont distinctifs par rapport au reste de la liste constitué de mots plus courts. Les stimuli distinctifs attirent l'attention et bénéficient donc d'un meilleur encodage en mémoire. Par conséquent, les « éléments conjointement distinctifs » (De la Haye & Lauvergeon, 1991) sont très saillants, et donc particulièrement disponibles et accessibles (Johnson & Mullen, 1994) en mémoire. Ce qui, selon « l'heuristique de disponibilité » (Tversky & Kahneman, 1973; *cf.* fiche 44), entraîne une surestimation de leur fréquence d'apparition.

A - Application à la formation des stéréotypes

Hamilton & Gifford (1976) ont appliqué le phénomène de corrélation illusoire basée sur la distinctivité à la formation des stéréotypes. Leur raisonnement repose sur deux points. Tout d'abord, nous n'avons que peu de contacts avec les membres des autres groupes sociaux. Les membres des autres groupes sociaux sont donc distinctifs par rapport aux membres de notre groupe. De plus, la plupart des comportements sont socialement désirables. Par conséquent, les comportements indésirables sont distinctifs.

En conséquence, alors même que les proportions de comportements désirables et indésirables des membres de notre groupe et des membres d'un autre groupe sont identiques, nous avons tendance à surestimer le nombre de comportements indésirables réalisés par les membres de l'autre groupe.

B - Illustration

Dans le cadre d'une étude sur « la manière dont les gens traitent et retiennent l'information présentée visuellement », Hamilton & Gifford (1976) ont présenté, un à un, 39 comportements associés à un membre d'un groupe A ou B (par exemple, « Alex, membre du groupe A, essaie de ne jamais prendre parti lorsque deux de ses amis se disputent »). Les comportements associés à des membres du groupe A étaient deux fois plus nombreux (26) que les comportements associés aux membres du groupe B (13). Le groupe B était donc distinctif. Par ailleurs, les comportements désirables étaient plus nombreux que les comportements indésirables dans une même proportion dans les deux groupes (*cf.* figure 1). Les comportements indésirables étaient donc distinctifs par rapport aux comportements désirables.

Après la présentation de ces comportements, les sujets devaient réaliser trois tâches :

- une tâche d'évaluation : les sujets devaient évaluer les membres du groupe A et B sur 20 dimensions (positives et négatives) à l'aide d'échelles;
- une tâche d'assignation : on présentait aux sujets chacun des comportements préalablement reçus, sans les référer à un membre d'un groupe. Les sujets devaient déterminer s'il s'agissait d'un comportement réalisé par un membre du groupe A ou du groupe B ;
- une tâche d'estimation de fréquence : les sujets devaient estimer combien de propositions avaient décrit des membres du groupe A et B, et combien dans chaque cas, représentaient des comportements indésirables.

Les résultats d'Hamilton *et al.* (1976) sont en accord avec leurs prévisions (*cf.* fig. 1). Les sujets attribuent plus de comportements indésirables au groupe B qu'il n'en a été présenté, surestiment la proportion de comportements indésirables réalisés par les membres du groupe B, et jugent plus négativement les membres du groupe B.

Figure 1 - Matériel expérimental présenté aux sujets et résultats à la tâche d'assignation (d'après Hamilton *et al.*, 1976)

	Présentation		Assignation	
	Groupe A	Groupe B	Groupe A	Groupe B
Comportements désirables	18	9	17,5	9,5
Comportements Indésirables	8	4	5,79	6,21

C - Quelques développements

Des résultats de ce type ont été retrouvés dans de nombreuses recherches et paraissent fiables (Mullen & Johnson, 1990). Ils sont néanmoins critiqués à plusieurs niveaux. Ces critiques sont d'ordre méthodologique (*cf.* De la Haye *et al.*, 1991 ; Haslam & McGarty, 1994) et théorique (Berndsen, Spears & Van der Pligt, 1996 ; De la Haye *et al.*, 1991 ; Fiedler, 1991 ; Johnson & Mullen, 1993 ; Mullen & Johnson, 1990 ; Schaller & Maass, 1989).

- On critique la conception radicalement cognitive proposée par Hamilton & Gifford (1976) de la formation des stéréotypes en avançant que des facteurs motivationnels tels l'engagement pourraient avoir une influence très importante dans ce paradigme (Berndsen *et al.* 1996 ; Schaller *et al.*, 1989) ;
- Par ailleurs, on a proposé que les effets enregistrés dans les différentes tâches du paradigme de la corrélation illusoire (assignation, estimation, et évaluation) pourraient être dus à des processus différents (De la Haye *et al.*, 1991 ; Johnson *et al.*, 1993), et pas uniquement à une plus grande disponibilité en mémoire des stimuli conjointement distinctifs.

III - CORRÉLATIONS ILLUSOIRES BASÉES SUR LES ATTENTES

D'après les travaux de Chapman (1967), les sujets surestiment aussi le nombre de présentations des paires de mots qui sont couramment associés (par exemple, « oeufs-bacon »), par rapport aux paires dont les mots n'ont pas de lien. On parle ici de « corrélations basées sur les attentes ». Celles-ci reposent sur des croyances, ou des liens associatifs, socialement partagés. Par exemple, bien que l'on ait démontré que le test « de dessin d'une personne » n'avait aucune validité, de nombreux praticiens continuent à l'utiliser et à lui trouver une valeur diagnostique. Ces praticiens font montre d'une illusion de corrélation entre certains éléments du dessin (par exemple, épaules larges) et certaines caractéristiques de personnalité de l'auteur du dessin (par exemple, masculinité) (*cf.* Nisbett & Ross, 1980; Leyens, 1983).

Alors que les corrélations illusoires basées sur la distinctivité peuvent renvoyer aux mécanismes de formation des stéréotypes, les corrélations illusoires basées sur les attentes pourraient renvoyer aux mécanismes par lesquels les stéréotypes se perpétuent et résistent au changement (Hamilton & Rose, 1980; Hamilton, Stroessner & Mackie, 1993).

Par exemple, des sujets auxquels on décrivait des personnes par leur profession (« comptable », « docteur » ou « vendeur ») et deux traits (par exemple, « timide » et « riche ») surestimaient le nombre de fois où un adjectif stéréotypiquement associé à une profession avait été effectivement attribué à un membre de cette profession (par construction du matériel, ces deux dimensions étaient pourtant indépendantes; *cf.* Hamilton *et al.*, 1980).

Références

De la Haye, A.-M., & Lauvergeon, G. (1991). Processus de mémoire dans la formation des corrélations illusoires. *Psychologie Française*, 36, 67-77.

Hamilton, D.L., Gifford, R.K. (1976). Illusory correlation in interpersonal perception : A cognitive basis of stereotypic judgments. *Journal of Experimental Social Psychology*, 12, 392-407.

Leyens, J.-P. (1983). *Sommes-nous tous des psychologues ?* Bruxelles : Mardaga.

FICHE 46

ASPECTS SOCIAUX DU RAISONNEMENT

Si le raisonnement reste avant tout un processus cognitif intra-individuel, il n'en subit pas moins des influences diverses. Les psychologues sociaux ont ainsi mis en évidence plusieurs types de facteurs susceptibles d'influer sur notre façon de raisonner. L'éventail de ces facteurs est considérable surtout si l'on considère le raisonnement dans sa définition globale, c'est-à-dire la capacité d'un individu à s'adapter à son environnement (Doise, 1993). Raisonner, c'est entre autres une activité mentale particulière tournée vers la résolution d'un problème, la recherche de solutions. On distingue généralement deux façons d'étudier les aspects sociaux du raisonnement dans ce cas : en faisant varier soit le contexte du traitement, soit le contexte social dans lequel s'opère le traitement de l'information dirigé par les connaissances. L'objectif des chercheurs étant d'améliorer le raisonnement via un traitement « rationnel » de l'information.

I - CONTEXTE DU TRAITEMENT

L'étude du raisonnement humain consiste le plus souvent à demander à des individus de résoudre un problème plus ou moins complexe. Il est alors possible d'intervenir au niveau de la représentation et de la signification que les sujets se font de la tâche qu'ils ont à réaliser et par là même au niveau de la situation (Richard, 1990). La diversité de ces situations est, là encore, si importante que nous considérerons ici deux types de tâche : celles qui nécessitent l'application de règles formelles et celles qui nécessitent la mise en œuvre de lois probabilistes.

A - Dans des tâches logiques

Si l'on considère par exemple la résolution d'une tâche de syllogismes conditionnels (tâche de sélection de Wason, 1966), il a été montré que la plupart des individus ne parviennent pas à appliquer les règles de l'implication. Certaines circonstances les incitent pourtant à le faire :

Lorsque le contenu de la tâche est tel que les sujets peuvent y apliquer un schéma familier de la situation, leurs réponses sont conformes à la logique (Johnson-Laird *et al.*, 1972). De la même façon, selon que les sujets ont ou non une expérience, un vécu des situations sur lesquelles porte leur raisonnement, selon que l'objet d'inférence est concret ou abstrait, leurs réponses diffèrent (Griggs et Cox, 1982).

B - Dans des tâches de prédiction

Énoncer une prédiction, cela revient à faire une estimation de la probabilité d'apparition d'un objet, d'un événement. On sait que la plupart des individus ont notamment tendance à ignorer l'information statistique au profit de l'information individualisante, portant sur la description succinte d'une personne (tâche des avocats et des ingénieurs de Tversky et Kahneman, 1973). Ils mettent en œuvre ce qu'on appelle l'heuristique de la représentativité. Leurs estimations sont en conséquence le plus souvent biaisées; elles le sont moins dans les cas où :

- on intervient au niveau de la représentation qu'ils se font de la tâche. En les placant dans un contexte « statistique » c'est-à-dire en focalisant leur attention sur l'information statistique, ils font des estimations plus justes que si on les place dans un contexte « clinique » (Zukier et Pepitone, 1984);
- on introduit une relation « causale » entre la variable de prédiction et l'information statistique: celle-ci sera mieux prise en considération (Ajzen, 1977).

II - Contexte social

Les situations où l'on est amené à réfléchir à un problème à plusieurs ne sont pas rares. La présence éventuelle d'une source d'influence est également fréquente. Ces circonstances environnementales (et il en existe beaucoup d'autres) ne sont pas sans conséquences sur notre façon de raisonner et notamment sur notre tendance à tomber dans le piège de certains biais (Drozda-Senkowska, 1995).

A - Discussion de groupe

Argote *et al.* (1986) ont comparé les performances d'individus selon qu'ils étaient seuls ou en groupe pour résoudre une tâche prédictive dans laquelle se manifeste généralement l'heuristique de la représentativité. Leurs résultats montrent que le fait de pouvoir discuter et échanger en groupe ne fait qu'amplifier l'apparition de ce biais cognitif et de bien d'autres (Drozda-Senkowska, 1992). D'autres auteurs se sont intéressés à l'impact éventuel d'une discussion de groupe sur un biais attributif : le biais dispositionnel. Les résultats vont dans le sens d'une atténuation de ce biais dès lors que l'on permet aux sujets de discuter avant d'émettre leur jugement (Wells et Wright, 1985).

B - Présence d'une source d'influence

Butera *et al.* (1993) ont demandé à des sujets de trouver la solution à un problème spécifique (tâche 2-4-6 de Wason, 1960) et d'indiquer leur stratégie. La plupart du temps, celle-ci s'avère fausse car les sujets se focalisent sur une stratégie de confirmation des hypothèses et non d'infirmation. Ils sont également informés des réponses provenant soit d'une majorité, soit d'une minorité d'individus ayant prétendument résolu le même problème. On remarque alors que les sujets confrontés à la proposition d'une minorité s'engagent davantage dans un processus d'infirmation. Ils sont donc plus nombreux à trouver la stratégie de vérification correcte que les sujets confrontés à un modèle majoritaire.

Références

Drozda-Senkowska, E. (1995) (Dir.). *Irrationalités collectives.* Neuchâtel : Delachaux et Niestlé.

Doise, W. (1993). *Logiques sociales dans le raisonnement.* Neuchâtel : Delachaux et Niestlé.

▶ Voir fiches 44, 52 et 64.

FICHE 47

LA THÉORIE DE HEIDER

F. Heider est considéré comme le pionnier des théories de l'attribution. Dès 1944, il définit les concepts de causalité et de responsabilité. Son modèle théorique (1958) présente la façon dont l'individu perçoit et explique son environnement. Ses travaux ont suscité une floraison d'expériences, d'approches théoriques et demeurent une référence théorique incontournable.

I - DÉFINITIONS

A - ATTRIBUTION

L'attribution est une inférence particulière par laquelle l'individu explique les événements, actions ou comportements qu'il perçoit. La recherche de causes est définie par Heider comme une activité sociale et cognitive importante qui s'appuie sur un besoin de contrôle et de prédiction de l'environnement. L'individu a besoin de se sentir maître des événements afin d'évoluer dans un monde cohérent et compréhensible.

B - PROCESSUS

Le processus d'attribution correspond à un travail cognitif, une recherche, parmi les informations données ou acquises par l'individu, des causes ou de l'origine des événements perçus.

Heider (1958) soutient l'idée qu'en attribuant des facteurs personnels ou impersonnels à ses propres actions ou à celles d'autrui, l'individu répond à ses interrogations, ses attentes et évite ainsi le déséquilibre cognitif. L'attribution lui garantit une certaine stabilité et une prévisibilité de l'environnement social dans la mesure où elle répond aux attentes de l'individu et détermine ses actions et comportements.

II - CAUSALITÉ

L'attribution peut être personnelle, impersonnelle ou les deux.

A - Distinction interne/externe

1. La causalité personnelle (interne)

La causalité personnelle ou « interne » est caractérisée par une cause unique. Elle correspond à une perception de la personne comme la seule condition nécessaire et suffisante à la production de l'action. Les causes dites « internes » correspondent donc aux caractéristiques de la personne, à ses dispositions.

Heider définit l'intention comme le facteur central de la causalité personnelle, car elle est nécessaire à la production de l'action. Elle peut se combiner à d'autres forces dispositionnelles telles que la capacité ou la motivation. Heider note que les comportements sont souvent attribués à une cause interne, on parle de biais d'internalité (*cf.* fiche 52).

2. La causalité impersonnelle (externe)

La causalité impersonnelle est liée à la perception qu'ont les individus de leur environnement. Elle ne peut être employée que si l'observateur pense que l'acteur n'a pas la capacité de réaliser cet acte ou s'il l'a produit sous contrainte ou par hasard. Les facteurs situationnels principaux sont le hasard et la difficulté de la tâche.

Heider précise que l'individu explique ses actions ou celles d'autrui soit par une attribution personnelle, soit par une attribution impersonnelle, mais rarement par les deux.

B - Concepts

Heider définit les concepts de « *can* » et de motivation comme les deux conditions nécessaires à la production d'une action.

1. Le concept de « *can* »

Le concept de possibilité est défini par la relation qui existe entre les forces personnelles et impersonnelles et plus particulièrement entre la capacité et la difficulté de la tâche. L'action ne résulte pas obligatoirement d'une combinaison des deux forces, la capacité seule (ou la difficulté de la tâche seule) peut suffire à la production de l'action. Kelley (1967) qualifie ces facteurs de causes suffisantes (*cf.* fiche 49).

Le « *can* » peut être affecté par des facteurs temporaires extérieurs tels que la fatigue, le statut social ou l'opinion. Toutes ces forces sont parfois perçues comme dispositionnelles même si elles sont indépendantes des caractéristiques de la personne. La limite de cette dichotomie interne/externe est donc parfois difficile à cerner.

2. Le concept de motivation

La motivation se réfère à la fois à l'intention (« *want* ») et à l'effort (« *try* »). Ce facteur est perçu comme une condition nécessaire à la production de l'action. Il existe une relation multiplicative entre la capacité et la motivation, ce qui signifie qu'en l'absence d'un de ces facteurs, l'action ne peut être produite de façon interne.

III - RESPONSABILITÉ

Les notions de causalité et de responsabilité ont souvent été rapprochées.

La question est de savoir de quoi et vis-à-vis de qui nous sommes responsables.

A - Niveaux de responsabilité

F. Heider (1958) définit cinq niveaux de responsabilité qui décrivent le lien existant entre la personne et l'acte, du niveau 1, le plus élevé au niveau 5, le plus bas.

1. L'association

Un individu est responsable de toute action ayant un lien avec lui. Exemple : une personne peut être tenue responsable des actes de ses aïeux ou de ses enfants.

2. La causalité

Une personne est jugée responsable de toute action à laquelle elle participe même si ce n'est pas intentionnel. C'est ce que Piaget (1932) qualifie de « responsabilité objective ». Exemple : un accident de voiture.

3. La prévisibilité

L'individu est tenu pour responsable de toute action qu'il aurait pu prévoir et qu'il n'a pas empêché de se produire, même si ce n'est pas intentionnel. Exemple : la non-assistance à personne en danger.

4. La responsabilité

Une personne est responsable de l'action qu'elle a eu l'intention de produire. C'est ce que Piaget (1932) qualifie de « responsabilité subjective ».

5. Justification

Une action intentionnelle ne peut pas être entièrement imputée à la personne si elle l'a réalisée sous la contrainte de facteurs environnementaux. C'est la notion juridique de « circonstances atténuantes ».

B - Critiques

1. Processus d'attribution

On peut se demander si le processus d'attribution repose sur une analyse de type statistique ou s'il renvoie à un processus de construction de la réalité. Dans cette perspective, l'individu n'agirait pas tel un statisticien naïf comme le prétend Heider. Il ne chercherait pas à décrire scientifiquement la réalité, mais l'expliquerait en fonction de croyances ou de théories implicites.

L'explication quotidienne s'appuierait donc sur l'expérience sociale. L'attribution servirait à donner du sens à la réalité, mais ne serait que rarement une explication rationnelle.

2. La dimension interne/externe

La dichotomie de Heider est critiquée au niveau méthodologique et conceptuel.

Ross (1977) montre que ces deux dimensions prêtent parfois à confusion. Exemple : le manque d'effort peut évoquer l'idée que l'individu ne fournit pas d'effort, ou que la tâche nécessite des efforts particulièrement élevés.

Kruglanski (1976) propose de remplacer la dimension interne/externe par la distinction entre actions endogènes et exogènes. Il définit les actions endogènes comme celles qui trouvent leur fin en elle-mêmes, et les actions exogènes comme celles qui sont des moyens pour atteindre un but. Cette distinction est critiquée par Buss (1978) (*cf.* fiche 54).

Références

Beauvois, J.L. (1984). *La psychologie quotidienne*. Paris : PUF.

Deschamps, J.C. (1987). Attribution et explication. In Beauvois, J.L., Joule, R.V. et Monteil, J.M. (Eds). *Perspectives et conduites sociales. I. Théories implicites et conflits cognitifs*. Cousset : DelVal.

Heider, F. (1958). *The psychology of interpersonal relations*. New York : Wiley.

Moscovici, S. (1972). L'homme en interaction : machine à répondre ou à inférer. In Moscovici, S. (Eds). *Introduction à la psychologie sociale*, vol 1. Paris : Larousse.

FICHE 48

L'INFÉRENCE CORRESPONDANTE

I - JONES ET DAVIS (1965)

Dans la lignée des travaux de Heider (fiche 47), ces auteurs tentent de conceptualiser la façon dont l'individu attribue l'action d'autrui à des dispositions en se référant au critère d'intentionnalité.

A - Définition

L'inférence correspondante est définie par la relation établie entre le comportement et les facteurs susceptibles d'expliquer l'action. L'attribution du comportement d'autrui à des dispositions stables signifie que le comportement est causé ou correspond à un trait de caractère, une intention de l'acteur. La question est donc de savoir dans quelle mesure un sujet percevant peut faire une attribution interne. Jones et Davis définissent plusieurs conditions.

B - Conditions de l'attribution interne

1. L'intention

L'inférence d'une disposition implique la connaissance des intentions du protagoniste. L'observateur doit donc s'assurer que l'acteur est concient des effets de son action et qu'il a la capacité nécessaire pour produire cette action. Si ces deux conditions ne sont pas remplies, l'observateur ne peut établir de correspondance entre les intentions et les dispositions du protagoniste, son attribution sera erronée. Cette tendance à surestimer l'effet de causes dispositionnelles est définie par Jones et Davis comme un biais de correspondance.

2. La liberté de choix

L'observateur ne peut attribuer des causes dispositionnelles que si l'acteur a produit l'action en toute liberté. Si l'observateur croit à une liberté de choix alors que le protagoniste est en réalité soumis à des contraintes extérieures, ses inférences sont erronées (*cf.* fiche 54).

3. Effets distinctifs et communs

Le sujet percevant repère les effets d'une action particulière et les compare aux effets d'une action similaire afin de déterminer les effets communs aux deux actions et ceux spécifiques de l'action produite. Seuls les effets spécifiques repérés peuvent permettre à l'observateur de faire correspondre l'action aux intentions et dispositions de l'acteur.

4. La désirabilité sociale

Jones et Davis (1979) formulent l'hypothèse que plus les actions correspondent a une norme de désirabilité sociale, moins les observateurs attribuent cette action aux dispositions de l'acteur. En d'autres termes, les inférences dispositionnelles sont plus fréquentes lorsque l'acteur réalise une action ou adopte un comportement non désiré socialement et donc inattendu.

II - JONES ET MC GILLIS (1976)

Ces auteurs proposent une reformulation de la notion de désirabilité sociale en s'appuyant sur la théorie des inférences correspondantes et le modèle de covariation de Kelley (*cf.* fiche 49).

Jones et Mc Gillis soutiennent l'hypothèse que l'attribution de causalité interne dépend des attentes de l'observateur envers l'action ou le comportement de l'acteur. Ils définissent deux types d'attentes :

les attentes envers la catégorie d'appartenance de l'acteur, qui correspondent à des attentes stéréotypées et normatives ;

les attentes basées sur la personne. Ces attentes sont structurales, ce qui signifie que le sujet percevant a déjà eu l'occasion d'observer l'acteur dans d'autres situations.

Références

Jones, E.E., Davis, K.E. (1965). From acts to dispositions : the attribution process in person perception. In L. Berkowitz (Eds), *Advances in experimental social psychology*, vol. 2. New York : Academic Press.

Jones, E.E., Mc Gillis, D. (1976). Correspondent inferences and the attribution cube : a comparative reappaisal. In J.H. Harvey, J.W. Ickes, R.F. Kidd. (Eds), *New directions in attribution research*, vol. 1. Hillsdale, NJ : Erlbaum.

FICHE

49 L'ATTRIBUTION : LA THÉORIE DE KELLEY

Kelley (1967) reformule les idées de Heider (*cf.* fiche 47) de façon plus formalisée. Il définit le processus d'attribution comme une analyse de variance implicite et fait l'hypothèse que l'individu fonctionne tel un **statisticien naïf**.

I - MODÈLE

Le modèle de Kelley est centré sur le processus de collecte et de traitement des informations permettant de conduire à une causalité interne ou externe.

A - Modèle de covariation

La personne effectue des attributions dans le but de contrôler et prédire son environnement. Motivé à atteindre « une maîtrise cognitive de la structure causale de l'environnement » (Kelley, 1967, p.193), l'individu recherche les informations pertinentes qui lui permettront de déterminer si le comportement observé est dû à des facteurs dispositionnels ou situationnels. Sa démarche peut être comparée à celle d'un scientifique qui procède à une analyse causale, en produisant un raisonnement logique qui aboutit à une connaissance objective.

1. Méthode des différences

Le modèle de covariation se fonde sur l'idée qu'une action est attribuée à l'une des causes avec laquelle elle covarie. En d'autres termes, l'effet est attribué à la condition qui est présente quand l'effet se produit et absente lorsqu'il ne se produit pas.

Ce principe de covariation sert à analyser les modifications des effets à savoir les réponses, comportements du sujet selon les variations entre les entités (objets), les personnes en interaction et les modalités temporelles et circonstancielles d'interaction avec l'objet. Selon ce principe, l'attribution de causalité interne ou externe est donc fonction de la quantité d'informations dont l'individu dispose sur les autres personnes, les objets, le temps et les circonstances dans lesquelles se produit l'action.

2. Critères de validité

Si une personne apprécie un livre, doit-on attribuer ce plaisir aux dispositions de l'individu, aux propriétés intrinsèques du livre, ou à l'environnement, aux circonstances ?

L'individu doit rechercher des informations pertinentes afin de pouvoir émettre un jugement valide, c'est-à-dire une attribution objective. Kelley (1967) définit trois dimensions d'information comme critères de validation externe de l'inférence. Il distingue la différenciation, la constance et le consensus.

- La **différenciation** porte sur les réactions de la personne par rapport au stimulus. En d'autres termes, l'attributeur doit se demander si la personne jugée n'a apprécié que ce livre ou tous les livres qu'elle a lus.
- La **constance** porte sur la question de savoir si le plaisir est le même ou pas dans des moments différents. Elle correspond donc à une information temporelle.
- Le **consensus** porte sur les caractéristiques de l'entité. Il s'agit donc de savoir si les autres personnes ont ou n'ont pas apprécié ce livre.

Chaque type d'information peut avoir un niveau bas ou élevé selon la dimension considérée. Cette validité est subjective.

3. Attribution

Kelley (1967) avance la proposition que l'attributeur explique une action ou comportement selon une règle de covariation de l'effet et de la cause.

L'attribution de l'effet (plaisir) au stimulus (le livre) dépend d'une haute différenciation (la personne n'apprécie que ce livre), d'une basse constance et d'un consensus de niveau élevé (les autres personnes apprécient également ce livre).

L'attribution d'une causalité interne est fonction d'une basse différenciation (la personne apprécie tous les livres), d'une haute constance et d'un consensus de bas niveau (la personne est seule à apprécier ce livre).

En cas de basse constance (la personne n'apprécie pas ce livre de la même manière selon les moments), l'attribution de l'effet peut-être faite à des facteurs situationnels ou à une interaction de causalité externe et interne.

En procédant selon ce principe de covariation, l'individu se procure une image « vraie » de la réalité, il effectue une attribution objective, mais l'attributeur recherche t-il spontanément toutes ces informations ?

II - SCHÉMA DE CAUSALITÉ

Kelley (1972) fait remarquer que le modèle de covariation est idéal, mais que l'individu ne l'applique pas nécessairement.

A - SCHÉMA CAUSAL

L'individu ne recherche pas toutes les informations nécessaires à un jugement valide. L'explication quotidienne se fait à partir de schémas causaux, dans un but d'économie cognitive.

1. Définition

Le schéma causal se définit comme un raisonnement court. Il correspond à un répertoire de causes et de leurs effets spécifiques.

Cette relation causale est apprise et acquise par les individus lors d'apprentissages ou d'observations. En d'autres termes, l'individu utilise son expérience sociale, ses croyances, pour effectuer des attributions. Il fait appel à des associations, des relations causes-effets pré-établies, ce qui lui évite un travail cognitif coûteux, une recherche complète des informations sur la différenciation, la constance et le consensus.

2. Types de schémas

Kelley distingue l'utilisation de trois types de schémas causaux différents. La nature de l'événement auquel l'individu est confronté détermine l'utilisation de l'un de ces schémas.

- L'individu applique le schéma des **causes multiples nécessaires** lorsqu'il doit expliquer un événement inhabituel, rare ou extrême. Ce schéma suppose la présence de plusieurs causes nécessaires mais non suffisantes à la production de l'action.
- Le schéma des **causes multiples suffisantes** s'applique lorsque l'individu est confronté à des événements habituels, banals. Il présuppose qu'une seule cause est suffisante pour produire l'effet observé. L'individu choisit donc la cause la plus disponible ou la plus saillante en procédant selon un principe d'élimination. En d'autres termes, l'individu ne retient que la cause qui a eu le plus d'effet et élimine les autres.
- Le schéma des **causes compensatoires** correspond à une relation additive entre les effets des différentes causes nécessaires.

L'existence et l'utilisation de schémas de causalité supposent que l'individu utilise des connaissances antérieures à l'événement observé. Ces informations acquises durant la **socialisation** varient selon le groupe d'appartenance de l'individu. En définissant le schéma causal, Kelley introduit une dimension sociale dans l'étude des attributions.

Références

Deschamps, J.C. (1987). *L'explication quotidienne : perspectives psychosociologiques.* DelVal.

Doise, W. (1982). *L'explication en psychologie sociale.* Paris : Presses Universitaires de France.

Kelley, H.H. (1967). Attribution theory in social psychology. In D. Levine (Eds), *Nebraska Symposium on Motivation* (vol. 15). Lincoln : University of Nebraska Press.

Kelley, H.H. (1972). Causal schemata and the attribution process. In E.E. Jones, D.E. Kanouse, H.H. Kelley, R.E. Nisbett, S. Valins & B. Weiner (Eds.) *Attributions : Perceiving the Causes of Behaviour.* Morristown, N.J.: General Learning Press.

FICHE 50

ATTRIBUTION DE RENFORCEMENTS

I - « LOCUS OF CONTROL »

Ce domaine de recherche s'est longtemps développé en parallèle des théories de l'attribution.

A - Définition

La théorie du « locus of control » vise à répondre à la question de savoir comment les gens expliquent ce qui leur arrive et analysent le rôle des renforcements dans l'orientation de leurs conduites.

Rotter (1966) s'inspire des théories de l'apprentissage pour définir la notion de « *locus of control* ». Les travaux sur l'apprentissage mettent en évidence le rôle primordial du renforcement. Il montre que la récompense consécutive à un comportement rend plus probable la répétition de ce comportement. Rotter affirme que le renforcement est nécessaire à l'apprentissage social mais les effets subséquents à ce renforcement ne résultent pas d'une simple perception : l'individu établit une relation causale entre le renforcement et son comportement.

Si la personne estime que ses renforcements dépendent de ses propres dispositions, de ses traits de personnalité, on parle de **contrôle interne**. Dans le cas où l'individu perçoit ses renforcements comme provoqués par des facteurs extérieurs, on parle de **contrôle externe**.

B - Échelle I-E

Rotter (1966) élabore une échelle d'attitude interne-externe (I-E) permettant de distinguer les individus qui perçoivent leurs renforcements comme dépendants de leurs comportements de ceux qui estiment que de tels renforcements sont incontrôlables et donc dus à des causes externes.

II - EXPLICATION DE RÉUSSITE ET D'ÉCHEC

A - Modèle de Weiner

Selon la dichotomie de Heider (1958), la causalité personnelle évoque l'**intention** de l'acteur, alors que l'attribution de causalité impersonnelle correspond à une inférence situationnelle telle que le hasard. Weiner *et al.* (1972) montrent que cette conception de la causalité ne peut rendre compte adéquatement des explications de réussite et d'échec.

Weiner (1972) propose un modèle tridimensionnel qui ajoute à la dimension interne-externe les dimensions de contrôle et de stabilité. La contrôlabilité implique que l'effet observé est temporaire et qu'il peut être modifié par la volonté de la personne. La stabilité temporelle permet de déterminer l'orientation des comportements futurs. Par exemple, si un élève explique sa réussite par une cause interne et stable, cela sous-entend qu'il réussira dans le futur, au même type de tâche.

Weiner distingue quatre facteurs attributionnels :

– la capacité (interne, stable et incontrôlable) ;

– l'effort (interne, instable et contrôlable) ;

– la difficulté de la tâche (externe, stable et contrôlable) ;

– le hasard ou la chance (externe, instable et incontrôlable).

La capacité et l'effort évoquent l'intention tandis que la difficulté de la tâche est une propriété de l'environnement. Le hasard est considéré comme le facteur le plus variable de l'environnement.

Ce modèle permet de rendre compte des attributions de la performance à une tâche, mais tout comme le modèle de Heider, il oppose une maîtrise individuelle à une dépendance situationnelle.

B - Autres recherches

Deux recherches de Luginbuhl, Growe et Kahan (1975, 1990) montrent que la réussite est attribuée à des facteurs internes mais plutôt instables (l'effort) que stables (la capacité). Le succès est donc expliqué par des causes dont la personne a le contrôle alors que l'échec est attribué à des facteurs stables qu'ils soient internes ou externes. Des facteurs tels que l'implication du sujet, l'importance de la tâche, la position d'acteur ou d'observateur modifient aussi les attributions de la réussite et de l'échec (*cf.* fiches 54, 55). La personne vis-à-vis de qui on fait des attributions a un impact déterminant, démontré dans des travaux récents (Juvonen et Murdock (1993), Weiner (1995).

Références

Deschamps, J.C. (1987). *L'explication quotidienne : pespectives psychosociologiques*. DelVal.

Frieze, I., & Weiner, B. (1971). Cue utilization and attributionnal judgments of success and failure. *Journal of Personality*, 39, 591-605.

Luginbuhl, J.E.R., Crowe, D.H., Kahan, J.P. (1975). Causal attribution for success and failure. *Journal of Personality and Social Psychology*, 31, 86-93.

Rotter, J.B. « Generalized expectancies for internal versus external control of reinforcement, *Psychological Monographs*, 80, 1966.

Juvonen, J., 1 Murdock, T.B. (1993). How to promote social approval : effect of audience and achievment outcome of publicly communicated attributions. *Journal of Educational Psychology*, 85, n° 2, 365-376.

Weiner, B. (1995), *Judgments of responsability*. New York, London : The Guilford Press.

FICHE 51 QUAND FAIT-ON DES ATTRIBUTIONS ?

I - QUAND SONT FAITES LES ATTRIBUTIONS ?

Une personne effectue des attributions lorsqu'on lui demande sa perception des causes d'un événement observé, mais recherchons-nous systématiquement les causes de toute action ou événement ?

Weiner (1985) définit trois facteurs susceptibles de déclencher une recherche spontanée d'informations.

A - L'INCERTITUDE

L'incertitude se définit comme l'état d'une personne qui a des doutes. Cet état suscite des attributions dans la mesure où la recherche des causes ou de l'origine de l'incertitude permet de mieux comprendre la situation de la personne et de préciser l'émotion vécue.

B - L'INATTENDU

Heider (1958) pense que l'attribution causale intervient essentiellement lorsqu'il y a une incohérence dans le déroulement des événements observés. L'individu recherche des causes pour expliquer des situations inhabituelles, surprenantes.

C - L'ÉCHEC

Weiner rapporte qu'il est plus fréquent d'expliquer l'échec que la réussite. L'attribution de causalité permet dans cette situation de mieux comprendre ce qui s'est passé et de contrôler et prédire les échecs futurs.

II - EXPLICATIONS

Comment les personnes parviennent-elles à expliquer les événements familiers si elles ne réalisent pas de recherche causale complexe ?

A - Scénario

Lors de situations familières, les gens se fient à des scénarios préalablement acquis. Les scénarios sont composés de scripts qui répondent à la façon dont les personnes se comportent dans des situations spécifiques. Les individus utilisent ces scénarios mémorisés pour expliquer les événements quotidiens, déjà connus. En d'autres termes, ils vérifient le bon déroulement des actions et s'assurent que le scénario est conforme à leurs attentes.

Exemple : on ne cherche pas à expliquer ce que fait une personne dans une pharmacie car on sait qu'elle achète des médicaments.

B - Script

Le script est défini comme une séquence d'événements cohérents et attendus par la personne. On distingue plusieurs types de scripts :

- les **scripts épisodiques** qui mettent en scène une situation concrète ;
- les **scripts hypothétiques** qui permettent d'envisager des éventualités ;
- les **scripts catégoriels** qui correspondent à une classification et généralisation d'événements différents.

Les scripts fournissent donc des réponses prédéterminées, stéréotypées qui permettent à la personne d'agir et d'expliquer les événements sans avoir recours à une activité réflexive coûteuse, un raisonnement causal complexe.

L'utilisation de scénarios et de scripts permet donc d'éviter un travail cognitif coûteux. Langer *et al.* (1978) parlent de basse tension cognitive (*mindleseness*), opposée à haute tension cognitive (*mindfulness*). La recherche d'éléments d'information n'est réalisée que lorsque les événements ne correspondent pas aux scénarios, scripts et attentes des personnes et lorsqu'on leur demande d'expliquer un événement.

Références

Langer, E.J., Blank, A., & Chanowitz, B. (1978). The mindlessness of ostensibly thoughtful action. *Journal of Personality and Social Psychology*, 36, 635-642.

Weiner, B. (1985). « Spontaneous » causal thinking. *Psychological Review*, 92, 548-573.

FICHE 52

L'ERREUR FONDAMENTALE

I - DÉFINITION

On pourrait penser que l'attribution de facteurs dispositionnels ou situationnels est fonction de la perception des contraintes extérieures, mais il n'en est rien. L'individu a une tendance générale à l'internalité.

A - ILLUSTRATION

Jones et Harris (1967) créent une situation expérimentale dans laquelle des étudiants lisent des discours pro ou anti-castristes qui leur sont attribués aléatoirement par les expérimentateurs. La tâche des observateurs consiste à estimer la position du lecteur par rapport au discours imposé. Les résultats montrent que les observateurs n'ont pas tenu compte de la non-liberté de choix, ils estiment que le texte lu par le sujet reflète ses opinions. Ils attribuent l'action à des causes internes.

B - ERREUR FONDAMENTALE

Ross (1977) définit l'erreur fondamentale comme la tendance de l'individu à surestimer l'importance des facteurs internes au détriment des causes externes lorsqu'il explique l'action ou le comportement d'autrui et cela quelle que soit la situation. En d'autres termes, les hétéro-attributions sont fréquemment effectuées en termes de causalité personnelles, même si l'action dépend de stimuli extérieurs. L'erreur fondamentale est considérée comme un **biais attributif** dans la mesure où la représentation des sujets ne correspondant pas à une représentation objective de la réalité sociale, son explication est différente de celle des scientifiques.

II - EXPLICATIONS THÉORIQUES

L'erreur fondamentale est interprétée à différents niveaux d'analyse, mais toutes les explications théoriques s'organisent autour d'une idée centrale : le besoin d'exercer un certain contrôle sur l'environnement social.

A - Biais motivationnel ?

Weiner (1972) explique le biais dispositionnel par la tendance à former et à maintenir les croyances qui servent les besoins et les désirs de l'individu. Kruglanski (1983) suppose l'existence de deux catégories de besoins : la **défense du soi** lors d'auto-attribution et le contrôle effectif, lors d'hétéro-attributions.

L'attribution de causalité ou de responsabilité est une activité cognitive et sociale importante qui s'appuie sur un besoin de contrôle et de prédiction de l'environnement. Afin de s'assurer de cette maîtrise de la réalité, l'individu chercherait des facteurs dont il a le contrôle à savoir des causes internes. Chaque personne aurait tendance à surévaluer la justesse et la validité de ses explications afin de conforter ses propres idées, ses attentes.

L'explication de Lerner (1970) correspond à un modèle du sujet responsable dans une société individualiste. L'individu expliquerait l'action d'autrui par une causalité interne parce qu'il croit que toute personne n'a que ce qu'elle mérite (« l'hypothèse d'un monde juste »).

B - Explication cognitive

On peut expliquer le biais dispositionnel par le concept de centration cognitive. Il suppose que l'observateur centre son attention sur l'acteur au détriment des contraintes extérieures. Le sujet percevant n'effectue pas le travail cognitif coûteux qui consiste à rechercher tous les facteurs susceptibles d'influencer l'action, mais opère selon un traitement économique de l'information dont il résulte certaines erreurs.

C - Explication normative

La tendance à l'internalité est robuste et systématique parce qu'elle est culturelle, elle correspond à une norme sociale. C'est ce que Beauvois (1984) appelle la norme d'internalité (fiche 53).

Références

Lerner, M.J. (1970). The desire of justice and reactions to victims. In J. Macaulay, & L. Berkowitz (Eds), *Altruism and helping behaviour*. New York : Academic Press.

Nisbett, R.E, & Ross, L. (1980). *Human inference : strategies and shortcomings of social judgement*. Englewood Cliffs, NJ : Prentice Hall.

Ross, L. (1981). The intuitive scientist formulation and its developmental implications. In J.H. Havell et L. Ross (Eds), *Social cognitive development : frontiers and possibles futures*. Cambridge : Cambridge University Press.

FICHE 53

NORME D'INTERNALITÉ

Certaines recherches sur l'attribution de causalité interne et externe ont été développées en relation avec les notions de normes et de croyances.

I - NORME D'INTERNALITÉ

Beauvois et Dubois (1988) soutiennent l'idée selon laquelle l'internalité fait l'objet d'une acquisition normative et culturelle.

A - DÉFINITION

La norme d'internalité se définit comme une valorisation systématique des explications dispositionnelles des événements, même si ces attributions internes ne sont pas plus pertinentes, objectives que les explications externes. En d'autres termes, la norme d'internalité se traduit par une valorisation socialement apprise et désirable des explications internes et correspond aux conceptions et caractéristiques de la culture occidentale. Beauvois et Dubois (1988) rapportent que les individus à qui on demande de se présenter favorablement donnent beaucoup de réponses internes.

B - ORIGINE DE LA NORME

1. Norme d'internalité et pouvoir

Beauvois (1984), Dubois (1987) et Le Poultier (1986) cherchent l'origine de la norme dans l'exercice du pouvoir. Leurs travaux montrent que les personnes dites « dominantes » sont plus internes que les personnes « dominées », ils expliquent ces résultats par l'exercice du pouvoir. En d'autres termes, les personnes qui occupent une place hiérarchique élevée et qui doivent évaluer les individus sous leur responsabilité croient en une causalité interne. Leur évaluation ne peut être que dispositionnelle dans la mesure où ces évaluateurs croient que les comportements et actions de la personne évaluée correspondent à sa personnalité, ses dispositions.

Cette explication suppose que les enfants doivent acquérir cette norme d'internalité, afin de pouvoir s'intégrer et évoluer dans les institutions et organisations occidentales, et laisse à penser que les pratiques éducatives jouent un rôle primordial dans l'acquisition de la norme d'internalité.

2. Norme d'internalité et pratiques éducatives

On aurait pu croire qu'une éducation dite libérale facilite plus l'acquisition de la norme d'internalité que les contextes familiaux dits non libéraux ; mais il s'avère que contrairement aux résultats trouvés dans les recherches sur le *locus of control*, il n'existe pas de relation causale entre la nature des pratiques éducatives et la tendance à l'internalité. Cela signifie que la tendance des enfants à choisir des explications causales internes ou externes ne dépend pas des pratiques éducatives libérales ou non libérales.

Par contre, les résultats rapportés par Dubois et Le Poultier (1988) montrent que les enfants « internes » évoluent dans un environnement plus stable et plus homogène que les enfants « externes ». La différence entre ces enfants réside dans le discours tenu par leurs parents, les enfants « internes » entendant un discours valorisant l'autonomie et la responsabilité personnelle qui se base sur une causalité interne alors que les enfants « externes » sont plus confrontés à un discours imprégné de causes externes.

L'école joue également un rôle important dans l'acquisition de cette norme dans la mesure où les éducateurs ont tendance à évaluer l'enfant en fonction de ses dispositions et tiennent le plus souvent un discours interne. Cependant, ils ne produisent pas forcément l'internalité mais favorisent des processus de transmission normative

II - CLAIRVOYANCE NORMATIVE

A - DÉFINITION

Py et Somat (1990) définissent la clairvoyance normative comme la « connaissance (vs non-connaissance) du caractère normatif ou contre-normatif d'un type de comportements sociaux ou d'un type de jugements ». En d'autres termes, des personnes – enfants ou adultes – perçoivent plus que d'autres la valeur sociale des explications internes des événements.

Ils mesurent la clairvoyance normative en effectuant la différence entre le score obtenu à un questionnaire d'internalité rempli selon une consigne normative, c'est-à-dire d'auto-valorisation, et le score obtenu au même questionnaire d'internalité rempli selon une consigne contre-normative (d'auto-dévalorisation). Les personnes considérées comme clairvoyantes sont celles qui sont capables de fournir à la fois des explications internes des événements lorsque la consigne est normative et des réponses externes quand la consigne est contre-normative.

B - Interprétation

Il semble que la production de causalité interne résulte de deux processus sociocognitifs : les processus d'internalisation des valeurs et de transmission normative.

Les travaux sur l'internalisation des valeurs laissent supposer que la perception de l'internalité diffère selon que l'internalité est engendrée par des pratiques éducatives libérales ou résulte de pratiques non libérales. Les pratiques libérales conduisent à une intériorisation des valeurs, ce qui signifie que l'internalité est perçue comme la réalité causale des choses, des événements, alors que les pratiques éducatives non libérales permettent la mise en place d'une stratégie d'auto-présentation autorisée par la clairvoyance normative, c'est-à-dire par la connaissance de la valeur sociale des explications internes des événements.

En conclusion, toute pratique éducative qu'elle soit libérale ou non libérale actualise dans son discours et dans son évaluation des personnes un certain nombre de valeurs proches de la norme d'internalité en prônant l'autonomie et la valorisation de la responsabilité personnelle, mais la perception de l'internalité varie selon ces pratiques éducatives. Il apparaît que les personnes qui évoluent dans des systèmes éducatifs libéraux ou permissifs sont moins clairvoyantes que celles qui sont confrontées à une pratique éducative non libérale.

Références

Beauvois, J.L., (1984) *La psychologie quotidienne*, Paris : PUF.

Beauvois, J.L., Le Poultier, F. (1986). Norme d'internalité et pouvoir social en psychologie quotidienne. *Psychologie Française*, 31, 100-108.

Beauvois, J.L., Dubois, N. (1988). The norm of internality in the explanation of psychological events. *European Journal of Social Psychology*, 18, 299-316.

Dubois, N., (1987). *La psychologie du contrôle*. Grenoble : PUG.

Le Poultier, F. (1986). *Travail social, inadaptation sociale et processus cognitifs*, Centre technique national d'études et de recherches sur les handicapés et les inadaptations. Vanves.

FICHE 54 LA DIVERGENCE ACTEUR-OBSERVATEUR

I - DEFINITIONS

A - Auto et hétéro-attribution

L'auto-attribution correspond à l'inférence faite par l'acteur de ses propres actions et comportements et l'hétéro-attribution se définit par l'explication donnée par l'observateur des actions et comportements de l'acteur.

Bem (1965, 1972) soutient la théorie selon laquelle la perception de soi est identique à la perception d'autrui. Il définit l'acteur comme un observateur de ses propres comportements, ce qui signifie que tous deux ont la même perception des événements et donc expliquent de façon identique les actions ou comportements observés. Cette conception des théoriciens de l'**auto-perception** est soutenue par Kelley (1967), mais n'est pas partagée par l'ensemble des psychologues sociaux.

B - Divergence acteur-observateur

Nisbett, Caputo, Lagant et Marecek (1973) montrent expérimentalement que les étudiants utilisent plus de traits de personnalité, de dispositions pour décrire autrui que pour réaliser leur auto-portrait. En d'autres termes, la divergence acteur-observateur se définit par une hétéro-attribution dispositionnelle et une auto-attribution de causalité situationnelle.

II - EXPLICATIONS THÉORIQUES

Comment expliquer cette différence entre l'auto et l'hétéro-attribution ?

A - L'information

Jones et Nisbett (1972) rapportent que l'acteur n'est pas une copie de l'observateur. Le fait qu'ils ne disposent pas des mêmes connaissances, et que la **saillance de l'information** et le traitement des données soient différents, explique le biais acteur-observateur.

L'observateur attribue l'action d'autrui à des causes internes, car il ne connaît pas les motivations et expériences passées de l'acteur. Ne pouvant comparer l'action observée avec d'autres actes commis par l'acteur dans des situations différentes, il centre son attention sur le protagoniste. On parle de centration cognitive. En ce qui concerne l'acteur, il compare son action avec celles déjà réalisées dans le passé, attache plus d'intérêt à la situation, d'où l'attribution de causes externes.

B - L'empathie

Regan et Totten (1975) et Harvey *et al.* (1975) rapportent que si on demande à l'observateur de s'identifier à l'acteur, l'observateur ne fait pas plus d'attributions dispositionnelles que l'acteur. Une relation d'empathie ou de proximité atténuerait donc la différence entre l'auto et l'hétéro-attribution dans la mesure où l'observateur se met à la place de l'acteur.

C - La perception

L'expérience de Storms (1973) sur l'orientation visuelle des acteurs et observateurs donne des résultats identiques ce qui signifierait que le biais acteur-observateur ne dépend ni de la qualité ni de la quantité d'informations : en modifiant, au moyen de la projection d'une vidéo, la perception visuelle des protagonistes, on modifie aussi leurs attributions.

D - Causes et raisons

Selon Buss (1978), la différence entre l'auto et l'hétéro-attribution ne résulte pas de traitements de l'information dissemblables, mais du fait que l'acteur et l'observateur sont impliqués différemment.

Buss démontre que l'auto-attribution correspond à une justification sociale par rapport à des normes admises. L'acteur explique son action en termes de raisons, alors que l'observateur recherche les causes de l'action. Il existe donc deux catégories bien distinctes, les raisons qui répondent à la question de la justification de l'action et les causes qui se centrent sur les déterminants de l'action.

Références

Buss, A.R. (1978). Causes and reasons in attribution theory : aconceptual critique, *Journal of Personality and Social Psychology*, 36, 1311-1321.

Deschamps, J.C., Clemence, A. (1990). *L'attribution. Causalité et explication au quotidien*. Delachaux et Niestlé.

Doise, W. (1993). *Logiques sociales dans le raisonnement.* Delachaux et Niestlé.

Harvey, J.H., Harris, B., & Barnes, R.D. (1975). Actor-observer differencies in the perception of responsability and freedom, *Journal of personality and Social Psychology*, 32, 22-28.

Jones, E.E., Nisbett, R.E. (1972). *The actor and the observer : divergent perceptions of the causes of behaviour.* General Learning Press.

Regan, D.T., Totten, J. (1975). Empathy and attribution : tuming observers into actors, *Journal of Personality and Social Psychology*, 32, 850-856.

Storms, M.D. (1973). Videotape and the attribution process : reversing actors' and observers' points of view, *Journal of Personality and Social Psychology*, 27, 165-175.

FICHE 55

BIAIS D'ESTIME DE SOI

I - DÉFINITION

Le biais d'estime de soi se définit par une tendance de l'individu à attribuer son succès à des causes internes et son échec à des facteurs externes. De nombreuses expériences tendent à confirmer que la recherche de causes peut être affectée, biaisée par la complaisance que le sujet peut avoir à l'égard de lui-même. Ces résultats sont corroborés par des expérimentations en laboratoire et en milieu naturel et dans différentes cultures. Que ce soit à la suite d'un examen, d'une compétition sportive, de paris ou d'élections, l'individu attribue sa réussite à des facteurs dispositionnels et son échec à des causes situationnelles. Ce biais attributif reflète une tendance de la personne à « s'évaluer plus favorablement » que les autres sur la plupart des dimensions socialement désirables.

II - EXPLICATIONS THÉORIQUES

Le biais d'estime de soi fait l'objet de nombreuses explications, aux niveaux motivationnels et cognitifs, qui s'organisent autour d'une idée centrale : le besoin de protéger son estime de soi, son image.

A - Protection du Soi

Les attributions à une performance sont biaisées par la motivation à protéger l'estime de soi. Les attributions internes à la suite d'une réussite rehaussent les émotions reliées à l'estime de soi, alors qu'en situation d'échec, ce sont les attributions de causalité externe qui permettent de maintenir une bonne image de soi. En d'autres termes, si la personne expliquait son échec par des causes dispositionnelles, elle ressentirait des émotions négatives qui conduiraient à une diminution de l'estime de soi, d'où la tendance à majorer respectivement les causes internes et externes dans l'attribution de performances positives et négatives.

Ce biais d'estime de soi serait d'autant plus fort que les personnes sont engagées ou ressentent un besoin important d'accomplissement. La motivation est donc le facteur clé de ce biais attributif.

B - Image publique

Cette explication met l'accent sur les conséquences interpersonnelles anticipées des attributions. Elle souligne l'importance du rôle de la présentation de soi dans l'attribution de réussite et d'échec. Face aux autres personnes, l'individu attribue son succès à une causalité interne et son échec à une causalité externe afin de protéger son image publique. L'individu s'assure ainsi que les autres personnes ne le rendront pas responsable de son échec et lui accorderont le crédit de sa réussite.

C - Les attentes

Jones et Mc Gillis (1976) estiment que les attributions sont influencées par les attentes du sujet. Si l'individu s'attend à réussir, il explique sa performance positive par des causes internes; par contre, si son résultat est contraire à ses attentes, il l'explique par une causalité externe. Le biais d'estime de soi se fonde donc sur les informations que possède l'individu. Il ne s'agit pas de motivation mais de confirmation des attentes de la personne.

D - Modèle en deux temps

Anderson et Slusher (1986) proposent un modèle qui réunit les perspectives motivationnelles et cognitives. Ce modèle se définit par un découpage de l'attribution en deux temps. Dans un premier temps, l'individu tente de définir l'action produite à l'aide des processus motivationnels. En d'autres termes, l'individu choisit parmi les informations disponibles celles qui lui semblent nécessaires pour expliquer l'action observée. Dans un second temps, l'individu compare les informations adoptées et choisit l'explication la plus probable. L'attribution s'effectuerait donc en deux temps, l'un correspond à une recherche motivationnelle de l'information et l'autre se traduit par un travail cognitif c'est-à-dire le choix d'une explication.

Références

Anderson, C.A., Slusher, M.P. (1986). Relocating motivational effects : a synthesis of cognitive and motivational effects on attributions for success and failure. *Social Cognition*, 4, 250-292.

Jones, E.E., McGilis, D. (1976). Correspondent inferences and the attribution cube : a comparative reappraisal, in *New directions in attribution research*, Vol. 1. J.H. Harvey, W.J. Ickes, & R.F. Kidd (Eds), NJ : Erlbaum, Hillsdale.

FICHE 56 ATTRIBUTION ET RELATIONS INTERGROUPES

L'attribution est souvent présentée comme le fait d'un individu isolé, détaché de tout contexte social ; pourtant il semble que le facteur social soit aussi informatif que le pôle personnel.

I - PERSPECTIVES SOCIALES

La réalité est construite socialement à travers les relations entre individus caractérisés par leur appartenance catégorielle. La prise en compte de cette dimension sociale implique une étude des attributions dans une perspective intergroupe.

A - ATTRIBUTION SOCIALE

L'attribution est étroitement liée aux appartenances groupales et aux représentations de l'individu. Ses croyances, modèles et attentes déterminent ses explications.

1. Attribution et représentation sociale

Moscovici (1972) considère l'attribution comme « [...] un processus de mise en œuvre de représentation ». Une représentation sociale renvoie à un univers d'opinions face à une entité qui détermine un comportement, une action face à cet objet. Définies comme un processus de production de la réalité et un mode de connaissance, les représentations sociales ont une fonction d'organisation signifiante et d'explication du réel.

Les représentations sociales gouvernent donc les comportements des individus et leurs attributions. Ces représentations ne sont pas universelles mais partagées par les membres d'un même groupe social, elles ont une fonction de différenciation sociale.

Doise (1973) suppose que le processus sous-jacent à ces représentations n'est autre que celui de la **catégorisation sociale** par lequel s'élaborent les relations entre groupes, ce qui sous-entend que les attributions dépendent des réprésentations des individus et de leur appartenance catégorielle.

2. Attribution et catégorisation sociale

L'attribution comme tout système perceptif résulte d'un processus de catégorisation sociale. Elle vise une connaissance de la réalité sociale dans laquelle interagissent des individus d'appartenances groupales différentes.

L'individu se réfère à des catégories d'éléments préexistantes, acquises lors d'apprentissages ou d'observations. Leurs explications ou attributions reflètent donc leur vision personnelle du monde ou celle de leur groupe d'appartenance.

Kelley (1972) introduit cette dimension sociale dans la définition de **schéma causal** (fiche 49). Il soutient l'idée selon laquelle l'explication quotidienne s'appuie sur l'expérience sociale des individus, sur ses croyances et associations de causes-effets préétablies. Les attributions sociales ne sont donc pas dépendantes des caractéristiques individuelles, mais dépendent des groupes ou catégories auxquels appartiennent les individus ou auxquels ils sont assignés. Les attributions sont fonction des croyances sociales, des implications personnelles dans les relations avec autrui, des appartenances catégorielles et des attentes des attributeurs.

Jones et Mc Gillis (1976) avancent l'idée selon laquelle les attentes du sujet déterminent ses attributions. En agissant ainsi, l'individu tenterait de maîtriser et prédire son environnement social (fiche 48).

3. Attribution et culture

Lalljee (1981) met en évidence la dimension sociale en soulignant l'importance de la culture dans l'étude des attributions. L'attribution a pour but de mieux contrôler et prédire la réalité, mais cette maîtrise de l'environnement est perçue et définie différemment selon la culture et les orientations religieuses et sociales de l'individu.

La tendance à attribuer une causalité interne est valorisée dans la culture occidentale, elle correspond à une norme culturelle (*cf.* fiche 53), ce qui sous-entend que les attributions sont fonction de la culture. Elles dépendent des normes sociales, des croyances, des attentes de l'individu et de la désirabilité sociale.

II - RELATIONS INTERGROUPES

A - ILLUSTRATION

Deaux et Emswiller (1974) s'intéressent à l'explication du succès dans des tâches marquées sexuellement. Ils montrent que pour une tâche masculine, la performance de la personne stimulus homme est attribuée à une causalité interne (la compétence) alors qu'une performance identique d'une personne stimulus femme est attribuée à une causalité externe à savoir la chance. Dans le cas d'une tâche féminine, les résultats ne sont pas inversés, hommes et femmes sont perçus comme aussi compétents.

Cette expérience met en évidence que l'appartenance catégorielle et les positions qu'occupent les groupes dans les relations intergroupes jouent un rôle important dans le processus d'attribution de causalité interne ou externe. En d'autres termes, l'attribution n'est pas liée par les caractéristiques intrinsèques de l'individu, mais par celles de son **groupe d'appartenance**. Elle dépend également des positions de chacun des membres et des groupes dans les relations entre groupes.

B - Erreur d'attribution

1. Hétéro-attribution dans les relations intergroupes

De nombreuses expériences comme celle de Taylor et Jaggi (1974) montrent que les individus évaluent plus favorablement leur groupe d'appartenance (*in-group*) que les autres groupes (*out-group*). Un comportement désirable (ex. : réussite) socialement est attribué à une causalité interne pour les personnes appartenant au même groupe que l'attributeur et à une causalité externe pour les individus d'autres groupes. Dans le cas d'un acte non désirable (ex. : échec), les résultats sont inversés. L'acte est attribué à des causes situationnelles lorsqu'il est produit par des membres du groupe de l'attributeur et à des causes dispositionnelles quand il s'agit des personnes des autres groupes.

Ces expériences mettent en évidence un phénomène d'ethnocentrisme, mais ces attributions ne sont pas systématiques et dépendent de la position socioculturelle qu'occupent le groupe et ses membres. En effet, le fait que le groupe ou les membres soient dominants ou dominés dans la société influencent considérablement les attributions réalisées dans des relations intergroupes.

Les sujets ont donc tendance à attribuer des compétences spécifiques aux membres de leur groupe, mais aussi à ceux qui occupent une position élevée dans le groupe et ceci indépendemment de la réussite objective.

2. Auto-attribution dans les relations intergroupes

Deschamps (1977) met en évidence une tendance à l'égocentrisme qui se manifeste par des auto-attributions plus favorables que les hétéro-attributions faites aux membres du groupe. L'individu attribue moins de compétences aux membres de son groupe qu'à lui-même, ce qui prouve l'existence d'un biais en faveur de soi additionné au biais intra-groupe. Ce biais est cependant pondéré par le statut du groupe auquel appartient l'individu et atténué lors du croisement de plusieurs catégories.

Références

Deaux, K., Emswiller, T. (1974). « Explanations of successful performance ou sex-linked tasks : what is skill for the male is luck for the female », *Journal of Personality and Social Psychology*, 29, 80-85.

Deschamps, J.C. (1977). *L'attribution et la catégorisation sociale.* Berne : Peter Lang.

Deschamps, J.C. (1982). Différenciation entre soi et autrui et entre groupes. In J.P. Codol, J.P. Leyens (Eds.), *Cognitive analysis of social behaviour.* The Hague : Martinus Nijhoff Publishers.

Doise, W. (1973). Relations et représentations entre groupes. In S. Moscovici (Ed.), *Introduction à la psychologie sociale*, Vol. 2. Paris : Larousse.

Doise, W., Deschamps, J.C., Meyer, G. (1978). The accentuation of intra-category similarities. In H. Tajfel (Ed.), *Differenciation between social groups*. Londres : Academic Press.

Lalljee, M. (1981). Attribution theory and the analys of explanation. In C. Antaki (Ed.), *The psychology of ordinary explanations of social behaviour.* London : Academic Press.

Moscovici, S. (1972). L'homme en interaction : machine à répondre ou machine à inférer. In S. Moscovici (Ed.), *Introduction à la psychologie sociale*, Vol.1. Paris : Larousse.

Taylor, D.M., & Jaggi, V. (1974). Ethnocentrism and causal attribution in a South Indian context, *Journal of Crossed-Cultural Psychology*, 5, 162-171.

FICHE 57 MESURES ET CONSÉQUENCES DES ATTRIBUTIONS

I - MESURES DES ATTRIBUTIONS

Les théoriciens de l'attribution mesurent aussi bien les dimensions causales décrivant les attributions que les inférences elles mêmes.

En général, les individus interrogés indiquent sur une échelle dans quelle mesure les attributions proposées expliquent l'action observée. Ils répondent par écrit à des questionnaires ou par voie orale lors d'entrevues avec l'expérimentateur.

A - Échelle de Weiner

Elle est principalement utilisée dans le cadre de l'accomplissement d'une tâche. Les personnes doivent indiquer de quelle manière les quatre facteurs causaux définis par Weiner (1979) selon les trois dimensions causales expliquent leur performance (fiche 47). Cette taxonomie peut servir à calculer un indice d'internalité qui se traduit par la somme des facteurs externes soustrait aux causes internes. Plus le total des points est élevé, plus les attributions du sujet sont dispositionnelles.

B - Causal Dimension Scale

Cette échelle comporte neuf énoncés qui permettent de mesurer chacune des dimensions causales définies par Weiner à savoir, la causalité, la stabilité et la contrôlabilité.

C - Attributional Style Questionnaire (ASQ)

Le style attributionnel permet de connaître la façon dont les individus expliquent les événements survenus dans divers domaines de leur vie selon les trois dimensions causales. Ce questionnaire indique comment les gens se comportent et expliquent certaines situations.

Mesurer les attributions revient à noter ou enregistrer les réponses de la personne, c'est-à-dire leurs pensées, sentiments et idées. Aucune liste d'explications n'est fournie à l'individu, ses attributions libres sont ensuite codées selon les trois dimensions causales.

II - THÉORIES ATTRIBUTIONNELLES

Les attributions émises peuvent avoir des conséquences sur les émotions, la motivation des personnes, leur adaptation psychologique et les réattributions.

A - ATTRIBUTION ET ÉMOTION

Les attributions jouent un rôle déterminant dans la production des émotions.

1. Théorie bifactorielle

Cette théorie de Schachter et Singer (1962) explique qu'une émotion résulte de la combinaison d'une activation physiologique (augmentation du rythme cardiaque, transpiration...) et des attributions de cette activation. Ces deux composantes sont les causes nécessaires et suffisantes de l'émotion. Schachter prétend que les attributions de l'activation sont souvent externes, mais cette affirmation est contestée. Il semble que l'utilisation de l'information sur soi est aussi importante que la prise en compte des éléments extérieurs.

2. Théorie cognitive de l'émotion

Valins (1966) reformule la **théorie bifactorielle** en précisant que l'activation physiologique n'est pas une cause nécessaire de la production d'émotion; ce qui importe c'est de croire qu'on est activé physiologiquement. Cette impression conduit à une recherche causale, ce qui aboutit à la formation d'une émotion. Cela dit, l'impression d'être activé peut parfois induire une véritable activation physiologique.

3. Théorie attributionnelle de Weiner (1978)

Cet auteur soutient que les attributions sont suffisantes à la production d'une émotion. Ces travaux qui s'inscrivent dans l'accomplissement d'une tâche montrent que les dimensions causales influent sur les émotions ressenties lors de la réussite et de l'échec. Weiner (1985) propose une séquence concernant la production des émotions : dans un premier temps, l'individu apprécie le résultat comme positif ou négatif puis ressent presque automatiquement une émotion générale positive ou négative selon la perception de la performance. Une appréciation plus approfondie de la situation conduit ensuite à une attribution précise qui produit une émotion plus spécifique. Ces attributions sont codées selon les trois dimensions causales qui mènent à des émotions encore plus stables que celles produites à la suite des attributions (ex. : estime de soi).

Tous les psychologues sociaux s'accordent sur le fait que les attributions peuvent produire une émotion, mais certains soutiennent que ces cognitions précèdent l'émotion, d'autres auteurs estiment que l'émotion apparaît en premier ou se produit en même temps que les attributions.

B - Attribution et motivation

Les attributions peuvent déterminer un comportement motivé dans une situation donnée.

1. Motivation à l'accomplissement

Cette théorie motivationnelle de Weiner (1986) s'inscrit dans une perspective « attente-valeur » où la motivation résulte des attentes envers l'objectif visé et la valeur accordée par l'individu à cet objectif. Weiner décrit une séquence motivationnelle selon laquelle la personne réalise une recherche causale et effectue des attributions de performance après avoir apprécié le résultat comme positif ou négatif. Ces attributions sont ensuite codées selon les trois dimensions causales qui conduisent à des conséquences psychologiques diverses.

La stabilité a des conséquences sur les attentes de la personne relatives à la performance future sur le même type de tâche. Le lieu de causalité (interne ou externe) influe sur les émotions reliées à l'estime personnelle ressentie après un succès ou un échec.

Les attentes envers la performance positive ou négative et les émotions ressenties conduisent à un comportement motivé.

Exemple : une personne qui explique son échec par un manque d'effort (cause interne, instable et contrôlable) ressent des émotions négatives et une faible estime de soi, mais ses attentes envers un échec futur sont faibles car elle sait qu'en modifiant son comportement, c'est-à-dire en produisant plus d'efforts, elle pourra atteindre un succès futur sur le même type de tâche.

2. Motivation intrinsèque

On parle de motivation intrinsèque lorsque l'individu participe à des activités telles que le sport ou la musique parce qu'il les trouve plaisantes. Cette motivation peut être réduite ou augmentée par l'intervention d'un élément extérieur telle qu'une récompense. La modification de cette motivation intrinsèque dépend de la perception qu'a la personne de ce facteur situationnel. Lorsque la personne n'effectue plus l'action pour le simple plaisir qu'elle procure mais pour la récompense, on observe un effet de **surjustification** qui se traduit par une démotivation intrinsèque.

C - ADAPTATION PSYCHOLOGIQUE

1. Attribution et résignation acquise

L'état de résignation acquise se produit lorsque l'individu sait qu'il ne peut pas maîtriser l'événement négatif qui se produit. La présence d'une situation non contingente conduit à la perception que cette situation est incontrôlable, mais ce sont les attributions de la non-contingence qui conduisent à des conséquences psychologiques néfastes qui caractérisent la résignation acquise. Soit l'individu effectue des attributions internes, stables et globales qui aboutissent à des attentes d'incontrôlabilité et à un faible sentiment d'estime personnelle pour les situations futures, soit il émet des attributions externes, instables et spécifiques qui réduisent la probabilité d'apparition des symptômes de résignation acquise lors des situations à venir. On peut souligner l'importance des attentes qui déterminent les sentiments positif ou de dépression.

En utilisant l'ASQ, on note que les conséquences psychologiques les plus négatives sont vécues par les personnes qui ont un style attributionnel interne, stable et global.

2. Excuses et conséquences psychologiques

De nombreux auteurs ont formulé l'hypothèse de l'existence d'un lien entre la santé mentale positive et une perception juste de la réalité, mais il semble que parfois, ce soit l'illusion qui favorise l'adaptation. Ces illusions positives résident dans l'utilisation d'excuses qui conduisent à un déplacement des attributions causales vers des sources extérieures. Justifier les résultats négatifs en utilisant des excuses revient à maintenir une image positive de soi et la perceptions d'un contrôle de la situation.

Références

Valins, S. (1966). Cognitive effects of false heart-rate feedback, *Journal of Personnality and Social Psychology*, 4, 400-408.

Schachter, S. (1964). The interaction of cognitive and physiological determinants of emotional state. In L. Berkowitz (Ed) *Advances in experimental social psychology* (vol. 1, p. 49-80). New York : Academic Press.

Weiner, B. (1986). *An attributional Theory of Motivation and Emotion*, Springer Verlag, New York.

Weiner, B. (1985b). An attributionnal theory of achievement motivation and emotion. *Psychological Review*, 92, 548-573.

FICHE 58 ATTRIBUTION ET ÉDUCATION

Les applications des théories de l'attribution dans le domaine de l'éducation sont nombreuses. Nous présentons ci-dessous quelques travaux portant sur les attributions de la réussite et de l'échec, chez les élèves et chez les enseigants.

I - NORME D'INTERNALITÉ ET ÉVALUATION CHEZ LES ENFANTS

Le Poultier fait l'hypothèse que les enfants qui privilégient les explications internes de l'échec utilisent davantage de critères évaluatifs pour rendre compte des différences entre les élèves de leur classe.

Afin de tester cette hypothèse expérimentalement, l'auteur réalise une pré-enquête auprès d'élèves de sixième qui révèle que ces enfants décrivent fréquemment les manifestations de l'échec scolaire par des phrases telles que : « être toujours puni », « ne pas faire ses devoirs », « redoubler »... À l'aide de ces réponses, l'expérimentateur construit deux questionnaires se rapportant à l'échec scolaire. Le premier questionnaire est composé de dix **comportements** jugés indésirables comme « arriver en retard », « bavarder »... et le second questionnaire comporte dix **événements** indésirables qui surviennent dans la vie scolaire : « recevoir des mauvaises notes », « être mis à la porte »...

Tous les élèves interrogés doivent répondre aux deux questionnaires. Leur tâche consiste à choisir parmi deux explications celle qui leur semble expliquer adéquatement le comportement et l'événement décrit. En d'autres termes, pour chacun des dix comportements et des dix événements, chaque élève doit choisir une explication interne (ex. : « ne pas être sérieux ») ou externe (ex. : « être poussé par les autres »). Après avoir répondu à ces deux questionnaires, l'expérimentateur demande aux enfants de classer les élèves de la classe en catégories. Chaque élève reçoit une enveloppe contenant autant de morceaux de carton qu'il y a d'élèves dans la classe. Sur chaque carton est inscrit le nom d'un enfant et les élèves doivent former des groupes en répartissant chaque camarade. Avant de débuter ce classement, chaque élève doit retirer le carton portant son nom, cette mesure permet d'éviter des biais tels qu'une répartition par affinité. Tous les élèves peuvent constituer autant de groupes qu'ils le souhaitent, mais doivent expliquer à l'expérimentateur la façon dont ils ont procédé pour réaliser ces catégories.

Les résultats correspondent au calcul de trois scores : le score interne/externe sur les explications de comportements, le score interne/externe sur les explications de renforcements et le nombre de catégories construites par rapport à des critères évaluatifs et descriptifs. On observe que les enfants qui privilégient des causes internes dans le questionnaire portant sur les comportements ont tendance à choisir des facteurs internes pour expliquer les renforcements. En ce qui concerne la catégorisation des élèves de la classe, les résultats montrent que les enfants choisissent soit des critères évaluatifs, soit des critères descriptifs, mais rarement les deux. Les élèves utilisant des catégories évaluatives ont plus tendance à expliquer les comportements et renforcements indésirables (échec) en termes de facteurs internes que les enfants utilisant des catégories descriptives.

Le Poultier explique ces résultats par l'étroite relation existant entre l'évaluation et la norme d'internalité. La tendance à surestimer les facteurs internes, donc la responsabilité personnelle, est la conséquence d'un apprentissage normatif.

II - EXPLICATIONS DE LA RÉUSSITE ET DE L'ÉCHEC CHEZ LES ENSEIGNANTS

Monteil, Bavent et Lacassagne (1986) rapportent que les enseignants ont également tendance à surestimer l'importance des facteurs internes dans l'explication de l'échec scolaire. Plus précisément, les auteurs observent un décalage entre des explications publiques (les enseignants pensent que leurs réponses seront publiées dans un journal d'une fédération de parents d'élèves) et des explications privées (pas de publication annoncée). Les enseignants en condition « publique » ont tendance à donner des explications de l'échec plus externes (le milieu social) que les enseignants en condition « privée » (les capacités des élèves).

Dans une étude portant sur la façon dont les enseignants expliquent la réussite et l'échec de leurs élèves, Gosling (1992) montre une perception asymétrique (appelée sujet/objet) de la réussite et de l'échec chez les enseignants : alors que l'élève qui réussit est perçu comme une personne, dans ses dimensions psychologiques internes (personnalité, capacités), et en relation avec les enseignants, l'élève qui échoue est perçu de façon anonyme, à travers la représentation générale des causes de l'échec scolaire (manque d'effort, milieu social, programmes, effectifs). Alors que la responsabilité de l'enseignant est évoquée pour la réussite, les enseignants rejettent clairement celle de l'échec. De plus, alors que l'élève idéal est celui qui réussit de façon moyenne, laissant une place à la pédagogie du maître, l'élève type est celui qui échoue. Enfin, de même que dans l'étude précédente, les enseignants qui acceptent de donner leur nom pour un entretien ultérieur sont plus externes dans leurs explications de l'échec que ceux qui refusent.

Ces travaux montrent l'importance des explications quotidiennes dans nos représentations. En particulier, les explications que nous utilisons dans la vie de tous les jours ont fréquemment un rôle de justification de nos comportements par rapport aux normes sociales. Les explications sont ainsi à l'interface du comportement individuel et de la norme sociale, au cœur de l'articulation entre l'individu et la société.

Références

Gosling, P. (1992). *Qui est responsable de l'échec scolaire ?* Paris : Presses Universitaires de France.

Le Poultier, F. (1986). Acquisition de la norme d'internalité et activité évaluative. In J. L. Beauvois, R.V. Joule, J.M. Monteil (1987). *Représentations et processus sociocognitifs, Perspectives cognitives et conduites sociales*, tome 2. DelVal.

Moteil, J.M., Bavent, L., & Lacassagne, M.F. (1986). Attribution et mobilisation d'une appartenance idéologique : un effet poly-doxique. In J.L. Beauvois (Ed.), *Recherches sur la psychologie de tous les jours, Psychologie Française*, 31, 2, 115-121.

TITRE III

PERCEVOIR ET INTERAGIR AVEC AUTRUI

Chapitre 1

Percevoir autrui

Chapitre 2

Les relations interpersonnelles

FICHE 59 PERCEPTION DES OBJETS ET DES PERSONNES

La perception est à la base de la compréhension, de l'explication, de la prédiction et du contrôle de nos interactions sociales. Nos impressions et jugements dépendent de la façon dont nous percevons notre environnement physique et social.

I - MODÈLE DE BRUNSWIK

Le modèle de la lentille (*lens model*) élaboré par Brunswik (1956) correspond à la perception d'un objet inanimé. Cet auteur rapporte que les objets et les personnes sont perçues différemment.

A - Définition

Les objets physiques et les situations sociales sont ressentis par l'individu grâce à des récepteurs sensoriels. Brunswik soutient l'idée que la perception des objets est issue d'un traitement limité de l'information et d'une capacité d'attention limitée et sélective. En d'autres termes, la perception d'un objet peut conduire à des impressions et jugements sans qu'il y ait un travail cognitif coûteux, c'est-à-dire une recherche d'informations approfondie.

Cet auteur rapporte que s'il existe des différences entre la perception des objets et des personnes, elles résident dans nos interprétations des situations physiques et sociales et dans les informations provenant de la cible. Cette source d'informations est stable pour les objets physiques alors qu'elle est dynamique en ce qui concerne les personnes. Cela signifie que la perception d'un objet demeure stable quelle que soit la situation, alors que la perception des personnes et les interprétations qui en découlent varient selon le contexte dans lequel autrui effectue l'action. On parle dans ce cas de perception active.

B - Notion de stabilité

Même si la perception des personnes est qualifiée d'active, il semble que cette perception une fois établie soit semblable à la perception des objets, c'est-à-dire relativement stable et difficile à modifier. Exemple : une table est une table et une personne perçue comme généreuse est souvent qualifiée de personne généreuse.

En ce qui concene la perception des personnes, la stabilité est facilitée par trois facteurs :

- la perception des personnes est invariante dans la mesure où elle se base sur des indices stables tels que l'apparence physique, le langage... L'invariance de cette perception des personnes peut conduire à la formation de **stéréotypes** (fiche 62);
- la classification des personnes selon des catégories ou caractéristiques stables (qualités physiques ou morales, classes socioprofessionnelle...) facilite également une stabilité de la perception d'autrui;
- la perception des personnes comme celle des objets s'inscrit dans un contexte stable, cohérent, c'est-à-dire une suite d'événements logiques. Exemple : une personne qui entre dans une boulangerie va acheter du pain.

La perception des objets et des personnes serait donc similaire dans la mesure où elle est stable, seules nos interprétations diffèrent car elles sont actives, c'est-à-dire qu'elles varient selon la personne qui perçoit et le contexte.

II - DIFFÉRENCES DE PERCEPTION

Fiske et Taylor (1991) soutiennent qu'il existe des différences entre la perception des objets et des personnes. Les individus traitent différemment les informations disponibles selon qu'ils perçoivent des objets ou des personnes.

Fiske et Taylor répertorient plusieurs observations qui conduisent à penser que la perception des personnes est plus complexe et radicalement différente de celle des objets physiques. Ils soulignent que les personnes changent plus que les objets avec le temps et les circonstances. De plus, une personne peut être différente selon le contexte contrairement à un objet. Fiske et Taylor insistent également sur le fait que nos perceptions peuvent être manipulées par autrui et que les cibles de perception sont aussi les « percevants » de nous-mêmes, ce qui signifie qu'il existe une perception mutuelle. Enfin, la personne est plus complexe que l'objet physique, ce qui sous-entend que la perception sociale est plus approximative que celle des objets.

Référence

Brunswik, E. (1956). *Perception and the representation design of psychological experiments*, University of California Press, Berkeley.

FICHE 60

LA MÉMOIRE DES PERSONNES

La psychologie sociale cognitive s'est intéressée à la manière dont est organisée en mémoire l'information sur autrui, ses traits de personnalité et ses conduites. Ces recherches ont permis de distinguer différents types et différentes sources d'information à propos des personnes. En fonction de ces caractéristiques, les données ne sont pas stockées et rappelées de la même façon.

I - PLUSIEURS SOURCES D'INFORMATIONS

A - L'OBSERVATION DES CONDUITES

L'interaction avec autrui, ainsi que l'observation d'autrui en interaction, nous donnent des informations à la fois **descriptives** et **évaluatives.** De plus, des inférences sont faites quant à l'association de plusieurs traits (Rosenberg & Sedlak, 1972). Pour Ebbesen (1980), l'information tirée de l'observation d'une séquence n'est pas codée de la même façon selon l'objectif de l'observateur. Quand un individu cherche à se construire une impression de la personnalité d'un autre, il semblerait qu'il encode l'information sous forme abstraite et de manière sémantique, en lui assignant une catégorie générale. Par contre, quand une personne cherche à mémoriser ce qu'un autrui a fait, l'information en mémoire serait plus concrète et de nature épisodique (Cohen & Ebbesen, 1979; Wyer *et al.*, 1984).

B - L'INFORMATION VERBALE

L'information sur les gens provient aussi des communications orales et écrites. Elle prend ici la forme de descriptions verbales des conduites, des capacités et des caractéristiques personnelles d'une personne. Le stockage de l'information sur les traits et les conduites se fait sous la forme d'un réseau de **mémoire sémantique** (Anderson & Bower, 1973; Srull, 1981). Dans ce modèle, un concept central (la personne), représenté par un nœud, est connecté à d'autres nœuds représentant les traits et conduites de cet individu. À partir de ce modèle, plusieurs structures sont possibles :

- les conduites peuvent être traduites en traits et intégrées dans une représentation générale de la personne;

- une personne peut aussi être représentée en mémoire comme une collection de conduites se produisant dans des situations particulières;
- les conduites peuvent être associées entre elles en mémoire selon leur lien sémantique;
- des ensembles de conduites peuvent être stockés en mémoire comme des unités séparées, sans nécessairement correspondre à une impression générale de la personne.

II - PLUSIEURS TYPES D'INFORMATIONS

A - SUR LES TRAITS DE PERSONNALITÉ

Deux modèles tentent d'expliquer comment l'information sur les traits de personnalité est organisée en mémoire.

Selon le premier (Cantor & Mischel, 1979), on utiliserait des **prototypes** comme base d'organisation. Ainsi, lorsque l'information à propos d'une personne pourrait être rapprochée d'un type particulier d'individu, un prototype serait activé, ce qui rendrait possible des inférences sur la personne en question. Au niveau empirique, les résultats sont ambigus.

Pour le second modèle (Hartwick, 1979), les sujets qui cherchent à se former une impression générale de la personne, vont organiser l'information autour d'un concept **évaluatif**, autour d'une représentation générale de la personne décrite. Leur attention va donc se focaliser sur les informations de type évaluatif.

B - SUR LES CONDUITES

Deux expériences peuvent nous aider à mieux comprendre comment l'information sur les conduites des gens est traitée en mémoire.

Hamilton, Katz et Leirer (1980) présentaient une série de conduites à des sujets. À un groupe, on demandait d'utiliser ces informations pour se former une impression de la personne, tandis qu'à un autre groupe, on présentait cette première phase comme un exercice de mémorisation. Tous les sujets font ensuite une tâche de rappel. Les résultats montrent une meilleure mémorisation dans le groupe « formation d'impression ». Wyer et Gordon (1982), dans une expérience très proche, ont démontré que les sujets de cette condition ne se rappellent pas davantage des adjectifs ou traits utilisés pour présenter la personne.

Ces recherches amènent à penser que le fait de demander aux sujets de se former une impression les stimule à rechercher « les implications sémantiques de l'information, et donc à associer les conduites avec les traits qu'ils illustrent » (Wyer & Srull, 1984).

III - LE MODÈLE DES SCHÉMAS

A - PRÉSENTATION

Un schéma peut être défini comme un modèle de représentation des concepts stockés en mémoire. Il s'agit donc d'un ensemble structuré de connaissances stockées en mémoire. Les schémas jouent un rôle sur l'attention, sur l'encodage et sur le rappel des informations. Notamment, une information congruente avec le schéma est plus facilement traitée, et mieux rappelée. Rothbart *et al.* (1979) ont étudié la fonction de ce type d'organisation des connaissances lors de l'encodage des informations. Avant de décrire les comportements d'un homme, on faisait une présentation générale de celui-ci à des sujets. Les résultats montrent un meilleur rappel des comportements conformes à l'attente des sujets.

B - LE CAS DES INFORMATIONS NON CONFORMES

Quand on essaie de se donner une impression générale d'une personne, des informations nouvelles peuvent ne pas répondre aux attentes sur cette personne, ou même se montrer contradictoires. On peut alors s'interroger sur la façon dont sont traitées ces informations non conformes. Certaines études (Hastie, 1980; Stern *et al.*, 1984) vont dans le sens d'un meilleur rappel de ces informations. Elles nécessiteraient un travail plus important lors de l'encodage et seraient alors mieux mémorisées.

Il semble cependant difficile de conclure dans ce sens du fait de résultats non concordants où l'information conforme est mieux rappelée.

C - DES DIFFÉRENCES SELON LES OBJECTIFS

L'objectif que le sujet se fixe lors du traitement est un des facteurs qui influent sur la mémorisation des informations sur les personnes. Ainsi, en fonction du but, les données ne seront pas encodées de la même façon.

Comme on l'a vu plus tôt, les sujets qui doivent se former une impression d'une personne se rappellent plus d'items que ceux qui doivent effectuer une tâche de mémorisation.

D'autre part, une interaction anticipée favorise le rappel. Le fait que les sujets soient amenés à rencontrer la personne en question les engage davantage et conduit à un traitement plus complexe.

Enfin, l'**empathie** avec la personne conduit à une meilleure mémorisation : « l'empathie est un but relativement engageant qui semblerait améliorer le rappel de l'information cible grâce à l'encodage complexe de l'information qui en résulte » (Pendry, Macrae, & Hewstone, 1994).

Références

Moscovici, S. (1994). *Psychologie sociale des relations à autrui.* Paris : Nathan.

Wyer, R.S., & Srull, T.K. (1984). *Handbook of social cognition*, 1. Hillsdale, N.J. : Erlbaum.

FICHE 61 FORMATION D'IMPRESSIONS : MODÈLES CLASSIQUES

Les travaux relatifs à la formation des impressions portent sur la manière dont nous nous formons des impressions sur les autres personnes. Asch (1946) a présenté deux modèles théoriques, désormais classiques : le « modèle de la configuration » et le « modèle algébrique ».

I - MODÈLE DE LA CONFIGURATION

A - Définition

Fortement influencé par « la théorie de la forme » (Gestalt-théorie), Asch (1946) propose que l'impression globale que l'on se forme sur une personne dépend de l'ensemble des caractéristiques que l'on perçoit et que l'on organise dans une structure particulière. C'est cette organisation qui produit l'impression. L'impression n'est pas réductible à la somme des éléments (des caractéristiques) qui la composent.

B - Expérimentation

Par exemple, dans l'une des expériences conduites par Asch, celui-ci présentait aux sujets une liste de caractéristiques censées décrire une personne en leur demandant de se former une impression sur celle-ci. Les listes présentées aux sujets différaient au niveau de l'une des sept caractéristiques présentées. Dans une condition, les caractéristiques étaient : intelligent, habile, travailleur, chaleureux, déterminé, pratique, prudent. Dans l'autre condition, le terme « chaleureux » était remplacé par « froid ».

Les sujets recevaient ensuite une liste de 18 couples de caractéristiques antinomiques (ex. : généreux-égoïste; irritable-de bonne nature; fort-faible). On leur demandait alors de choisir, pour chaque couple, la caractéristique qui leur paraissait s'accorder le mieux à leur impression.

Les sujets confrontés à une cible chaleureuse ont exprimé une impression beaucoup plus positive à l'égard de celle-ci que les sujets confrontés à une cible « froide ». En effet, 91 % des premiers ont choisi le terme « généreux » (versus « égoïste »), 84 % ont choisi le terme « sociable » (versus « insociable »), et 86 % ont choisi le terme « humain » (versus « cruel ») contre 8 %, 38 %, et 31 % respectivement, pour les sujets confrontés à une cible « froide ». Par conséquent, une modification au niveau de l'un des termes peut entraîner une profonde modification de l'impression globale.

C - Caractéristiques centrales et périphériques

Selon Asch, ce résultat est dû au caractère central du trait manipulé. Les **caractéristiques centrales** sont celles qui guident l'impression des sujets. Une caractéristique centrale peut modifier le sens attribué aux autres caractéristiques. Par exemple, le terme « déterminé » peut être compris dans le sens de « persévérant » ou « combatif » lorsqu'il est associé à « chaleureux », alors qu'il peut être compris dans le sens de « sans scrupule » lorsqu'il est associé à « froid ».

Les caractéristiques centrales sont opposées aux **caractéristiques périphériques.** Ces dernières ont peu d'influence sur l'impression globale. Par exemple, dans une expérience, Asch a fait varier la dimension « poli/franc » selon les conditions. Il a constaté que les différences entre les impressions globales des deux groupes de sujets étaient beaucoup moins contrastées que lorsqu'il faisait varier la dimension « chaleureux/froid ».

Selon Asch, le caractère central ou périphérique d'une caractéristique dépend directement de l'ensemble des caractéristiques que reçoit le sujet pour former son impression. Par exemple, nous avons vu que la caractéristique « chaleureuse » peut guider l'impression et permettre l'organisation d'une structure. Toutefois, le sens de cette caractéristique sera quelquefois déterminé par une autre caractéristique (plus) centrale (Asch, 1946; exp. 4).

En résumé, Asch soutient que :

- les individus se forment une impression globale sur les personnes, même lorsqu'elles ne possèdent que très peu d'informations sur celles-ci;
- lorsque deux caractéristiques sont perçues comme appartenant à une même personne, elles cessent d'exister comme des caractéristiques indépendantes isolées et entrent dans une interaction dynamique immédiate. Un système cohérent est constitué, dans lequel ces différentes caractéristiques pourront co-exister (quitte à modifier le sens de certaines caractéristiques);
- au cours de l'organisation des caractéristiques à l'intérieur d'une structure cohérente, certaines caractéristiques s'avèrent centrales et d'autres périphériques. Le « poids » de chaque caractéristique est déterminé par le système global des relations;
- une modification au niveau d'une caractéristique peut entraîner une modification de l'ensemble de la structure et, par conséquent, altérer

un certain nombre de caractéristiques, voire toutes, selon la centralité de la caractéristique modifiée;

- une contradiction entre les caractéristiques (par exemple : intelligent et stupide) amène les sujets à traiter l'information de manière plus attentive de façon à trouver une organisation qui permette d'éviter cette contradiction. Elle peut aussi conduire les sujets à penser qu'il est impossible de se former une impression globale de cette personne.

II - MODÈLES ALGÉBRIQUES

Les modèles algébriques de la formation des impressions ont été envisagés par Asch (1946). C'est toutefois à Anderson (1974) que l'on doit l'exploration de ceux-ci.

A - Définition

Ces modèles proposent que l'impression globale que l'on se forme d'une personne est une fonction mathématique des différentes caractéristiques. Selon Anderson, l'impression générale (positive ou négative) que l'on a d'une personne serait fonction de la moyenne de la valence des caractéristiques, pondérée par le poids respectif de chacune des caractéristiques aux yeux du perceveur.

B - Illustration

Considérons un chef d'entreprise qui doit engager une secrétaire et qui a le choix entre deux candidates (Leyens, 1983). L'une est bonne secrétaire (valence = 10/10) alors que la seconde l'est moins (valence = 5/10) mais possède un physique superbe (10/10). Selon le modèle d'Anderson, le chef d'entreprise devrait engager la première candidate plutôt que la seconde (10/1 = 10 > (10 + 5)/2 = 7,5).

Toutefois, dans cet exemple, le poids de chaque caractéristique est identique. Considérons maintenant le cas d'une candidate assez bonne secrétaire (8/10) et physiquement peu attractive (4/10), opposée à une candidate moins bonne secrétaire (5/10) mais physiquement attractive (7/10). Le choix du chef d'entreprise sera plus difficile puisque : (8 + 4)/2 = (5 + 7)/2 = 6. Par conséquent, le choix de la candidate sera fonction du poids attribué par le chef d'entreprise à chaque caractéristique :

- si celui-ci n'accorde que peu d'importance au physique de sa secrétaire, il choisira probablement la première candidate (8/10 x 3/4 + 4 x 1/4 = 7) plutôt que la seconde (5/10 x 3/4 + 7/10 x 1/4 = 5,5);

– dans le cas contraire, la secrétaire la plus attractive pourrait être choisie (5 x 1/4 + 7 x 3/4 = 6,5) plutôt que la première (8 x 1/4 + 4 x 3/4 = 5).

Selon Anderson, le poids d'une caractéristique est aussi déterminé par le rang de cette caractéristique dans la présentation de la cible. Les caractéristiques présentées en début de liste auront un poids plus important dans l'impression globale que celles présentées en fin de liste (*cf.* Anderson, 1965). Cet effet est appelé « effet de primauté ».

Références

Anderson, N.H. (1974). Cognitive algebra : Integration theory applied to social attribution. In L. Berkowitz (Ed.), *Advances in Experimental Social Psychology* (vol. 7, pp. 1-101). New York : Academic Press.

Asch, S.E. (1946). Forming impressions of personality. *Journal of Abnormal and Social Psychology*, 41, 258-290.

Leyens, J.-Ph. (1983). *Sommes-nous tous des psychologues ?* Liège : Mardaga.

▶ Voir fiche 62.

FICHE 62 LA FORMATION DES IMPRESSIONS : MODÈLES RÉCENTS

Se former une impression d'autrui est une activité de connaissance d'une importance capitale. Nous explorons notre environnement humain en pensant que nous interagirons avec lui et lui avec nous. Les informations que nous traitons au cours du processus de formation des impressions sont les attributs des personnes : couleur de la peau, sexe, âge, expressions, réactions en situation d'interaction, etc. La palette d'attributs sur laquelle nous fondons nos impressions est d'une grande diversité, mais au quotidien, le temps et l'intérêt nous manquent pour en exploiter pleinement les richesses et les nuances.

I - MODÈLE DU CONTINUUM DE FORMATION DES IMPRESSIONS

Ce modèle initialement proposé par Fiske et Pavelchak (1986) et affiné par Fiske et Neuberg (1990) a pour but de décrire les processus aboutissant à la formation des impressions. Il précise la structure ainsi que les facteurs modulant ces processus. Enfin, il propose un critère de classement des impressions formées.

D'après ce modèle, l'individu se formerait une impression d'autrui en suivant différents processus. Le facteur permettant de distinguer ces processus serait le degré auquel ils se fondent sur les attributs particuliers (comportements, paroles, attitudes posturales, etc.) de la personne jugée. Définir ces processus revient donc à les placer le long d'un continuum rendant compte de l'utilisation et de la place plus ou moins importantes que nous accordons aux attributs spécifiques des personnes que nous jugeons. À l'une des extrémités de ce continuum se trouveraient les processus exclusivement fondés sur les catégories. Ils produiront une image de la cible en tant que représentante d'une ou de plusieurs catégories sociales (ethnique, culturelle, sexuelle, etc...). À l'autre extrémité, se trouveraient les processus de jugements dit individualisants s'alimentant exclusivement des attributs spécifiques à la personne jugée. Entre ces deux extrêmes se placeraient des processus mixtes fondés sur les attributs catégoriels et sur les attributs spécifiques.

Les attributs de la personne nous fournissent un moyen de la catégoriser, c'est-à-dire de réduire sa définition à un ou à quelques attributs. La contrepartie à cette simplification est que nos jugements sont altérés par les stéréotypes et les préjugés associés à ces catégories, et que nous occultons les informations distinctives de la personne. Pour ces raisons et pour d'autres, il arrive, selon les auteurs, 1) que nous jugions nécessaire de confirmer notre catégorisation initiale, 2) que les gens que nous observons ne puissent être assimilés que de façon très imparfaite ou pas du tout à une catégorie, ou bien, enfin, 3) que nous jugions important, en regard de nos buts, d'aller au-delà des informations que la catégorisation nous fournit. Dans le premier cas, nous tenterons de confirmer que le critère de catégorisation que nous employons est adapté pour décrire la personne. Dans le second cas de figure, nous essaierons de recatégoriser la personne, ou de la placer dans une sous-catégorie qui nous permettra de conserver l'empreinte de ses attributs catégoriels sur nos impressions. Enfin, dans le dernier cas, nous porterons notre attention sur toutes les informations dont nous disposons sur cette personne, nous les intégrerons et les organiserons pas à pas au sein d'une représentation unique.

Le modèle de Fiske et Neuberg (1990) repose sur cinq prémisses.

Prémisse 1 : les processus basés sur les catégories ont la priorité sur les traitements fondés sur les attributs particuliers à la personne jugée. Autrement dit, la première étape dans la formation des impressions est la **catégorisation**. Le « juge » s'intéresse aux informations lui permettant d'inférer l'appartenance de la cible à une catégorie d'individus. Ce travail a toujours lieu. L'ordre dans lequel sont effectuées les étapes suivantes est : confirmation de la catégorisation, recatégorisation (ou catégorisation dans une sous-catégorie) et enfin intégration pas à pas des différents attributs.

Prémisse 2 : notre progression le long du continuum de formation des impressions dépend de la facilité avec laquelle nous pouvons interpréter les attributs de la cible comme correspondant aux catégories qui nous sont accessibles en mémoire. Si les attributs que nous traitons en premier lieu ne nous permettent pas ou difficilement d'établir une telle correspondance nous passons immédiatement à l'étape suivante, à savoir, la **recatégorisation**. Notre incapacité à obtenir un résultat à la fin de cette étape nous conduirait à la suivante, c'est-à-dire à intégrer pas à pas les attributs particuliers de la cible.

Prémisse 3 : l'attention que nous portons aux attributs particuliers de la cible détermine la nature de l'impression que nous nous formons d'elle. Si nous prêtons peu d'attention à ces attributs, notre impression repose sur les **attributs catégoriels** de la cible.

Prémisse 4 : les motivations influent sur le cours du processus de formation des impressions. Les auteurs se sont plus particulièrement penchés sur l'impact des motivations d'un sujet inséré dans des structures d'**interdépendance**, définissant donc, des relations d'interdépendance, de pouvoir, de coopération ou de compétition. Ils prennent l'exemple d'une personne devant brosser à son patron le portrait d'un employé pris à l'essai et dont il est question qu'il soit embauché définitivement. Le but du juge est de gagner l'approbation de son patron en s'acquittant au mieux de sa mission, qui est de lui fournir un portrait lui permettant de prendre une décision valide. Il cherche la précision et donc des informations individualisantes concernant l'employé. Ses motivations, et partant, le portrait qu'il brosse de l'employé varient également en fonction du fait qu'il est en relation de compétition ou de coopération avec lui pour le poste.

Prémisse 5 : l'impact des motivations sur le processus de formation des impressions est médiatisé par l'**attention** et les **réponses interprétatives** du « juge ». Les buts qu'il se fixe déterminent la quantité d'attention qu'il porte aux informations, ainsi que la façon dont il les interprète.

II - MODÈLE DE PROCESSUS DUAL DE FORMATION DES IMPRESSIONS

Ce modèle concurrent de celui de Fiske et Neuberg (1990) a été proposé par Brewer (1988).

Le processus de formation des impressions comprendrait 4 étapes organisées de manière séquentielle et correspondant à des traitements cognitifs qualitativement distincts. Une étape n'aura lieu qu'à la condition que l'étape précédente ait également eu lieu. La continuité du processus ainsi que les stratégies de traitement de l'information adoptées sont soumises aux motivations du « juge ». Ce modèle s'enrichit de deux distinctions l'une concernant la nature des structures de connaissance qui seront activées et dans lesquelles les informations recueillies seront conservées, et l'autre, concernant la nature automatique et inconsciente ou contrôlée et volontaire des traitements effectués.

Première étape : l'étape d'**identification**. Il s'agit pour le « juge » de placer la personne stimulus sur diverses dimensions telles que le sexe, l'âge, la couleur de la peau, etc. Ces dimensions sont utilisées de manière automatique et inconsciente. Si le « juge » considère la personne stimulus comme utile à la satisfaction de ses besoins ou à la réalisation de ses buts, il passe à l'étape suivante. Si la cible apparaît au « juge » comme n'étant d'aucune utilité, le processus de formation d'impression s'interrompt. Dans le premier cas, un second aiguillage détermine quel type de traitement sera effectué ultérieurement. Première voie, si la personne stimulus implique personnellement le juge (s'il se pense étroitement lié à elle, s'il pense être en relation d'interdépendance avec elle ou que la tâche de jugement dans laquelle il est engagé à des implications personnelles), les traitements effectués porteront sur les attributs particuliers à la cible, sinon, seconde voie, ils porteront sur ses attributs catégoriels.

Dans le premier cas de figure, l'étape suivante sera ce que l'auteur appelle l'étape de personnalisation. Dans le second cas de figure, le juge effectuera un « typage » (*typing*) de la cible.

- Le **typage** : le juge isole quelques-unes des caractéristiques saillantes de la cible, construit une sorte de portrait, dont il cherche à savoir s'il correspond au prototype de l'une des catégories sociales qui lui sont accessibles et qui ont été activées par les caractéristiques de la cible ou de la situation. L'auteur postule que les structures de connaissances activées (les prototypes) ou élaborées (le portrait) sont de nature visuelle. Prenons un exemple : le sujet voit, dans un hôpital, une femme d'une quarantaine d'année, vêtue d'une blouse blanche et portant des lunettes. Le fait que le sujet soit dans un hôpital et que la femme porte une blouse blanche activent la catégorie « personnel hospitalier ». Ceci étant acquis, le sujet tente de décider si le portrait de la femme correspond au prototype de l'infirmière ou bien à celui du médecin.

Admettons qu'il ait appris que cette femme est médecin, mais qu'un certain nombre d'indices comportementaux ou langagiers soient inconsistants ou incompatibles avec le prototype qu'il a du médecin. Le sujet se verra dans l'obligation soit de modifier son prototype soit, solution plus économique sur le plan cognitif, de créer à l'intérieur de la catégorie médecin, une sous-catégorie dont les attributs correspondent aux caractéristiques de la personne stimulus.

Les opérations cognitives résultant d'incompatibilité ou d'inconsistance entre les attributs des membres de la catégorie choisie et les attributs de la personne stimulus renvoient à ce que Brewer appelle l'**individuation**. Il s'agit de considérer la cible comme un exemplaire particulier d'une catégorie ou comme le représentant d'une nouvelle catégorie.

- La **personnalisation** : dans ce second type de processus, les appartenances catégorielles ne sont plus considérées comme des classes mais comme des traits. Autrement dit, il ne s'agit plus de réduire la définition de la cible à son appartenance à une ou quelques-unes de ses classes, mais de multiplier les éléments de définition. Ces derniers sont organisés en schémas et en réseaux de propositions. Ces opérations cognitives ont donc le langage comme support.

FICHE 63

LA FORMATION DES IMPRESSIONS : ILLUSTRATION

Le modèle du continuum de formation des impressions (Fiske & Neuberg, 1990; *cf.* fiche 62) suscite un fort intérêt dans les recherches sur la perception sociale (*cf.* Pendry, Macrae & Hewstone, 1994). Une simple expérience ne permettrait pas de tester l'ensemble des propositions de ce modèle, nous allons toutefois présenter une recherche qui porte sur certains de ses aspects centraux (Neuberg & Fiske, 1987). À savoir, que l'impression première que l'on se forme sur une personne est basée sur les catégories disponibles, mais que la motivation peut amener les sujets à porter plus d'attention aux attributs, aux caractéristiques disponibles et les conduire ainsi à se former une impression plus individualisée de la cible.

I - SITUATION

Imaginons la situation suivante : lors des travaux dirigés de psychologie sociale, l'enseignant vous demande de réaliser un « dossier » avec un certain « Franck ». Ce dossier compte pour une part importante dans la note finale que vous obtiendrez dans cette matière, et vous n'avez aucun moyen de vous soustraire à cette coopération. Vous vous souvenez alors que certaines rumeurs ont couru sur Franck. On vous a dit qu'il avait été hospitalisé quelques temps et qu'il avait eu dans le passé un comportement très étrange. Vous estimez qu'il pourrait bien souffrir de schizophrénie. Bien qu'il ne s'agisse là que de rumeurs, vous vous sentez anxieux d'être évalué sur la base d'une coopération avec un individu qui pourrait présenter de ce fait des conduites inquiétantes et se montrer particulièrement imprévisible. Quelle sera votre impression sur cette personne?

II - HYPOTHÈSES

Selon le modèle du continuum de formation d'impressions, la motivation liée au résultat (*outcome dependency*) devrait inciter une personne dans cette situation à attribuer plus d'attention aux caractéristiques de Franck, et par conséquent à moins tenir compte du fait qu'il est catégorisé comme schizophrénique.

De la même manière, la découverte d'éléments en désaccord avec la catégorisation initiale (« schizophrénique ») devrait motiver la personne à ne pas utiliser la catégorie disponible.

III - EXPÉRIMENTATION

Neuberg & Fiske (1987, exp. 1) ont demandé à des sujets de participer à une recherche portant sur les effets thérapeutiques, au niveau de la santé mentale, de l'interaction avec des étudiants. Dans ce cadre, les étudiants s'attendaient à coopérer avec un patient d'un institut psychiatrique pour tenter de réaliser certaines tâches.

Pour une partie des sujets, on expliquait qu'un prix de 20$ serait donné à chacun des membres de la dyade qui réaliserait les meilleures performances (« dépendance au résultat »). On s'attendait ici à ce que l'augmentation de la dépendance au résultat motive les sujets à être attentifs aux attributs de leur partenaire, et donc que leur jugement sur la cible soit moins affecté par la catégorie disponible. Pour l'autre partie, on disait aux sujets qu'un prix de 20$ serait accordé à un étudiant et à un patient en fonction de leur propre contribution (non-dépendance au résultat).

On expliquait ensuite aux sujets que « si Frank n'est pas encore dans la pièce, c'est que ces situations peuvent être assez difficiles pour lui. Après tout, ces patients ont été hospitalisés pendant relativement longtemps pour des problèmes médicaux assez graves. Frank, par exemple, a été admis à St Mary il y a à peu près un an pour schizophrénie ». (Un pré-test avait permis d'établir que les sujets dits schizophréniques étaient généralement jugés négativement par les étudiants.)

De manière à rendre l'interaction plus agréable et moins difficile, l'expérimentateur expliquait que chaque participant allait donner par écrit des éléments personnels sur lui-même à son futur partenaire. Après avoir rédigé leur propre profil, les sujets recevaient ensuite un profil censé avoir été écrit par Frank. Pour une partie des sujets, ce profil n'était ni consistant ni inconsistant avec les attentes liées à la schizophrénie (condition « neutre »); pour l'autre partie, il était positif et donc en contradiction avec le label négatif de « schizophrénique » (condition « inconsistante »). Dans ce dernier cas, on s'attendait à ce que les sujets ne puissent pas utiliser la catégorie de schizophrénique et qu'ils jugent la cible de manière plus individualisée.

On donnait enfin un questionnaire aux sujets en leur demandant dans quelle mesure ils pensaient que Frank était sympathique (1 = pas du tout sympathique; 15 = extrêmement sympathique).

Les résultats (figure 1) indiquent que la catégorie (schizophrénique) a un impact plus important sur l'impression lorsque les sujets ne sont pas motivés et que le profil est neutre (impression basée sur la catégorie; *cf.* deuxième histogramme). La dépendance au résultat réduit l'impact de cette catégorisation (premier histogramme). Enfin, lorsque le profil est inconsistant avec la catégorie disponible (histogrammes de droite), les sujets prennent encore moins en compte, dans leur jugement, la catégorie disponible.

Figure 1 - Évaluation du degré de sympathie de la cible en fonction de la dépendance au résultat et du type de profil reçu (neutre versus inconsistant avec la catégorie disponible), d'après Neuberg *et al.* (1987, exp. 1)

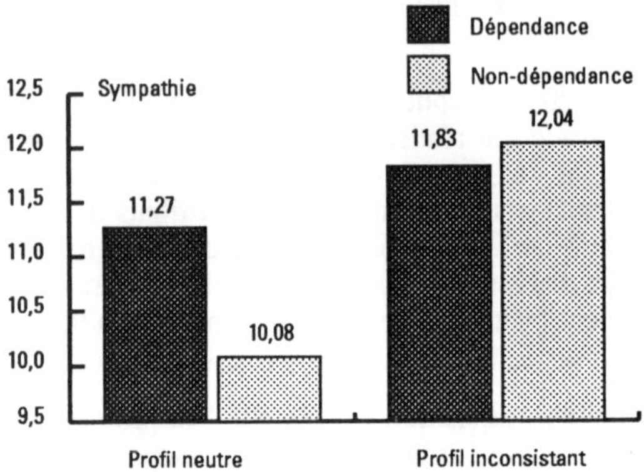

Le modèle de Fiske & Neuberg fait l'hypothèse que ces effets sont médiatisés par **l'attention apportée aux informations personnelles**. Lorsque les sujets sont motivés pour mieux connaître l'autre (dépendance au résultat), et lorsque l'information individuelle est en contradiction avec la catégorie disponible, ceux-ci devraient allouer plus d'attention aux attributs de la cible. Pour vérifier cette hypothèse, on a mesuré les temps de lecture des profils, avec l'idée que plus le temps de lecture est long, plus les sujets allouent d'attention à l'information disponible.

Figure 2 - Temps moyen passé à lire le profil en fonction de la dépendance au résultat et du profil reçu (neutre versus inconsistant avec la catégorie disponible), d'après Neuberg *et al.* (1987, exp. 1)

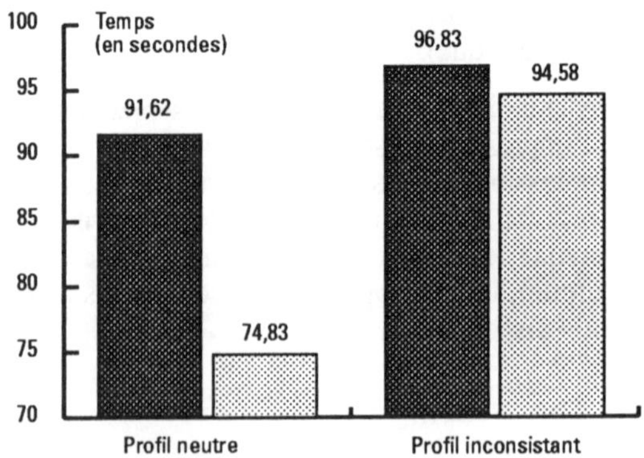

La figure 2 présente les temps de lecture des profils. Conformément aux attentes des auteurs, les sujets prennent plus de temps pour lire les profils lorsqu'ils sont dépendants au résultat et lorsque le profil est inconsistant avec la catégorie que lorsqu'ils sont à la fois non dépendants et que le profil est neutre.

Références

Pendry, L.F., Macrae, C.N., Hewstone, M. (1994). Réflexions sur autrui : Une approche sociocognitive. In S. Moscovici (Ed.), *Psychologie sociale des relations à autrui* (pp. 181-207). Paris : Nathan.

Neuberg, S.L., & Fiske, S.T. (1987). Motivational influences on impression formation : Outcome dependency, accuracy-driven attention, and individuating processes. *Journal of Personality and Social Psychology*, 53, 431-444.

▶ Voir fiche 62.

FICHE 64

CONFIRMATION D'HYPOTHÈSES

I - DÉFINITION

On appelle « effet de confirmation d'hypothèses » (Snyder, 1984; Klayman & Ha, 1987; Darley & Gross, 1983), la tendance des gens à chercher à confirmer leurs hypothèses plutôt qu'à en éprouver la valeur réelle.

II - DANS UNE TÂCHE DE RAISONNEMENT

À titre d'exemple, imaginons que l'on donne à des sujets la suite 2-4-6 avec pour tâche de déterminer la règle qui sous-tend l'organisation de cette suite (*cf.* Wason, 1960). Pour trouver cette règle, les sujets doivent donner des séries de trois nombres. L'expérimentateur indique, à chaque fois, si la série proposée correspond ou non à la règle que les sujets doivent découvrir (*cf.* Leyens, 1983; Richard, 1990). Dans ce type de tâche, les sujets cherchent généralement à confirmer leurs hypothèses. S'ils supposent que la règle est « chaque nombre est égal au nombre précédant plus deux », ils proposent des séries du type : 4-6-8, puis 10-12-14... Dans chaque cas, l'expérimentateur répond par l'affirmative puisque la règle est simplement « les nombres sont classés par ordre croissant ». En procédant de cette manière, le sujet ne teste pas son hypothèse, il cherche à la confirmer. Une autre possibilité, plus rarement employée par les sujets, consiste à chercher à infirmer leur hypothèse en proposant des séries en désaccord avec celle-ci. Par exemple, s'ils proposent 2-4-7, la réponse de l'expérimentateur (oui) sera informative puisqu'elle permettra aux sujets de rejeter cette hypothèse et d'en sélectionner une autre.

III - DANS UNE SITUATION D'INTERACTION

A - ILLUSTRATION

Snyder & Swann (1978a) ont demandé à des sujets, participant à une recherche sur les relations interpersonnelles, d'évaluer le degré d'extraversion (ou d'introversion, selon les conditions) d'une personne avec qui elles devaient discuter par l'intermédiaire d'un microphone. Pour cela, les sujets devaient choisir 12 questions parmi une liste de 26. Sur ces 26 questions, il y avait 11 questions typiquement posées à des personnes dont on sait qu'elles sont extraverties (« Que feriez-vous si vous vouliez mettre de l'animation dans une soirée? »); 10 questions typiquement posées à des personnes dont on sait qu'elles sont introverties (« Dans quelles situations souhaiteriez-vous pouvoir être plus avenant ? ») ; et 5 questions neutres.

Les sujets de cette expérience ont choisi en plus grand nombre des questions qui leur permettaient de confirmer leurs hypothèses. Les sujets qui devaient estimer le degré d'extraversion (d'introversion) de l'autre personne ont choisi 7,31 questions « extraverties » (5,58 questions « introverties ») contre 2,45 questions « introverties » (4,48 questions « extraverties ») et 2,24 (1,93) questions neutres (*cf.* aussi Leyens, 1989).

B - Débats

De nombreuses remarques ont été adressées à ces travaux.

- On a critiqué le matériel utilisé par Snyder *et al.* (1978) en disant que le cadre dans lequel se trouvaient les sujets était responsable des résultats obtenus, que les sujets répondaient en fonction des demandes de l'expérimentateur (et non en fonction de leurs « croyances » ; *cf.* Semin & Strack, 1980.
- Trope & Bassok (1983 ; Skov & Sherman, 1986) ont montré que le choix des questions posées par les interviewers dépendait dans une plus large mesure de la « valeur diagnostique » des questions (c'est-à-dire la mesure dans laquelle les questions leur permettent de choisir entre une hypothèse et son alternative) que d'une recherche de confirmation d'hypothèses. En d'autres termes, lorsqu'ils en ont la possibilité, les sujets semblent plutôt rechercher « la vérité » (Higgins & Bargh, 1987).
- Plutôt que de considérer la confirmation d'hypothèses comme une erreur du traitement de l'information, certains la considèrent comme une stratégie efficace dans les situations naturelles (Klayman *et al.*, 1987) ; d'autres mettent en avant son aspect fonctionnel. Dans cette perspective, l'utilisation d'une stratégie de confirmation d'hypothèses pourrait faciliter l'interaction (Leyens, 1989 ; Snyder, 1992).

Références

Leyens, J.-P. (1983). *Sommes-nous tous des psychologues ?* Bruxelles : Mardaga.

Higgins, E.T., & Bargh, J.A. (1987). Social perception and social cognition. *Annual Review of Psychology*, 38, 369-425.

▶ Voir fiche 41.

FICHE
65

EFFET DE DILUTION

I - DÉFINITION

« L'effet de dilution » correspond à une baisse des effets sur le jugement de l'information diagnostique, provoquée par la présence d'information non diagnostique pour ce même jugement (*cf.* Nisbett & Ross, 1980; Nisbett, Zuckier & Lemley, 1981 ; Zuckier, 1982).

Notre perception d'autrui et de son comportement est fortement influencée par les catégories auxquelles il appartient (*cf.* fiche 62). Ainsi, si nous devons prédire le degré d'extraversion/introversion d'une personne, nous la présumerons probablement plus extravertie si elle exerce la profession de « représentant » que si elle exerce la profession d'archiviste. Ces attentes renvoient aux stéréotypes associés à ces professions. Dans cet exemple, on peut dire qu'aux yeux des gens, la profession de la cible (archiviste ou représentant) est une **information diagnostique** pour déterminer le degré d'introversion/extraversion de la cible (elle apporte aux gens des éléments d'information permettant de fonder leur jugement).

Imaginons maintenant qu'en plus de la profession de la cible, nous apprenions que cette personne mesure plus de 1 m 80, qu'elle est mariée depuis trois ans et qu'elle a trois enfants. Bien que ces informations soient **non diagnostiques** pour juger du degré d'extraversion de la cible, elles amènent cependant les sujets à prendre en compte dans une moindre mesure les catégories disponibles. L'archiviste sera probablement jugé plus extraverti que lorsqu'il était défini uniquement par sa profession et le représentant sera jugé moins extraverti. Ce phénomène correspond à ce que l'on appelle l'« effet de dilution ».

II - ILLUSTRATION

Zuckier (1982) a demandé à des étudiants d'évaluer le niveau moyen de réussite dans leurs études de six autres étudiants présentés par l'intermédiaire de brèves descriptions (censées être extraites d'entretiens). On présentait l'une des cibles comme « quelqu'un qui travaille sur ses cours en moyenne 31 heures par semaine » (information diagnostique d'un haut niveau de réussite dans les études), alors qu'une autre cible était présentée comme « quelqu'un qui travaille à peu près trois heures par semaine sur ses cours » (information diagnostique d'un bas niveau de réussite).

Dans d'autres conditions, les sujets recevaient en plus de cette information extrême concernant le niveau de réussite des cibles, d'autres informations sur des dimensions perçues comme plus ou moins corrélées au [prédictives du] niveau de réussite universitaire.

Les résultats indiquent que la présence d'informations supplémentaires (prédictives ou non du niveau de réussite universitaire) **dilue** les attentes basées sur l'information extrême. Les prédictions des sujets concernant le niveau de réussite des étudiants sont moins contrastées (plus nivelées) lorsqu'ils ont reçu de l'information supplémentaire (*cf.*, aussi, Denhaerinck, Leyens & Yzerbyt, 1989).

III - INTERPRÉTATION

A - Représentativité

L'une des principales explications de cet effet est basée sur l'**heuristique de représentativité** (Kahneman & Tversky, 1973 ; *cf.* fiche 44). Selon cette approche (Nisbett, Zuckier & Lemley, 1981 ; Zuckier, 1982), les sujets comparent les caractéristiques de la cible aux caractéristiques typiquement associées à un résultat (par exemple, la réussite dans les études). En d'autres termes, les sujets essaient de déterminer dans quelle mesure la cible est « représentative » des personnes associées à tel ou tel résultat.

Le degré de « représentativité » d'une cible est évalué par le rapport entre les éléments communs et les éléments non communs :

Degré de représentativité = éléments communs/éléments non communs

Les éléments communs sont ceux qui sont habituellement associés au résultat. Dans le cas présent, le travail est positivement lié au niveau de réussite universitaire.

Les éléments non communs sont ceux qui ne sont pas associés au résultat. Par exemple, le fait de savoir qu'untel a trois amis et qu'il possède un chien n'est pas lié, habituellement, à la réussite universitaire.

Par conséquent, plus les éléments non communs sont nombreux, plus le degré de représentativité de la cible est faible, et moins l'information diagnostique a d'impact sur le jugement.

B - Jugeabilité sociale

Le modèle de la « jugeabilité sociale » est un modèle général de l'**inférence sociale** qui offre une interprétation de l'effet de dilution (*cf.* Leyens, Yzerbyt & Schadron, 1994 ; Schadron & Yzerbyt, 1991, 1993 ; Schadron, Yzerbyt, Leyens & Rocher, 1994 ; Yzerbyt, Schadron, Leyens & Rocher, 1994).

1. Approche générale

Selon l'approche de la jugeabilité sociale, lorsque les gens doivent émettre un jugement sur d'autres personnes, ils respectent des règles sociales qui spécifient les conditions dans lesquelles « on peut formuler un jugement ». L'élément central du modèle de la jugeabilité sociale est la prise en compte de ce niveau méta-informationnel. Celui-ci renvoie à des éléments d'information susceptibles de définir la situation comme correspondant ou non à une situation dans laquelle un jugement peut être formulé (Schadron *et al.*, 1993). Face à une personne sur laquelle il doit formuler un jugement, un individu dispose d'informations qui le renseignent sur la cible, mais aussi d'informations sur les conditions de son jugement (niveau méta-informationnel). Ainsi, face à toute nouvelle information, l'individu placé dans une situation de jugement se demanderait « puis-je rendre un jugement sur la base de l'information dont je dispose? » (Schadron *et al.*, 1991).

2. Interprétation de l'effet de dilution

Selon cette approche, l'effet de dilution ne serait pas dû à une dilution des attentes ou des stéréotypes, mais plutôt à un évitement de l'utilisation de ces attentes. Les situations dans lesquelles l'effet de dilution est enregistré seraient caractérisées par des éléments méta-informationnels demandant la suspension du jugement. Par exemple, un individu devant formuler un jugement sur une cible individuelle aura des difficultés à utiliser des croyances générales comme les stéréotypes. En effet, au niveau méta-informationnel, l'information lui présente la cible comme un individu isolé et l'amène à respecter une règle lui indiquant que « l'on ne peut pas sur-généraliser ». Dans ce cas, le sujet refuse donc probablement d'utiliser les attentes stéréotypées pour juger la cible.

Selon ces auteurs (Leyens *et al.*, 1994), l'effet de dilution survient principalement lorsque les gens doivent juger des individus dans une situation où ils pensent que leur jugement n'est pas légitime. Donc, cet effet est probable lorsque les sujets disposent uniquement de l'information catégorielle sur la cible et lorsque l'information individualisante donnée aux sujets à propos de la cible leur paraît clairement sans pertinence pour le jugement. Dans ce cas, les sujets savent qu'ils ne disposent que d'un stéréotype et que celui-ci ne peut pas être appliqué à un individu, ils devraient donc refuser de juger.

D'un autre côté, les sujets devraient accepter de juger la cible lorsqu'ils pensent avoir reçu de l'information pertinente pour le jugement. Par conséquent, s'ils reçoivent de l'information catégorielle associée à de l'information individualisante perçue comme pertinente, les sujets devraient fortement baser leurs jugements sur l'information catégorielle (stéréotypes), puisque c'est la seule information réellement pertinente pour le jugement en question. (*cf.* Leyens *et al.*, 1994; Yzerbyt *et al.*, 1994).

À l'appui, Yzerbyt, Leyens, Schadron & Rocher (1994) ont montré que des sujets ayant reçu de l'information catégorielle sur une cible (par le biais de sa profession : stéréotypiquement associée à l'introversion ou à l'extraversion) refusent plus souvent de juger la cible sur la dimension introversion/extraversion lorsqu'ils ne possèdent que cette seule information que lorsqu'on leur fait croire qu'ils ont reçu de l'information sur la cible de manière subliminale. Dans ce dernier cas, les sujets ont l'impression d'être informés et jugent la cible de manière stéréotypée sur la dimension introversion/extraversion.

Références

Schadron, G., & Yzerbyt, V. (1993). Les stéréotypes et l'approche de la jugeabilité sociale : un impact des stéréotypes sur le jugement indépendant de leur contenu. In J.-L. Beauvois, R.V. Joule & J.-M. Monteil (Eds.), *Perspectives cognitives et conduites sociales* (Vol. 4, pp.15-35). Lausanne : Delachaux et Niestlé.

Yzerbyt, V., & Schadron, G. (1996). *Connaître et juger autrui : Une introduction à la cognition sociale.* Grenoble : Presses Universitaires de Grenoble.

Zuckier, H. (1982). The dilution effect : The role of the correlation and dispersion of predictor variables in the use of nondiagnostic information. *Journal of Personality and Social Psychology*, 43, 1163-1174.

FICHE

66 EFFETS D'AMORÇAGE

I - DÉFINITION

Les recherches sur l'effet d'amorçage sont issues des travaux de Bruner (1957) sur la perception et l'identification des stimuli. Elles sont fondées sur l'idée que la perception et l'identification des stimuli sont grandement affectées par les constructs accessibles en mémoire. Plus un construct est accessible (plus il peut être facilement retrouvé en mémoire par un sujet), plus il influence la perception du stimulus (*cf.* Higgins & Bargh, 1987).

Le résultat typique de l'effet d'amorçage est que l'activation, chez un sujet, d'un construct dans une tâche peut avoir une influence sur la manière dont ce sujet interprète ensuite de nouvelles informations dans un contexte différent (*cf.* Bargh, 1989; Higgins, 1989; Croizet, 1991). Par exemple, des sujets préalablement exposés à des traits de personnalité négatifs interpréteront plus négativement, dans une seconde tâche, le comportement ambigu d'un acteur (Higgins, Rholes & Jones, 1977).

L'accessibilité d'un construct est plutôt fonction de sa **fréquence d'activation** que de sa **récence** (Srull & Wyer, 1980) (Higgins, Bargh & Lombardi, 1985; *cf.* fiche 60). Par conséquent, plus un construct est souvent activé, plus il risque d'avoir une influence sur la perception et l'interprétation subséquente de stimuli.

II - ILLUSTRATION

Bargh & Pietromonaco (1982) ont demandé à des sujets de participer à une expérience comportant deux parties distinctes. Dans une première partie, les sujets étaient placés face à un micro-ordinateur avec pour tâche de détecter des « flashs » lumineux et de déterminer, à l'aide de touches spécifiques, leur position sur l'écran par rapport à un point qu'ils devaient fixer. Ces « flashs » étaient en fait des mots présentés pendant 100 ms et suivis d'un masque (« XXXXXXXXXXXXXXXXX ») d'une durée de 100 ms. En fonction des conditions, les sujets recevaient parmi ces 100 mots, une proportion différente de mots (0 %, 20 %, ou 80 %) reliés au construct « agressif » (par exemple, « insulte », « hostile », « méchant »...). Les autres mots n'avaient aucun lien avec ce construct (par exemple : « eau », « long », « nombre »,...).

Dans la seconde partie de l'expérience, les sujets recevaient une description d'une personne présentant un ensemble de comportements agressifs. Toutefois, cette description était ambiguë dans le sens où elle ne permettait pas de savoir si l'acteur était intrinsèquement « agressif » ou bien si son agressivité était due au contexte (« Un vendeur frappa à sa porte, mais Donald refusa de le laisser entrer. Il m'a aussi dit qu'il refusait de payer son loyer jusqu'à ce que le propriétaire repeigne l'appartement ») (*cf.* Srull & Wyer, 1979).

Après cette présentation, les sujets devaient évaluer la personnalité de Donald sur 12 traits. Six de ces traits étaient reliés à l'hostilité et six autres n'étaient pas reliés à cette dimension. Par ailleurs, ces traits étaient pour moitié positifs et pour moitié négatifs.

D'autres conditions « contrôles » de cette expérience ont permis de démontrer que les sujets n'avaient pas conscience d'avoir été exposés à des mots. Par exemple, des sujets auxquels on a simplement demandé d'essayer de deviner les mots présentés n'ont trouvé que 0,6 % des mots reliés à l'agressivité.

Figure 1 - Estimation de la cible (Donald) en fonction de la proportion de mots « agressifs » auxquels les sujets ont été exposés dans la phase d'amorçage (d'après Bargh *et al.*, 1982)

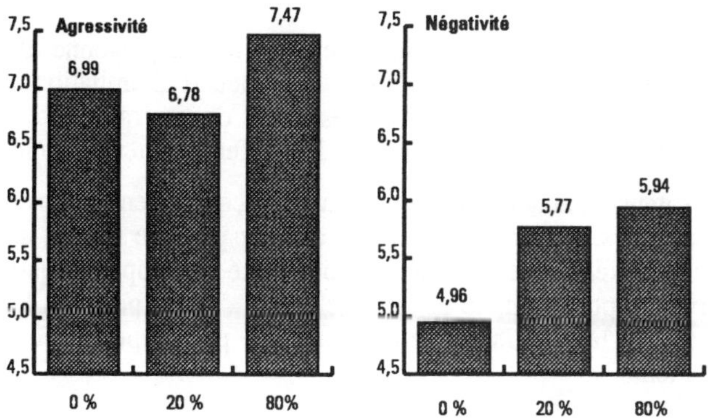

Les résultats de cette recherche indiquent que les sujets jugent la cible comme étant plus agressive lorsqu'ils ont été amorcés avec 80 % de mots « agressifs » que dans les autres conditions (0 % et 20 %). Par ailleurs (figure de droite), la cible est jugée d'autant plus négativement (sur les échelles non reliées à l'agressivité) que les sujets ont été amorcés avec une grande proportion de mots « agressifs ».

III - ASSIMILATION ET CONTRASTE

Les travaux que nous avons évoqués concernent des effets d'assimilation : le jugement est influencé dans le sens des amorces. Il arrive néanmoins que l'information activée influence les jugements dans le sens opposé à l'amorce, on parle alors d'effet de « contraste » (Strack, Schwarz, Bless, Kübler & Wänke, 1993). Quels sont donc les facteurs qui influent sur la direction des effets d'amorçage ?

A - Conscience des amorces

La direction des effets d'amorçage (assimilation ou contraste) semble liée au degré de perception consciente de l'amorce (Higgins, 1989). Lorsque les sujets n'ont pas conscience d'avoir été exposés à des amorces, leurs jugements sont influencés dans le sens des amorces. D'un autre côté, lorsque les sujets ont conscience d'avoir été « amorcés », leurs jugements ont tendance à être influencés dans le sens opposé aux amorces.

Pour rendre compte de ces effets, on a proposé que lorsque les sujets sont conscients d'avoir été « amorcés », ils cherchent à « corriger » en partie leurs jugements dans le sens opposé à l'influence dont ils pensent avoir fait l'objet, ce qui se traduit par un effet de contraste (*cf.* Herr, Sherman & Fazio, 1983 ; Martin, 1986; Schwarz *et al.*, 1993).

B - Positivité et négativité des amorces

Lorsqu'il s'agit de porter un jugement sur une personne, il semble que les amorces négatives produisent des effets d'assimilation alors que les amorces positives produisent des effets de contraste (Ikegami, 1993). Selon Ikegami, ce résultat serait dû à l'effet des attentes socioculturelles.

Les gens s'attendent généralement à un comportement positif de la part des autres. Par conséquent, une amorce positive fournit aux sujets un point de référence élevé dans la positivité par rapport auquel la description comportementale de la cible serait « peu » positive. Le comportement de la cible serait donc contrasté par rapport à ce haut niveau d'attente.

C - Motivation pour traiter l'information en profondeur

Thompson, Roman, Moskowitz, Chaiken & Bargh (1994) ont récemment montré que les sujets motivés pour traiter en profondeur l'information sur une cible sont moins sensibles que les autres sujets à l'influence d'amorçage, même lorsque ces sujets ne semblent pas avoir perçu de relation entre l'amorçage et la tâche de jugement. Par conséquent, cette recherche suggère que les effets d'amorçage peuvent être pratiquement annulés par une intensification de la motivation pour traiter l'information en profondeur.

Références

Croizet, J.-C. (1991). Les effets d'amorçage dans la formation des impressions. *Psychologie Française*, 36 (1), 79-98.

Strack, F., Schwarz, N., Bless, H., Kübler, A., & Wänke, M. (1993). Awareness of the influence as a determinant of assimilation versus contrast. *European Journal of Social Psychology, 23*, 53-62.

▶ Voir fiches 59, 60, 62, 67.

FICHE 67 ÉMOTIONS ET PERCEPTION D'AUTRUI

Notre humeur influence-t-elle la manière dont nous percevons et jugeons autrui ? Les travaux sur la perception d'autrui ont longtemps négligé l'impact de la composante affective en s'intéressant presque exclusivement à la composante cognitive de ces processus. Pourtant, depuis quelques années, ce thème de recherche bénéficie d'un intérêt croissant (*cf.* Isen, 1987 ; Mackie & Hamilton, 1993).

Dans une autre partie (*cf.* tome 1, fiche 42), nous avons évoqué les effets des émotions sur la **persuasion**. On retrouvera donc ici certains des modèles théoriques fondamentaux déjà présentés.

I - CONGRUENCE DE L'HUMEUR

Les positions théoriques relatives aux effets de congruence de l'humeur soutiennent que le jugement porté sur une personne est congruent avec l'humeur de l'observateur. La cible sera perçue défavorablement lorsque l'observateur est d'humeur négative, et favorablement lorsque l'observateur est d'humeur positive.

Deux mécanismes principaux pourraient expliquer de tels effets : « l'amorçage par l'humeur » et « l'humeur comme information ».

A - Amorçage par l'humeur

Selon cette perspective (Bower, 1991), l'humeur amorce en mémoire des concepts associés à celle-ci. L'information congruente avec l'humeur serait donc plus accessible aux sujets et biaiserait leurs jugements.

B - Humeur comme information

Selon l'approche de « l'humeur comme information », lorsque les gens sont face à un objet de jugement, ils se demandent « comment est-ce que je me sens à l'égard de cet objet ? » (Abele & Petzold, 1994 ; Schwarz & Clore, 1983). Ils interprètent leur état émotionnel comme étant produit par l'objet d'attitude et par conséquent révélateur de leur attitude réelle à l'égard de l'objet. Les sujets d'humeur négative sont alors amenés à juger une cible plus négativement que les sujets d'humeur positive. Selon cette perspective, si les sujets peuvent attribuer leur état émotionnel à autre chose qu'à la cible (par exemple, le contexte), l'influence de l'humeur sur le jugement est amoindrie, voire annulée.

C - Infusion affective

Le modèle de « l'infusion affective » (Forgas, 1992; 1994; 1995) tente d'identifier les circonstances dans lesquelles les émotions ont le plus (et le moins) d'impact sur les jugements sociaux, et les stratégies de jugements par lesquelles ces effets sont médiatisés. Ce modèle fait des prédictions sur les situations qui favorisent les mécanismes d'amorçage par l'humeur et d'humeur comme information.

Le principe de « **l'infusion affective** » « renvoie aux processus par lesquels l'information chargée affectivement influence, et devient un élément des processus de jugement, pénétrant les processus de pensée constructive du juge, et éventuellement colorant les résultats des jugements » (Forgas, 1994).

Selon Forgas, il existe principalement quatre stratégies de jugement :

- la **stratégie par accès direct à une évaluation préexistante**, dans laquelle le sujet dispose d'une évaluation de la personne accessible en mémoire;
- le **traitement motivé au service d'un but**, dans lequel le jugement sert un but précis pour le sujet.

Ces deux types de stratégies reposent sur des structures préexistantes et ne nécessitent donc pas un traitement constructif de l'information ;

- le **traitement heuristique**, dans lequel le sujet ne dispose pas d'évaluations *a priori* ni de but motivationnel pour le guider, et où il cherche à construire un jugement en minimisant ses efforts cognitifs (*cf.* II);
- le **traitement substantiel**, dans lequel le sujet « sélectionne, étudie et interprète les nouvelles informations sur la cible, et relie ces informations à des structures de connaissance préexistantes » (Forgas, 1994, p. 8). Ce traitement substantiel est donc très proche de ce que l'on nomme « traitement systématique » (Chaiken, Liberman & Eagly, 1989) ou « par voie centrale » (Petty & Cacioppo, 1986) dans les modèles de la persuasion (*cf.* tome 1, fiche 37).

Selon Forgas, le type de stratégie choisi est fonction de nombreux facteurs comme la familiarité de la cible, sa complexité, sa typicalité, la présence de motivations spécifiques, la pertinence personnelle du jugement... :

- les cibles familières devraient être jugées par une stratégie d'accès direct, à moins que des facteurs de contexte entraînent un traitement plus constructif;
- une forte motivation préalable devrait conduire à des stratégies de recherche d'information dirigée;
- en l'absence de familiarité par rapport à la cible, ou de motivation préalable, les cibles atypiques, inhabituelles ou complexes devraient entraîner un traitement substantiel, et les cibles typiques ou simples devraient entraîner un traitement heuristique;
- les jugements impliquants au niveau personnel devraient conduire plus probablement à un traitement substantiel, ou à un traitement motivé (si un objectif *a priori* existe);
- les demandes situationnelles (par exemple, les attentes de précisions) devraient déclencher un traitement substantiel plutôt qu'un traitement heuristique;
- un traitement motivé peut être produit par l'état émotionnel. Par exemple, les individus d'humeur joyeuse peuvent rechercher dans leurs choix de stratégies à maintenir cet état émotionnel plaisant;
- les émotions peuvent amorcer des constructs reliés à celles-ci, et donc réduire les capacités de traitement et les ressources attentionnelles;
- l'humeur joyeuse peut conduire au traitement heuristique.

Par ailleurs, Forgas suggère que l'infusion affective est d'autant plus probable que le traitement est constructif (situations de haute infusion affective). Par conséquent, les émotions devraient avoir un impact plus important sur les jugements lorsque les sujets utilisent le traitement heuristique et le traitement substantiel.

Il ajoute que lorsque les sujets utilisent le traitement heuristique, les mécanismes de « l'humeur comme information » sont en jeu, alors que l'amorçage par l'humeur survient lorsque les sujets traitent l'information de manière substantielle.

II - STRATÉGIES COGNITIVES

Les modèles de **congruence de l'humeur** n'expliquent pas pourquoi deux émotions négatives, comme la colère et la tristesse, donnent des résultats différents (Bodenhausen, Sheppard & Kramer, 1994) et pourquoi des sujets joyeux jugent quelquefois des cibles plus négativement que des sujets d'humeur « neutre » (Bodenhausen, Kramer & Süsser, 1994).

Bodenhausen (1993; Bodenhausen, Kramer & Süsser, 1994; Bodenhausen, Sheppard & Kramer, 1994) soutient que les émotions ont un impact sur les stratégies utilisées par les sujets pour traiter l'information (*cf.* aussi Asuncion &

Lam, 1995). En effet, certaines émotions, comme la joie, conduisent les individus à traiter l'information de manière « heuristique », et d'autres, comme la tristesse, les conduisent à traiter l'information en profondeur (*cf.* tome 1, fiche 42). Bodenhausen considère l'information catégorielle (*cf.* Fiske & Neuberg, 1990; fiche 62), et les stéréotypes en général, comme des heuristiques sur lesquelles les gens peuvent baser leurs jugements lorsqu'ils ne disposent pas des ressources cognitives nécessaires et/ou ne sont pas suffisamment motivés pour traiter l'information en profondeur. En conséquence, les émotions associées à un traitement heuristique devraient amener les sujets à baser leurs impressions et leurs jugements sur les catégories disponibles, alors que les émotions associées au traitement systématique devraient amener les sujets à moins utiliser ces catégories (l'impression serait le résultat d'une intégration « pas à pas » des attributs de la cible; *cf.* Fiske & Neuberg, 1990, fiche 62).

Selon cette approche, l'impression est déterminée par l'interaction entre d'une part la valence des stéréotypes disponibles pour catégoriser la cible et d'autre part l'état émotionnel. La joie et la colère, qui favorisent le traitement heuristique de l'information devraient conduire (alors même qu'elles sont de valence opposée) à utiliser les catégories disponibles. Si les catégories disponibles pour le jugement de la cible sont négatives, le jugement de la cible sera plus négatif chez ces sujets que chez des sujets expérimentant un autre état émotionnel tel que la tristesse (*cf.* Bodenhausen, Kramer & Süsser, 1994; Bodenhausen, Sheppard & Kramer, 1994).

Il est toutefois difficile de savoir si ces effets surviennent pour des raisons cognitives ou motivationnelles. Dans le premier cas, on suppose que certaines émotions réduisent les capacités cognitives des sujets. Dans le second, on estime que les individus ne sont pas motivés pour traiter l'information en profondeur mais qu'ils en sont capables lorsqu'on les motive suffisamment (Bodenhausen, Kramer & Süsser, 1994). (*Cf.* tome 1, fiche 42.)

Références

Bodenhausen, G.V., Sheppard, L.A., Kramer, G.P. (1994). Negative affect and social judgment : The differential impact of anger and sadness. *European Journal of Social Psychology, 24*, 45-62.

Forgas, J.P. (1994). The role of emotion in social judgments : An introductory review and an Affect Infusion Model (AIM). *European Journal of Social Psychology, 24*, 1-24.

▶ Voir fiches 37 (tome 1), 42 (tome 1), 62.

FICHE
68 DÉCRIRE ET ÉVALUER

Décrire et évaluer sont deux activités sociales courantes qui nécessitent la mise en œuvre de processus cognitifs. Les études sur la perception d'autrui et la signification du comportement qui impliquent à la fois une connaissance descriptive et une connaissance évaluative s'inscrivent dans le cadre du traitement de l'information, des conduites sociales et plus particulièrement, des processus de psychologisation.

I - DÉCRIRE AUTRUI

La description fait référence aux théories implicites de la personnalité (*cf.* fiche 32) et à la notion de catégorisation.

A - QU'EST-CE QU'UNE DESCRIPTION ?

1. Définition

Les descriptions psychologiques correspondent à certains mots, ou certains traits qui sont organisés et utilisés différemment selon les situations dans lesquelles se trouve la personne décrite. Décrire une personne revient alors à se référer à des catégories générales, des traits de personnalité qui caractérisent cet individu.

L'activité descriptive résulte la plupart du temps de l'évocation ou de la remémorisation des faits et gestes de la personne concernée. L'explication du comportement d'autrui par des caractéristiques personnelles, des traits, correspond à un processus de personnalisation.

Ces descriptions psychologiques sont fortement marquées par une idéologie relative à la valeur sociale des personnes, ce qui signifie que les gens sont souvent décrits en fonction de ce qu'ils valent aux yeux du descripteur. L'activité descriptive est donc imprégnée de valeur et varie en fonction de la situation et du descripteur.

2. Effet de primauté

On parle d'effet de primauté lorsque les premières informations d'une séquence sont plus déterminantes pour la mémorisation, la formation des impressions que les autres informations proposées. Inversement, quand les dernières informations l'emportent sur les premières, on parle d'effet de recence. L'effet de primauté semble plus important dans le jugement d'autrui lorsque les informations sont basées sur des descriptions psychologiques, c'est-à-dire des traits de personnalité. On peut expliquer cette tendance de l'individu à privilégier les premières informations descriptives par la non-prise en considération des informations ultérieures jugées inconsistantes avec les premières et par la diminution de l'attention.

II - ÉVALUER AUTRUI

Les pratiques évaluatives sont courantes notamment dans le milieu du travail et les systèmes éducatifs. Elles peuvent se présenter sous la forme de rapport d'évaluation, de synthèse, de conseil de classe...

L'évaluation s'appuie sur les descriptions psychologiques des personnes et sur la valeur de ces catégories générales et traits. De nombreux auteurs comme Le Poultier (1987) postulent que l'individu repère les traits d'une personne et traite ces informations descriptives en fonction de la valeur qu'il leur accorde ; il effectue une distinction entre les aspects descriptifs et leur valeur.

L'activité évaluative correspond donc à la synthèse du trait repéré et de la valeur de ce trait dans une situation donnée, elle se caractérise par une évaluation de ce que valent les gens plutôt que de ce qu'ils sont. Beauvois (1976) la définit comme une conduite sociale.

Les pratiques évaluatives ont pour but de réguler les fonctionnements institutionnels, d'aider à prendre des décisions et contribuent à la reproduction idéologique. Elles ont quelquefois une fonction protectrice au niveau organisationnel dans la mesure où la responsabilité d'un éventuel dysfonctionnement est attribuée à la personne, et non aux institutions. L'évaluation semble en effet fréquemment faire appel à la valorisation de la **norme d'internalité** (fiche 53).

Références

Beauvois, J.L. (1982). Théories implicites de la personnalité, évaluation et reproduction idéologique. *Année Psychologique*, 82, 513-536.

Le Poultier, F. (1987). *Processus cognitifs et pratiques du travail social. Perspectives cognitives et conduites sociales*, tome 1, DelVal.

FICHE 69

L'AGRESSION

Nous sommes quotidiennement confrontés à des scènes de violence en tant que témoin direct ou à travers les médias. Il peut s'agir de scènes de guerres, d'attentats, de meurtres ou plus simplement de bagarres, disputes ou injures.

I - QU'EST-CE QUE L'AGRESSION ?

A - AGRESSION

Le terme d'agression désigne un comportement physique ou verbal dirigé vers une personne avec l'intention de lui faire mal sur le plan physique et/ou psychologique. On parle alors d'agression interpersonnelle (Berkowitz, 1965).

Cette définition met en évidence :

- d'une part, l'intentionnalité de l'acte agressif qui désigne généralement un acte nuisible effectué par un individu envers un autre. Cela exclut notamment tous les dommages causés accidentellement ;
- d'autre part, le préjudice physique ou moral causé à autrui. La nuisance peut revêtir des formes diverses.

B - DISTINCTIONS

1. Assertion et agression

L'assertion correspond à un comportement assuré et énergique orienté vers la réalisation d'un objectif qui relève de l'affirmation de soi. C'est le cas lorsque l'on dit d'un sportif qu'il est agressif dans son jeu ou bien lorsque l'on considère un homme d'affaires qui décide de conquérir un nouveau marché. Contrairement à l'agression, il ne vise pas à blesser quelqu'un physiquement ou moralement.

2. Violence et agression

La notion de « violence » désigne l'usage de la force pour atteindre l'autre dans son intégrité physique et/ou psychologique. La psychologie sociale utilise préférentiellement le terme d'agression qui se distingue de celui de violence en ce qu'il désigne avant tout une situation d'interaction sans rendre compte des dimensions institutionnelles dans lesquelles se produisent les agressions. De ce point de vue, et contrairement à la violence, l'agression n'est pas considérée comme l'expression d'un mode de fonctionnement social.

II - PRINCIPALES FORMES D'AGRESSION

L'agression, en tant que conduite individuelle, revêt des formes diverses qui peuvent être classées de deux façons.

A - AGRESSION DIRECTE ET INDIRECTE

Une première distinction établie par Feshbach (1964) est fondée sur l'intention (la motivation) sous-jacente de l'agresseur.

- L'agression directe ou hostile vise à porter directement préjudice à quelqu'un. Elle constitue une fin en soi. Par exemple, insulter une personne qui s'est montrée grossière envers vous ; l'insulte vise spécifiquement à la blesser. Ce type d'agression est aussi appelé agression défensive dans la mesure où elle est provoquée par les actions négatives d'autrui. Elle contient une forte composante affective associée notamment à la colère ou à la peur.
- L'agression indirecte ou instrumentale vise également à blesser quelqu'un mais dans le but de réaliser certains objectifs et non comme une fin en soi. Par exemple, donner la fessée à un enfant qui joue avec des allumettes ; la douleur est un moyen d'enseigner à l'enfant à ne pas jouer avec.

B - AGRESSION ACTIVE ET PASSIVE

Une autre distinction fondée sur le préjudice porté à autrui est mentionnée par Buss (1971) :

- l'agression active où la nuisance provient d'une activité (donner un coup ou proférer des insultes) ;
- l'agression passive où l'inactivité, la non-intervention peut causer du tort (le refus de porter secours à quelqu'un) ;
- l'agression physique ou verbale : c'est l'usage de la force ou des mots qui « font mal ».

Référence

Berkowitz, L. (1965). The Concept of Agressive Drive : Somme Additional Considerations. In L. Berkowitz (Ed.), *Advances in Experimenral Social Psychology* (vol. 2). New York : Academic Press.

▶ Voir fiches 70, 71, 72.

FICHE 70 THÉORIE FRUSTRATION-AGRESSION

La théorie originale du lien frustration-agression s'inspire des travaux psychanalytiques. Reformulée dans les années soixante-dix, cette théorie est présentée dans une perspective associationniste.

I - PREMIÈRE FORMULATION

La théorie initiale repose sur l'hypothèse d'un lien causal entre frustration et agression : l'agression naîtrait d'un état motivationnel résultant d'une frustration. Cette première formulation explique l'agression hostile et non l'agression instrumentale.

A - Définitions et postulats

Dollard *et al.* (1939) définissent l'agression comme un comportement susceptible de blesser ou punir autrui. La frustration renvoie à un événement qui interrompt la réalisation d'un objectif poursuivi par l'individu.

Ces auteurs postulent que l'agression présuppose toujours l'existence de frustrations et que la frustration conduit irrémédiablement à une forme d'agression.

B - Modèle

Dollard *et al.* s'intéressent aux modalités d'expression de la frustration, à l'inhibition et au déplacement de l'agression.

1. Frustration

Ces auteurs formulent l'hypothèse selon laquelle le seuil de tolérance à la frustration diminue par suite d'une accumulation d'expériences frustrantes et soutiennent l'idée que l'agression est proportionnelle à l'intensité de la frustration. Cette dernière proposition suppose que l'intensité de l'agression dépend de l'ampleur de l'interférence et de l'importance accordée par l'individu au but poursuivi.

2. Inhibition

Dans une perspective dynamique, la théorie postule un effet cathartique, ce qui signifie que l'instigation à l'agression est réduite par l'expression de l'agression. Ce facteur instigateur se combine de façon algébrique avec l'anticipation de la punition qui est un facteur inhibiteur. Une force d'instigation à l'agression élevée peut donc vaincre l'anticipation de la punition et se traduire par une agression dont l'intensité est en rapport avec la relation algébrique de ces deux facteurs.

3. Déplacement de l'agression

La personne responsable de la frustration est la cible de l'agression, mais en l'absence de cet agent frustrant, l'agression est déplacée vers d'autres personnes (plus communément appelées boucs émissaires). Miller (1948) précise que le déplacement de l'agression est fonction de trois variables : l'intensité de la frustration, la force d'inhibition (anticipation de la punition) et la similitude entre la personne cible et les boucs émissaires.

C - Critiques

Elles portent sur le caractère trop large et trop simpliste de la théorie et surtout sur le caractère nécessaire de la relation causale frustration-agression.

1. Lien entre frustration et agression

De nombreux auteurs comme Buss (1946) rapportent que la frustration n'est pas seulement le résultat d'une interférence dans la réalisation d'un objectif, elle peut naître à la suite d'insultes personnelles, de traitements physiques douloureux, de privations de récompenses ou de situations d'échec. La définition de Dollard *et al.* est d'autant plus contestée que les frustrations ne semblent pas être perçues et vécues de la même manière par tous les individus. Le comportement qui résulte d'une frustration dépend de la personnalité, des motivations et des perceptions de chaque personne, ce qui sous-entend que l'agression n'est pas la seule réponse à un état irritant comme la frustration.

Buss considère que la relation causale frustration-agression existe seulement si l'individu perçoit l'agression comme un moyen de réduire ou d'éliminer la frustration. Ce sont les expériences et apprentissages sociaux qui déterminent le comportement de la personne frustrée.

2. Hypothèse de carthasis

Dollard *et al.* postulent que « l'expression de tout acte d'agression est une catharsis qui réduit l'instigation à tout autre acte d'agression » (1939, p. 53), mais cette hypothèse n'est vérifiée que dans certaines conditions. Baron et Byrne (1984) rapportent que la réduction de l'agression ne s'observe que dans les cas où il y a frustration ou provocation. De plus, punir l'agent frustrant ne permet pas toujours d'atténuer la tendance à l'agression et cette diminution varie selon les personnes, ce qui donne à penser que les expériences sociales jouent un rôle important dans la relation frustration-agression.

II - REFORMULATION

Berkowitz (1962) étudie le lien hypothétique entre frustration et agression dans une perspective associationniste, il fonde son étude sur les principes de conditionnement classique.

A - DÉFINITION

Cet auteur rapporte que la frustration doit susciter une réaction émotionnelle comme la colère pour déclencher une forme d'agression. Il ne conçoit donc la relation causale frustration-agression que dans certaines conditions : en l'absence d'indices externes, le comportement de la personne frustrée peut être différent, non agressif.

1. Indices externes

Les indices externes se rapportent aux cibles, aux situations et aux objets.

L'agent frustrant ou la personne cible peut être un indice externe associé à la colère et donc provoquer un comportement agressif de la part de l'individu frustré. De plus, chaque individu peut apprendre que certains groupes ou personnes sont des cibles appropriées de l'agression. Berkowitz précise que l'individu tend à se comporter de manière agressive lorsque ces cibles appropriées sont présentes. Certaines situations comme les bars ou ruelles sombres sont également plus propices que d'autres à l'expression de l'agressivité. Enfin, certains objets peuvent évoquer et déclencher un comportement agressif de la part d'une personne frustrée ou en colère. Berkowitz et Le Page (1967) montrent que la présence ou la possession d'armes en situation de frustration augmente le risque d'agression.

2. Révision d'une hypothèse

Dollard *et al.* (1939) postulent que le seuil de tolérance à la frustration diminue à la suite d'une accumulation d'expériences frustrantes. Berkowitz, qui propose une interprétation de la relation frustration-agression basée sur les principes du conditionnement classique, prétend que la tendance à l'agression augmente jusqu'à un certain seuil puis diminue consécutivement à une accumulation d'expériences frustrantes. L'individu s'habitue alors à la situation en modifiant ses attentes, ce qui conduit à une réduction du sentiment de frustration.

B - Modèle

Berkowitz (1989) propose un modèle néo-associationniste selon lequel la frustration déclenche l'agression seulement si elle est ressentie comme déplaisante.

1. Définition

La relation causale entre frustration et agression doit être considérée comme un cas particulier de la relation générale entre une stimulation déplaisante et l'inclination agressive. Cela ne signifie pas que tout événement ressenti comme déplaisant est à l'origine d'un comportement agressif, mais certaines conditions comme la frustration peuvent déclencher une agression. La réponse d'une personne frustrée est d'autant plus agressive qu'elle perçoit l'agent frustrant comme ayant agi délibérément. Le comportement qui résulte d'une frustration dépend alors des règles sociales, des apprentissages antérieurs, de la personnalité de chaque personne. Berkowitz souligne l'importance des indices sociaux qui peuvent aussi bien réduire qu'augmenter la tendance à l'agression.

2. Formation du lien déplaisant

L'événement déplaisant est dans un premier temps identifié par des processus cognitifs. Ce sentiment déplaisant donne naissance à des sentiments, pensées et souvenirs associés à un comportement de fuite ou d'agression. Des processus cognitifs complexes permettent ensuite d'effectuer des attributions causales concernant l'expérience déplaisante, la nature des émotions et la maîtrise de ces sentiments et des comportements. L'interprétation par l'individu de l'origine de la situation et de la nature des émotions guide cette construction mentale.

Berkowitz soutient que les sentiments, idées et souvenirs sont organisés en réseaux mnémoniques et que l'activation d'un élément entraîne l'activation des autres éléments du réseau. Il affirme néanmoins qu'un affect négatif tel que la tristesse peut provoquer un sentiment de colère et d'agressivité, sans qu'il y ait activation des réseaux mnémoniques et production d'attributions causales.

Références

Berkowitz, L. (1989). Frustration-agression hypothesis : Examination and reformulation. *Psychological Bulletin*, 106, 59-73.

Lorenz, K. (1969). *L'agression. Une histoire naturelle du mal.* Paris : Flammarion.

FICHE 71

APPRENTISSAGE DE L'AGRESSION

Dans le modèle développé par Bandura (1976), le choix de l'agression comme réponse à une activation émotionnelle ne peut se faire que s'il y a eu apprentissage social. L'agression est ainsi considérée comme un comportement acquis : « quelques-unes des formes élémentaires de l'agression physique peuvent être mises au point avec un minimum de conseils. Cependant, la plupart des activités agressives nécessitent des habiletés complexes requérant un apprentissage social extensif » (Bandura, 1973).

L'apprentissage de l'agression peut se faire soit de manière directe en récompensant le comportement agressif, soit de manière vicariante par l'observation d'autrui.

I - APPRENTISSAGE PAR OBSERVATION

A - Présentation

L'apprentissage vicariant, ou par observation, est à l'origine selon Bandura de la plupart des comportements agressifs. L'individu utilise l'observation d'autrui comme guide pour son propre comportement; il y a apprentissage à partir des modèles auxquels il peut se référer.

On distingue deux mécanismes à l'œuvre dans ce type d'apprentissage :

- en observant un modèle manifestant un comportement agressif, le sujet prend connaissance d'un comportement qu'il pourra utiliser, il acquiert une nouvelle réponse;
- selon les conséquences du comportement du modèle, le sujet observateur sera inhibé ou désinhibé dans la reproduction du comportement agressif.

B - Chez les enfants

Une étude de Bandura, Ross et Ross (1961) met en évidence l'importance d'un modèle adulte dans l'apprentissage du comportement agressif chez les enfants. Trois groupes étaient formés dans une classe de maternelle. Dans le premier, un adulte adoptait un comportement physiquement et verbalement agressif envers une poupée. Dans le deuxième groupe, le même adulte s'amusait simplement avec d'autres jouets.

Dans le dernier groupe, il n'y avait pas d'intervention d'adulte. On observait ensuite les comportements des enfants. Les résultats montrent une augmentation des comportements agressifs imités et non imités chez les enfants exposés au modèle agressif.

C - Chez les adultes

Les adultes peuvent aussi être influencés par l'observation d'un modèle agressif. Donnerstein et Donnerstein (1977) ont présenté à des étudiants un enregistrement vidéo où un étudiant choisissait d'administrer des chocs électriques les moins douloureux possibles à un autre individu. Dans un second temps, ils étaient invités à faire subir le même sort à des camarades de classe. Un autre groupe d'étudiants ne participaient qu'à la deuxième étape de l'expérience. On observe que le groupe auquel on a présenté la vidéo manifeste moins de comportement agressif. Le modèle a ici un effet réducteur de l'agression.

II - APPRENTISAGE PAR RÉCOMPENSE

L'apprentissage instrumental ou « conditionnement opérant » suggère que l'on peut amener un comportement agressif à se reproduire ou non en utilisant la récompense et la punition. Un ensemble de renforçateurs positifs, des bonbons pour les enfants à la vision de la souffrance d'autrui, sont utilisés dans les études afin de produire ou d'inhiber un comportement agressif (Walters & Brown, 1963; Buss, 1971; Baron, 1974).

Dans ce cadre, Brown et Elliot (1965) ont demandé à des enseignantes d'une classe de maternelle de récompenser les comportements sociaux positifs des enfants et d'ignorer leurs actions agressives. On observe alors une diminution des comportements d'agression. Cependant, si l'on répète l'observation quelques semaines après l'arrêt de ce système de récompense, on constate une augmentation de l'agression physique et une diminution de l'agression verbale. Une nouvelle phase de récompense se montre nécessaire afin de réduire de façon sensible les agressions physiques.

Références

Bandura, A. (1973). *Agression : A social learning analysis.* New York : Holt, Rinehart and Wilson.

Leyens, J.P. (1977). *Psychologie sociale.* Bruxelles : Pierre Mardaga éditeur.

FICHE 72

FACTEURS AGISSANT SUR L'AGRESSION

L'agression survient habituellement dans des conditions particulières, elle n'est ni généralisée ni aléatoire.

I - FACTEURS DÉCLENCHEURS

A - CIRCONSTANCES DÉSAGRÉABLES

1. La douleur

La douleur entraîne un accroissement de l'agressivité. Berkowitz (1983, 1988) souligne que c'est la stimulation désagréable plutôt que la frustration qui déclenche l'agression hostile. Des expériences menées sur plusieurs espèces animales (rats, serpents, tortues...) montrent que l'animal ne s'habitue pas à la douleur. En d'autres termes, il n'y a pas d'apprentissage de la douleur et les animaux répondent toujours à cette stimulation déplaisante par un comportement agressif.

2. La chaleur

Nombreux sont les irritants environnementaux (odeurs nauséabondes, pollution de l'air...) reliés à des comportements agressifs mais la chaleur est le plus étudié. Elle a une influence relative sur l'agression dans la mesure où les habitants de pays chauds ne sont pas plus agressifs que les autres. On n'observe pas de relation causale chaleur-agression, mais une corrélation, ce qui signifie que d'autres facteurs associés à la chaleur peuvent influencer le comportement agressif. De plus, si la chaleur agit sur l'agression, ce n'est que jusqu'à un certain seuil à partir duquel les personnes cessent de manifester leurs impulsions agressives et tentent de réduire l'inconfort dans lequel elles se trouvent.

3. Le bruit

Le bruit, défini comme un son involontaire et déplaisant, se caractérise par le volume et la possibilité de le prévoir et de le maîtriser. Il influence les relations sociales et peut accroître les comportements agressifs des personnes prédisposées à l'agression. Cependant, si les individus contrôlent le bruit, ils ne sont pas plus agressifs que ceux qui évoluent dans une situation silencieuse.

B - Stimulations « sociales »

1. Les attaques

Comme l'énonce le proverbe « œil pour œil, dent pour dent », l'attaque incite à l'agression. Des études prouvent que les individus répondent souvent aux attaques verbales ou physiques d'autrui et se vengent de la même manière qu'ils sont attaqués.

2. L'entassement

L'entassement est influencé par la densité sociale qui augmente selon l'accroissement du nombre de personnes dans un espace donné et par la densité spatiale qui varie en fonction de l'espace disponible pour le même nombre de personnes. Il semble que l'augmentation de la densité sociale soit particulièrement difficile à vivre, mais l'impression d'entassement peut être modifiée par les attributions que la personne effectue dans la situation où elle se trouve. Dans tous les cas, l'impression subjective de ne pas avoir suffisamment d'espace peut être une source de stress, de frustration dans la mesure où elle diminue l'impression de maîtrise. Cette incontrôlabilité peut déclencher des comportements agressifs.

3. Les territoires

Le territoire correspond à un espace personnel physique, défendu par une personne ou des groupes. On distingue trois types de territoires :

- les **territoires primaires** qui sont des espaces utilisés régulièrement par des individus ou des groupes;
- les **territoires secondaires** qui sont des espaces partagés avec autrui;
- les **territoires publics** où tout le monde à un droit d'accès égal.

Les territoires ont pour objectif de maintenir une organisation sociale et de préserver une intimité. On observe parfois une augmentation de l'agression lorsque cette organisation et cette intimité sont violées, mais le comportement de la personne dépend essentiellement de l'interprétation du comportement d'autrui et de la nature du territoire violé. L'agression n'est pas la seule réaction face à l'invasion de l'espace défendu, la personne peut également se déplacer, c'est-à-dire changer de territoire.

4. La présence des autres

On peut penser que la présence de témoins lors de comportements indésirables réduit la tendance à l'agression, mais il s'avère qu'il en est tout autrement. Le fait d'être en groupe rend l'identification des personnes agressives plus difficile et augmente la probabilité d'agressions. En d'autres termes, le phénomène de désindividuation et l'anonymat semblent libérer les individus de leurs inhibitions sociales.

C - Autres facteurs

1. La présence d'armes

La présence d'armes peut engendrer des comportements agressifs, on distingue deux mécanismes à la base de la relation arme-agression.

- Berkowitz (1969) écrit que « le doigt appuie sur la gachette mais la gachette peut entraîner le doigt ». Il suggère ainsi que la présence d'armes peut accroître la prégnance d'actions agressives. Cela signifie que la possession ou la simple présence d'armes peut inciter à la violence.
- Mais le comportement de la personne est fonction de sa perception des armes. Soit elle déclenche un dégoût de la violence, soit l'arme est perçue comme un signe de masculinité et dans ce cas, on peut s'attendre à une tendance agressive.

2. Drogues et agression

Plusieurs études montrent qu'une forte dose d'alcool entraîne une activation physiologique et des comportements agressifs, alors que la marijuana semble avoir un effet adoucissant. Cependant, leurs effets sur le comportement de la personne peuvent être influencés par leur perception sociale. L'alcool semble plus conduire à des agressions lorsqu'il sert d'excuse à des comportements agressifs.

3. Sexe et agression

Le fait de regarder des films ou revues sexuellement violents peut entraîner une banalisation du viol, de l'agression. Des études rapportent que le nombre d'agressions envers les femmes est généralement plus important dans les pays où l'expression de la pornographie est assez libre. Seul le Japon ne confirme pas cette règle, ce qui suppose que la relation pornographie-agression est de nature corrélationnelle et non causale et que les comportements des individus dépendent de la culture.

4. Influence de la télévision

Les observations d'un modèle agressif peuvent entraîner des impulsions agressives des enfants et adultes et leur enseigner de nouvelles manières d'agresser. La télévision et plus particulièrement les films contenant des scènes violentes peuvent donc avoir des conséquences sur les comportements des individus et déclencher une tendance à l'agression.

Références

Berkowitz, L. (1993). *Aggression : Its causes, consequences, and control.* New York : Mc Graw Hill.

Karli, P. (1987). *L'homme agressif.* Paris : Seuil.

Malamuth, N.M., Donnerstein, E.I. (1984). *Pornography and sexual aggression.* New York : Academic Press.

FICHE 73 VIOLENCE FILMÉE ET AGRESSION

La question soulevée ici est de savoir si la vision de films contenant des scènes violentes provoque de l'agressivité chez les spectateurs. L'examen des modèles théoriques et des résultats expérimentaux peut nous apporter des éléments de réponse.

I - DIFFÉRENTES APPROCHES

A - L'approche de Bandura

Les recherches menées par Bandura (1963, 1973) sur des jeunes spectateurs ont pour cadre les travaux sur l'imitation. Il s'agit d'examiner les réactions agressives imitées après la vision de séquences violentes. Ces études ont permis de démontrer que les enfants imitent les comportements agressifs qu'ils voient, ceci sous certaines conditions. Ainsi, si les actes agressifs sont renforcés positivement, s'ils ne sont pas punis, s'ils ne sont pas désapprouvés par les adultes, si des pairs sont présents dans la situation, alors la tendance à l'imitation augmente.

B - L'approche de Berkowitz

Les travaux de Berkowitz (1970) ont pour sujets des adultes et des adolescents. Ils étudient les réactions agressives après la vision de scènes violentes. Contrairement aux recherches menées par Bandura, la variable dépendante n'est pas l'imitation, mais le fait de savoir si les sujets font preuve d'agressivité ou non après avoir regardé une séquence filmée. Les résultats des études sur ce modèle nous apprennent que la vision de films violents augmente la probabilité de comportements agressifs chez le spectateur. Ceci se vérifie particulièrement quand :

– il y a activation physiologique ou émotionnelle chez le spectateur;

– il y a identification au personnage principal;

– la scène violente filmée est réelle et non pas fictive;

– il n'y a pas de commentaire critique.

Par contre, si l'anxiété du spectateur est trop importante, la probabilité d'acte agressif diminue.

C - Les études longitudinales

Ces études examinent les effets de l'exposition à la télévision sur une période de temps plus étendue. Par exemple, Huesmann et Eron (1986) ont observé pendant trois ans les habitudes télévisuelles d'enfants dans cinq pays différents. À l'instar des expérience en laboratoire, ces recherches montrent un lien entre le fait de voir de la violence filmée et l'agressivité (Eron *et al.*, 1972 ; Fraczek, 1986).

II - CONCLUSIONS

A - Expérimentation en milieu naturel

Leyens *et al.* (1975) conduisent une expérimentation dans une institution privée pour adolescents. Elle se déroule en trois phases : une semaine d'adaptation, une semaine de films et une semaine pour estimer les effets. Pendant la semaine de films, la moitié des sujets voient des films agressifs tandis qu'à l'autre moitié, on présente des films neutres. Les résultats de cette expérience montrent une forte augmentation des comportements agressifs immédiatement après la projection dans les groupes « films violents ». De plus, les chercheurs soulignent le parallèle entre le type de violence observée chez les adolescents et celle présente dans les films visionnés.

B - Controverse

Malgré le nombre de travaux sur le sujet, la question de l'influence de la violence filmée sur le comportement n'est pas réglée. Les problèmes méthodologiques sont nombreux. Il est difficile de transposer les résultats observés en laboratoire et les études longitudinales ne peuvent prendre en compte toutes les variables. Selon Geen et Thomas (1986), le lien entre télévision et agression pourrait résulter de l'activation physiologique que provoque l'observation de la violence, d'un apprentissage par imitation des comportements observés et de l'effet désinhibiteur de la vision de la violence.

Références

Leyens, J.P. (1977). *Psychologie sociale.* Bruxelles : Pierre Mardaga éditeur.

Tedeschi, J.T., & Felson, R.B. (1994). *Violence, aggression & coercitive actions.* Washington, DC : American Psychological Association.

FICHE 74

DÉVELOPPER L'ALTRUISME

Comment amener un individu à venir en aide à un autre individu ? Une série de recherches a étudié les divers facteurs qui pouvaient développer l'altruisme, et donc favoriser le comportement d'aide.

I - PAR L'EMPATHIE

A - L'EMPATHIE AVEC LA PERSONNE AIDÉE

Le fait de venir en aide à autrui peut être dû aux sentiments que l'on éprouve vis-à-vis de cet autrui. Ainsi, on peut trouver du plaisir en retour dans le fait que la personne envers laquelle nous faisons un acte altruiste éprouve du plaisir. Les effets positifs d'une action (être altuiste) procurent un bénéfice indirect à son auteur, ceci pouvant conduire alors à un renforcement.

Dans l'expérience de Aronfreed (1970), on augmente chez des petites filles les actions altruistes en augmentant l'empathie avec l'expérimentatrice. C'est parce qu'elles ont associé leur plaisir à celui de l'expérimentatrice que les petites filles adoptent un comportement altruiste. On peut donc augmenter l'altruisme en augmentant le plaisir de la personne aidée, ou plutôt la perception du plaisir de la personne aidée chez l'observateur.

B - L'EMPATHIE AVEC UN MODÈLE ALTRUISTE

Un autre moyen de développer l'altruisme est d'accroître l'empathie avec un modèle de référence altruiste. Dans l'expérimentation de Horstein (1970), des enveloppes contenant un portefeuille et une lettre sont « égarées » dans New York. À l'aide de la lettre, on comprend que ce portefeuille a été perdu, puis retrouvé par quelqu'un qui s'apprêtait à le renvoyer avant de le perdre de nouveau. Les résultats montrent que les gens adoptent davantage un comportement altruiste quand la lettre met en avant un modèle de référence proche et altruiste : c'est le cas quand la lettre est signée par quelqu'un de même nationalité que celui qui la trouve, et quand cette personne se montre heureuse de rendre service.

II - AUTRES FACTEURS

A - FACTEURS DISPOSITIONNELS

Dans leurs recherches sur l'altruisme, Weyant (1978) puis Cialdini et ses collaborateurs (1987) ont pu démontrer le lien entre la volonté d'aider et l'état psychique des sujets. C'est ainsi que ces études indiquent que les sentiments de culpabilité et de tristesse accroissent les actes secourables. Porter secours à une personne devient le moyen de surmonter ses propres difficultés et de satisfaire son ego. Si on améliore l'humeur des sujets (en leur faisant écouter un enregistrement humoristique par exemple), les comportements altruistes diminuent.

On peut aussi citer les travaux de Piliavin *et al.* (1981) qui soulignent l'importance de la réaction émotionnelle : plus la situation provoque des sentiments désagréables chez une personne, plus elle est motivée pour réduire ces émotions, ce qu'elle peut faire en portant de l'aide par exemple.

Parmi les facteurs pouvant augmenter les comportements altruistes, on relève le temps dont dispose l'aidant potentiel ainsi que son expérience de la situation : plus il a du temps devant lui (Darley & Batson, 1973) et plus il est compétent (Schwartz & Gottlieb, 1980), plus il interviendra.

B - FACTEURS SITUATIONNELS

Les expériences de Latané et Darley (1968, 1970), ainsi que le modèle de prise de décision qu'ils ont développé, nous indiquent les facteurs susceptibles d'orienter la décision des sujets en cas d'urgence. Pour qu'un comportement d'aide soit émis, il est nécessaire que des indices de demande de secours soient perçus. De plus, il faut disposer des indices pour interpréter la situation de façon appropriée (le comportement des gens dans la même situation peut être un indice). Le nombre de personne autour de la victime est aussi un facteur de prise de décision. Moins il y a de personnes auprès de la victime, plus les gens se sentent responsables et plus ils sont prêts à l'aider.

Références

Leyens, J.P. (1977). *Psychologie sociale*. Bruxelles : Pierre Mardaga éditeur.

Moscovici, S. (1994). *Psychologie sociale des relations à autrui*. Paris : Nathan.

FICHE 75

ATTRACTION INTERPERSONNELLE

Le fait d'être engagé dans des relations interpersonnelles reste pour l'être humain la principale source de satisfaction et de bien-être (Argyle et Henderson, 1984). À l'origine de la formation de ces relations interindividuelles, amicales ou amoureuses, on trouve l'attraction.

I - QU'EST-CE QUE L'ATTRACTION ?

A - Définition

« L'attraction définit, à l'intérieur d'une relation, la dimension émotionnelle à l'égard des autres qui se caractérise par l'expression d'une attitude positive envers autrui (la sympathie) et par le désir de se rapprocher d'autrui » (Moser, 1994, p. 54). En d'autres termes, l'attraction correspond à l'expression d'affinités (Maisonneuve, 1966) et d'un désir d'affiliation (Oberlé, 1995).

B - Principe de la gratification

L'attraction initiale que l'on éprouve pour une personne dépend avant tout des satisfactions qu'elle nous procure. Ainsi nous aimons tout spécialement les gens dont le comportement nous apporte des gratifications ou que nous percevons comme gratifiants (Lott et Lott, 1974). Au fur et à mesure que la relation se développe, d'autres facteurs sont à considérer pour comprendre l'attraction interpersonnelle.

II - DONNER ET RECEVOIR

La théorie de l'attraction est fondée entre autres sur ce principe de la gratification à travers deux approches complémentaires (Brehm, 1984).

A - Stratégie minimax

Pour les théoriciens de l'échange social (Thibaut et Kelley, 1959), les sentiments que nous éprouvons à l'égard d'une personne dépendent du profit que nous retirons de la relation avec elle. Ce profit s'exprime par la différence entre la quantité de gratifications perçues et les coûts de la relation, sachant qu'il existe ou non des solutions de rechange. Cela revient donc à maximiser les récompenses (protection, tendresse, joie, etc) et à minimiser les coûts (temps, conflits, ennui, etc). Plus le plaisir est grand et la douleur minime, plus l'attraction est forte.

Si deux individus engagés dans une relation souhaitent qu'elle dure, ils ne peuvent s'en remettre continuellement à cette stratégie minimale. Les règles de l'échange social, dont on fait très tôt l'apprentissage, nous apprennent à gérer nos relations de manière à nous engager dans un processus d'accommodation.

B - Règle de l'équité

Un célèbre proverbe dit que « les bons comptes font les bons amis », autrement dit, pour rester amis, il faut s'acquitter exactement de ce que l'on se doit l'un à l'autre. En effet, il semble que nous faisons tout pour qu'il y ait un équilibre entre ce que nous donnons et ce que nous recevons. La règle de l'équité (Walster *et al.*, 1976) énonce un principe selon lequel les récompenses (les gains) et les coûts doivent être relativement égaux pour chacun des protagonistes. En d'autres termes, nous nous faisons une idée de ce que nous pouvons attendre dans une relation, mais aussi de ce que notre partenaire peut en attendre. Si la personne se sent désavantagée par rapport à son partenaire, elle peut éprouver un sentiment d'injustice devant cette inéquité. Si au contraire la situation lui semble plutôt avantageuse, c'est un sentiment de culpabilité qui prédomine. Dans tous les cas, un déséquilibre dans la relation entraîne une insatisfaction et une tentative de rééquilibrage des échanges.

La nature, l'intensité et la durée des relations interpersonnelles varient considérablement. On distingue les relations formelles et professionnelles entretenues avec le voisinage, les commerçants, les collègues de travail et ainsi de suite, de celles plus profondes établies avec la famille, les amis ou avec le partenaire amoureux : ce sont les relations intimes.

III - RELATIONS INTIMES

A - Qu'est-ce qui caractérise les relations intimes ?

1. Intimité

La notion d'« intimité » renvoie à l'existence d'une forte proximité entre deux individus : ils sont proches l'un de l'autre. Toute relation intime suppose donc l'existence de liens intenses ayant une implication affective et/ou sexuelle.

2. Caractéristiques

Les relations intimes se distinguent des autres relations interpersonnelles par :

- l'intensité des sentiments, de l'attachement mutuel;
- l'étendue et la profondeur des informations données au sujet de soi (auto-révélation réciproque);
- l'importance de l'engagement vis-à-vis de l'autre et dans la relation;
- un sentiment d'interdépendance et de fusion.

Les psychologues sociaux se sont surtout intéressés aux relations entre deux adultes, c'est-à-dire à l'amitié et à l'amour.

B - Amitié et amour

Les études empiriques sur l'amitié et l'amour ont permis la distinction de ces deux formes de relations intimes.

1. Amitié

■ L'amitié renvoie à un sentiment d'affection, de sympathie qui existe entre deux personnes qui éprouvent beaucoup de plaisir à interagir.

■ Rubin (1973) distingue deux composantes principales dans une relation amicale :

- la tendance à percevoir l'autre comme similaire à soi, que ce soit au niveau des attitudes, des opinions, des traits de personnalité, etc.;
- l'évaluation favorable de l'autre dans ses compétences, intelligence, prises de décision, etc.

Les liens amicaux sont fortement imprégnés de la réciprocité du respect et de l'admiration.

■ La relation amicale se caractérise également par le fait qu'elle se développe graduellement et de façon objective. Tant que la personne nous apporte des gratifications, la relation dure. De ce point de vue, l'amitié est une relation durable qui tend à se consolider avec le temps et qui se caractérise par la prédominance de sentiments positifs (Berscheid, 1985).

2. Amour

- L'amour correspond à un sentiment très intense, à un attachement très fort entre deux personnes. D'un point de vue clinique, la dépendance psychologique que l'on éprouve à l'égard de la personne qu'on aime est un aspect fondamental de la relation amoureuse.

- La notion d'amour contient trois composantes principales (Rubin, 1973) :

  - l'attachement à une autre personne; on a besoin de l'autre pour satisfaire ses propres besoins de bien-être et de bonheur;
  - la préoccupation de l'autre qui s'exprime par un don de soi et un engagement à maintenir la relation;
  - un sentiment d'exclusivité vis-à-vis de l'autre; la fusion dans l'autre est rendue possible par l'auto-révélation réciproque.

- Contrairement à la relation amicale qui est réaliste, l'imaginaire tient une grande place dans l'amour qui est plus idéaliste. On élabore des croyances et des savoirs qui marquent considérablement l'état émotionnel intense qu'est l'amour. Il est considéré comme un sentiment fragile et précaire qui naît rapidement, mais qui se développe rarement avec le temps. L'amour est fait de sentiments conflictuels; il peut être à l'origine de bonheur comme de douleur, d'attachement profond comme de haine.

Références

Brehm, S. S. (1984). Les relations intimes. In S. Moscovici (Ed.), *Psychologie sociale* (pp. 169-191). Paris : Presses Universitaires de France.

Moser, G. (1994). *Les relations interpersonnelles.* Paris : Presses Universitaires de France.

▶ Voir fiches 76, 77.

FICHE 76 QU'EST-CE QUI FAVORISE L'ATTRACTION ?

Parmi la multitude de rencontres que nous faisons, seules quelques unes débouchent sur une relation durable et profonde. Différentes étapes sont en effet nécessaires au développement de ces contacts initiaux superficiels. Ces différents stades d'évolution sont fortement marqués par les intentions des personnes impliquées d'une part, et par des circonstances psychosociales d'autre part. Celles-ci ont une influence plus ou moins forte selon le stade de développement de la relation en cours.

I - COMMENT ÉVOLUE UNE RELATION ?

Alors que la plupart des modèles de développement concernent spécifiquement les relations amoureuses, celui que propose Moser (1994) vaut quel que soit le type de relation. Cet auteur situe le passage d'une simple découverte d'affinités à l'instauration d'une relation plus durable à trois niveaux, qui sont trois stades de développement de la relation.

A - Prendre conscience qu'autrui existe

Moser distingue deux manières de prendre conscience de la présence d'autrui :

- lors de côtoiements répétés. Le simple fait de « croiser » régulièrement une personne (voisinage, passager d'un bus, lieu de travail...) nous permet de prendre conscience de sa présence. La reconnaissance éventuelle que nous en avons se fait par rapport à l'impression que nous nous en faisons à partir de ses caractéristiques physiques et vestimentaires ;
- lors de contacts superficiels. Ce type de contact s'instaure soit de manière fortuite et transitoire (au cours d'un dîner, d'une soirée...), soit lors de relations sociales formelles (avec des commerçants, des collègues de travail...).

Ce premier stade ne constitue pas en soi une relation ; il sert plutôt de « tremplin » à l'établissement d'une éventuelle relation plus durable.

B - S'explorer réciproquement

Ce second stade de développement concrétise la volonté de chacun des protagonistes de faire plus amplement connaissance. Ils choisissent alors de se rencontrer hors du cadre habituel (autour d'un verre, d'un repas...). C'est l'occasion d'échanger des informations sur soi-même ou sur d'autres sujets et de se découvrir mutuellement. La perception des attributs et surtout d'éventuelles similitudes chez autrui contribue pour une large part à l'engagement dans une relation plus profonde.

C - S'ATTIRER MUTUELLEMENT

Ayant choisi de poursuivre la relation, les deux protagonistes s'impliquent davantage en se révélant de plus en plus à l'autre. Chacun accepte la singularité, l'unicité de l'autre : c'est la naissance de la réciprocité de l'intimité et de l'intérêt pour autrui. Par l'intermédiaire de l'auto-révélation réciproque, les individus découvrent des similitudes dans leurs attitudes, dans leur façon d'être et de penser et éventuellement la complémentarité de leurs besoins personnels. C'est aussi l'occasion d'entrevoir les gratifications susceptibles d'être apportées par l'un et l'autre des protagonistes.

L'attraction est un sentiment fragile et précaire puisqu'il détermine à la fois le début, le maintien mais aussi la fin d'une relation. Autrui peut ainsi susciter de l'attraction comme de l'aversion. Cela dépend de circonstances psychosociales qui ont été repérées par les psychologues sociaux comme étant susceptibles d'influer sur cet état.

II - QUELS SONT LES FACTEURS QUI INFLUENT SUR L'ATTRACTION ?

Il est important de distinguer les facteurs qui interviennnent au début et qui font que les gens ont envie de faire connaissance, et ceux qui contribuent à consolider la relation. Les auteurs considèrent deux types de sources qui favorisent un premier contact : la proximité et l'apparence physique.

A - PROXIMITÉ ET APPARENCE PHYSIQUE

1. Proximité

La notion de « proximité » renvoie à celle de proximité physique, autrement dit de distance géographique (même ville, même rue, même lieu de travail, etc). La proximité physique favorise les rencontres d'une part et engendre la sympathie d'autre part. C'est ce que Festinger *et al.* (1950) ont découvert dans une étude sur les liens amicaux à l'intérieur d'un nouvel ensemble immobilier. Plus la distance entre deux appartements est petite, plus la probabilité de développement de relations amicales est grande. En fait, la proximité est un facteur d'attraction mutuelle dans la mesure où elle favorise la familiarité.

L'effet de la familiarité, rendu possible par la fréquence des contacts, fait intervenir deux processus :

- voir autrui : les expériences de Zajonc et de ses collalorateurs montrent que le simple fait d'être exposé fréquemment et de manière répétitive à un même stimulus (un objet, une situation ou une personne) crée un sentiment positif, une attraction pour ce stimulus (Moreland et Zajonc, 1982). C'est ce qu'on appelle l'effet de simple exposition;
- interagir avec autrui. Voir régulièrement et fréquemment la même personne ne suffit pas toujours à favoriser une attraction mutuelle; il est essentiel de pouvoir communiquer et d'interagir avec elle. Ainsi, l'interaction sociale augmente la probabilité d'une attraction (Insko et Wilson, 1977). Elle favorise en effet la découverte éventuelle d'intérêts communs et d'affinités. L'anticipation d'une interaction produit un effet similaire (Darley et Berscheid, 1967).

2. Apparence physique

L'influence de ce facteur a été étudié dans le cadre des relations intersexes. Il s'avère qu'un physique agréable est déterminant pour l'établissement de ce type d'attraction. Après une brève rencontre, les personnes ayant une « belle » apparence sont les plus appréciées et sont plus susceptibles de revoir leur partenaire (Walster *et al.*, 1966). Trois aspects relatifs à l'apparence physique méritent d'être cités.

- Il semble que les hommes réagissent beaucoup plus que les femmes à la beauté physique (Berscheid et Walster, 1974); ces dernières accordent davantage d'attention aux intérêts communs ou à d'autres aspects tels que la compétence ou les qualités intellectuelles de la personne.
- Les personnes « belles » recherchent la compagnie d'autres personnes qu'elles considèrent « belles ». Ce phénomène traduit ce qu'on appelle un processus d'appariement, c'est-à-dire une tendance à s'assortir. Les individus préfèrent se joindre à des personnes dont la beauté correspond à peu près à la leur, autrement dit qui ont une attractivité similaire (Berscheid *et al.*, 1971).
- De nombreuses recherches montrent que les individus attirants physiquement sont jugés plus chaleureux, plus performants professionnellement, plus heureux et socialement plus habiles. Il existe une espèce de consensus sur le fait que ce qui est beau comporte des traits désirables, des qualités comportementales et cognitives (Dion *et al.*, 1972).

La beauté et la proximité favorisent les rencontres. Ces facteurs jouent surtout au niveau du premier stade de développement. Deux autres sources ont leur importance au fur et à mesure que les gens apprennent à mieux se connaître : la similitude et la complémentarité.

B - Similitude et complémentarité

1. « Qui se ressemble s'assemble »

Les personnes qui ont les mêmes penchants (religion, loisirs, mode de vie, etc.) se recherchent mutuellement. Nous sommes donc particulièrement attirés par les individus qui partagent des opinions, des valeurs et des croyances similaires aux nôtres, autrement dit qui nous ressemblent (Byrne et Clore, 1970). La ressemblance engendre la sympathie, nous fait percevoir l'autre comme étant aimable alors que la dissemblance entraîne plutôt de l'aversion ou l'antipathie; elle constitue un frein au développement de la relation. Cet effet des similitudes prend de l'importance au fur et à mesure que la relation se développe et se stabilise par la suite.

2. « Les contraires s'attirent »

Une fois la relation consolidée, les individus peuvent rechercher non pas les ressemblances mais les différences (Kerckoff et Davis, 1962). Ce constat se fonde sur le principe de la complémentarité mis en évidence par Winch (1958) auprès de couples mariés. Chacun des partenaires doit permettre à l'autre de compenser ce qui lui manque, de satisfaire des besoins complémentaires. Celui qui éprouve le besoin d'être protégé sera satisfait si son partenaire lui apporte réconfort et protection; celui qui n'aime pas prendre les décisions importantes se réjouira de voir son partenaire le faire à sa place, etc. Ce facteur influe surtout au troisième stade de développement de la relation.

Il est bien entendu que si la durée et la stabilité d'une relation dépend des gratifications perçues, des ressemblances et/ou de la complémentarité, ces principes n'expliquent pas tout. Il faut en effet tenir compte des dynamiques de l'attraction, c'est-à-dire des contextes sociaux dans lesquels elle se situe, mais aussi de la personnalité de chacun, de leur motivation à maintenir la relation et ainsi de suite. De ce point de vue, il ne faut pas négliger un cinquième facteur qui influe sur toutes les étapes du développement de la relation à savoir la réciprocité des sentiments. Il est en effet essentiel de montrer à l'autre qu'on l'apprécie, qu'on a de la considération pour lui en lui apportant des jugements positifs.

Référence

Moser, G. (1994). *Les relations interpersonnelles*. Paris : Presses Universitaires de France.

▶ Voir fiches 75 et 77.

FICHE 77

DIFFÉRENTES SORTES D'AMOUR

L'amour est un sentiment complexe : l'attrait mutuel entre deux personnes peut être d'ordre affectif, sexuel, intellectuel ou spirituel. C'est aussi un sentiment fragile et précaire : il peut être à l'origine d'expériences heureuses ou malheureuses, encourageantes parfois, déprimantes d'autres fois. Depuis une vingtaine d'années seulement, les psychologues sociaux tentent de quantifier et de mesurer les différentes façons d'aimer.

Le psychologue R. Sternberg a récemment proposé (1986) un modèle dans lequel il se représente l'amour comme un triangle dont les trois côtés correspondent aux trois composantes de l'amour qui sont pour lui : l'intimité, la passion et l'engagement.

I - INTIMITÉ, PASSION ET ENGAGEMENT

A - Intimité

L'intimité, qui est une composante émotionnelle, rend compte de la puissance des liens affectifs qui lient deux individus et qui font qu'ils se sentent proches. On la retrouve dans différents types de relations qu'il s'agisse de relations familiales, amicales ou amoureuses.

B - Passion

Cette composante motivationnelle désigne un état émotionnel intense dans lequel les partenaires ressentent une forte attirance physique et sexuelle. Ils désirent ardemment être ensemble, être unis le plus intimement.

C - Engagement

L'engagement mutuel, en tant que composante cognitive, renvoie à une volonté réciproque de s'investir « corps et âme » vis-à-vis de l'autre (décision d'aimer l'autre) et dans la relation (engagement à maintenir la relation).

II - DE L'AMITIÉ AU PARFAIT AMOUR

Les combinaisons de ces trois composantes correspondent à différentes sortes d'amour qu'il est possible de visualiser de la façon suivante :

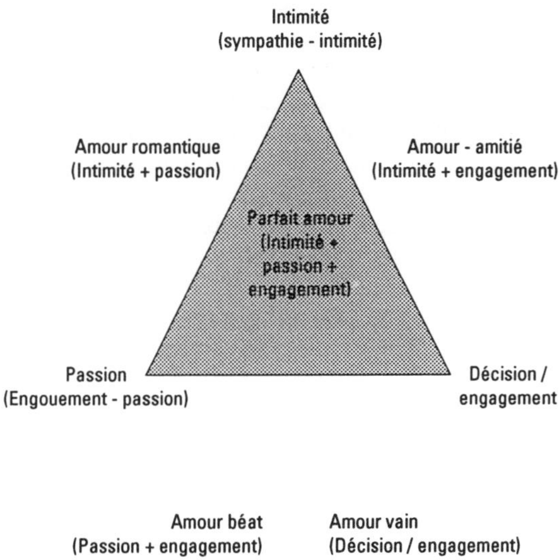

Références

Myers, D.G., & Lamarche, L. (1992). *Psychologie sociale : Attraction* (chap. 11, pp. 409-447). New York : MacGraw-Hill.

Sternberg, R.J. (1986). A triangular theory of love. *Psychological Review*, 93, 119-135.

▶ Voir fiches 75 et 76.

FICHE 78

L'ALTRUISME

On estime aujourd'hui à neuf millions le nombre de personnes en France qui consacrent un peu de leur temps à aider les autres notamment en soutenant différentes associations caritatives. L'importance de ce chiffre ne doit pas masquer pour autant d'autres réalités sociales où un comportement égoïste semble prédominer. Comment expliquer en effet que certaines personnes, victimes de détresse physique ou morale, ne recueillent que de l'indifférence de la part des gens? Pour comprendre cette ambivalence, les psychologues sociaux se sont intéressés aux circonstances environnementales et personnelles susceptibles de favoriser ou d'inhiber cette action prosociale qu'est l'altruisme.

I - QU'EST-CE QUE L'ALTRUISME ?

- L'altruisme est le contraire de l'égoïsme. Adopter un comportement altruiste, c'est se soucier des autres, leur venir en aide même si, en échange des services rendus (dons d'argent, de temps, de nourriture à des œuvres de charité, à des projets divers, à une personne en difficulté...), aucune compensation n'est offerte ou attendue (gains financiers, gratitude, sympathie...).

- De nombreux auteurs s'accordent pour dire que l'altruisme comporte un sacrifice de soi et il semble même, selon Berkowitz (1972), que les vrais altruites agissent contre leur intérêt propre. On peut distinguer selon Moscovici (1994) trois formes d'altruisme : l'altruisme participatif fondé sur un lien d'attachement à la patrie, à la nation ou à la famille; l'**altruisme fiduciaire** basé sur la confiance établie dans une relation d'aide interpersonnelle et l'**altruisme normatif** qui renvoie aux aides fournies par des institutions telles que la Sécurité sociale, l'assurance chômage ou les caisses de retraite.

II - QUAND APPORTONS-NOUS NOTRE AIDE ?

Les auteurs considèrent que trois types de facteurs sont susceptibles d'encourager ou au contraire d'inhiber l'altruisme (Staub, 1974). Leur incidence sur le comportement d'aide est plus ou moins marquée selon qu'il s'agisse de situations d'urgence (accident de la route, agression physique, malaise cardiaque...) ou non (dons d'argent, de temps, de sang...).

A - Facteurs situationnels

La relation entre l'aidant et l'aidé existe dans un contexte, un environnement social et physique. De ce point de vue, c'est surtout l'attitude manifeste des autres qui influe sur notre propre décision d'apporter ou non notre aide.

1. Effet du nombre de témoins

- Dans le cas d'une situation d'urgence, plus le nombre potentiel d'intervenants est grand, moins il est probable que l'un d'eux apporte son aide rapidement. C'est ce que Latané et Darley ont découvert à partir d'une série d'expériences qui leur a permis d'élaborer un modèle de prise de décision (1970) reposant sur trois éléments. Si plusieurs témoins assistent à la scène, alors chacun d'eux a moins de chance :

  – de remarquer l'incident (Latané et Darley, 1968);

  – de l'interpréter comme une situation d'urgence nécessitant une intervention. On peut alors observer un phénomène d'ignorance collective dans la mesure où chacune des personnes présentes se sert de la passivité de l'autre comme d'une information sur la réalité. L'inaction d'autrui est interprétée comme un indice du fait que l'aide n'est pas utile. L'individu a peur de mal interpréter la situation et donc de se tromper;

  – d'engager sa responsabilité dans l'action. Le fait d'être plusieurs permet à chacun de reporter son **sentiment de responsabilité** sur les autres et d'éviter ainsi d'agir personnellement : c'est la diffusion de la responsabilité.

- L'effet du « spectacteur » vaut surtout dans le cas où la situation est ambiguë donc difficilement interprétable, où les personnes présentes nous sont étrangères (Rutkowski *et al.*, 1983), où l'aide est coûteuse (Morgan, 1978). Enfin, d'autres recherches menées sur le terrain ont montré que cet effet, loin d'être systématique, est parfois inversé (Piliavin *et al.*, 1969).

2. Effet des modèles

- L'ambiguité d'une situation (faut-il ou non intervenir ?) peut être levée si nous voyons d'autres personnes s'engager dans une relation d'aide. Nous avons alors tendance à adopter les mêmes comportements que ces modèles prosociaux qui peuvent ainsi inciter les gens à aider une personne à changer un pneu crevé (Bryan et Test, 1967), à donner à des œuvres de charité ou à donner leur sang (Rushton et Campbell, 1977).

- Nous sommes plus enclins à imiter un modèle qui est semblable à nous d'une part et qui est en mesure de nous procurer des récompenses d'autre part (Hornstein *et al.*, 1968).

D'autres facteurs de la situation tels que le manque de temps (Darley et Batson, 1973) ou l'exposition au bruit peuvent aussi influer sur la conduite d'aide.

B - Facteurs personnels

Si la décision d'aider quelqu'un dépend en partie des circonstances environnementales, elle est également fonction de l'état psychologique dans lequel se trouve la personne qui vient en aide ainsi que de ses caractéristiques personnelles.

1. État émotionnel

- Culpabilité. Lorsque l'on provoque expérimentalement un sentiment de culpabilité chez les gens (en les incitant à mentir, à tricher, à administrer des chocs électriques...), cela accroît leur volonté d'aider (Regan *et al.*, 1972). Après avoir commis une mauvaise action, adopter un comportement altruiste permettrait ainsi d'atténuer la culpabilité ou de rétablir une image positive du soi privé et public.
- Humeur. Les gens qui se sentent d'une humeur négative comme la tristesse peuvent adopter un comportement serviable tel que la générosité pour améliorer leur état général. L'aide constitue pour eux un moyen gratifiant de se changer les idées (Cialdini et Kenrick, 1976).

2. Traits de personnalité

Ni les tests de personnalité, ni les recherches longitudinales ne permettent d'identifier les gens serviables. De la même façon, une personne qui se montre altruiste dans une situation ne va pas forcément adopter le même type de comportement dans une autre situation. En fait, il semble que si la personnalité des gens, leurs dispositions (socialisation en bas âge) influent sur leurs réactions altruistes, c'est par rapport à des situations environnementales spécifiques (Romer *et al.*, 1986). L'action est donc la résultante de combinaisons entre des facteurs personnels et situationnels.

C - Facteurs interpersonnels

1. L'aide est-elle nécessaire et méritée ?

Avant de s'engager dans une action sociale positive, les gens évaluent la personne en difficulté; ils s'interrogent tout d'abord sur la nécessité du besoin d'aide puis sur le fondement de cette aide : est-elle méritée ? Si l'aidant croit en l'hypothèse du monde juste, c'est-à-dire que les gens méritent ce qui leur arrive (Lerner, 1970), alors il peut estimer que l'aide n'est pas méritée. Une façon de contrebalancer cette croyance consiste à donner plus d'informations sur les causes de cette détresse physique ou morale.

2. Caractéristiques de la personne demandant de l'aide

Nous sommes plus susceptibles d'aider quelqu'un que l'on trouve attirant ou aimable (Piliavin *et al.*, 1975). Ainsi, un individu qui saigne de la bouche reçoit moins d'aide que s'il ne saigne pas (Piliavin et Piliavin, 1972). Demander de l'aide d'un ton positif et optimiste suscite et favorise l'aide (Kriss *et al.*, 1974). Nous sommes également plus enclins à aider quelqu'un qui nous ressemble que l'inverse (Emswiller *et al.*, 1971).

Références

Berkowitz, L. (1972). Social norms, feeling and other factors affecting helping and altruism. In L. Berkowitz (Ed.), *Advances in experimental social psychology* (vol. 6). New York : Academic Press.

Staub, E. (1974). Helping a Distressed Person : Social, Personal, and Stimulus Determinants. In L. Berkowitz (Ed.), *Advances in experimental social psychology* (vol. 7). New York : Academic Press.

FICHE 79 POURQUOI NOUS ENTRAIDONS-NOUS ?

Si le comportement altruiste exclut tout renforcement externe, c'est-à-dire toute forme de compensation extérieure (gains, gratitude...), c'est ailleurs qu'il faut chercher l'explication théorique de ce type de conduite. Il convient de distinguer deux théories qui renvoient à deux niveaux complémentaires d'explication : psychologique et sociologique.

I - ÉCHANGE SOCIAL

Avant de s'engager dans une relation d'aide, les individus procèdent à une évaluation des gains et des coûts engendrés par l'aide suggérée (Lynch et Cohen, 1978). En effet, même si l'acte altruiste se fait exclusivement au bénéfice d'autrui et sans contrepartie directe (gains, gratitude...), l'aidant peut en retirer des conséquences positives indirectes. Son engagement dans ce type d'action peut ainsi être motivé par la recherche de récompenses subjectives, c'est-à-dire de gains psychologiques indirects.

A - Satisfaction personnelle

L'acte altruiste, loin d'être désintéressé, semble au contraire être autogratifiant pour l'aidant dans la mesure où cet acte lui permet :

- d'apaiser la tension, l'anxiété qu'il ressent face à la détresse physique ou morale d'une personne;
- d'augmenter son sentiment de valeur personnelle, autrement dit d'accroître son estime de soi.

S'il est vrai que l'altruisme procure une certaine satisfaction personnelle, celle-ci n'est pas l'unique motivation; l'évitement de la douleur en est une autre.

B - Empathie

Voir une personne souffrir peut susciter chez l'observateur des émotions pénibles, un sentiment de détresse intérieure (Schaller et Cialdini, 1988). Cela tient à la capacité humaine de réponse empathique, c'est-à-dire la capacité à s'imaginer à la place des autres (Hoffman, 1975). Afin d'atténuer la détresse de l'autre, mais aussi son propre trouble intérieur, l'individu peut être motivé à apporter de l'aide. Il le sera d'autant plus que la victime lui ressemble, lui est similaire (Krebs, 1975), ou qu'elle lui est proche affectivement (Batson, 1987).

II - NORMES

Notre motivation à aider les autres ne dépend pas tant des avantages que nous en retirons, que de ce qu'il convient de faire. Ainsi, les normes prescrivent le comportement approprié, les devoirs dans des circonstances données. Trois types de normes semblent motiver l'altruisme.

A - NORME DE RESPONSABILITÉ SOCIALE

Selon la norme de responsabilité sociale, les personnes qui ont besoin d'aide doivent être aidées sans que les aidants potentiels se préoccupent des avantages passés ou futurs retirés (Berkowitz, 1972).

B - NORME DE RÉCIPROCITÉ

La réciprocité est la norme selon laquelle nous devons faire du bien et non du mal à ceux qui nous ont aidé. D'après le sociologue Alvin Gouldner (1960), cette norme serait une obligation morale universelle essentielle à la société.

Même si ces deux normes culturellement admises « guident » nos conduites, l'existence de différences individuelles mais aussi et surtout de normes personnelles concourent à favoriser (ou à inhiber) les actions d'aide.

C - NORME DE RESPONSABILITÉ PERSONNELLE

Selon Schwartz (1977), nous apprenons durant notre enfance qu'il faut aider les gens dans le besoin. Cette norme sociale est intériorisée pour devenir une sorte d'obligation morale personnelle. Sa mise en œuvre est fonction de trois critères :

- reconnaître la nécessité de l'aide pour autrui (avoir conscience du besoin d'autrui);
- se sentir personnellement responsable du bien-être de la communauté;
- accepter d'engager sa responsabilité quels que soient les coûts.

Références

Batson, C. D. (1987). Prosocial motivation : Is it ever truly altruistic? In L. Berkowitz (Ed.), *Advances in experimental social psychology* (vol. 20). New York : Academic Press.

Schwartz, S. H. (1977). Normative influences on altruism. In L. Berkowitz (Ed.), *Advances in experimental social psychology* (vol. 10). New York : Academic Press.

▶ Voir fiche 78.

BIBLIOGRAPHIE

Abele, A., & Petzold, P. (1994). How does mood operate in an impression formation task? An information integration approach. *European Journal of Social Psychology*, 24, 173-187.

Abelson, R.P., & Rosenberg, M.J. (1958). Symbolic psycho-logic : a model of attitudinal cognition. *Behavioural Sciences*, 3, 1-13.

Abric, J.C. (1984). L'artisan et l'artisanat : Analyse du contenu et de la structure d'une représentation sociale. *Bulletin de Psychologie*, 37, 861-876.

Abric, J.C. (1987). *Coopération, compétition et représentations sociales.* Cousset : DelVal.

Abric, J.C. (1989). L'étude expérimentale des représentations sociales. In D. Jodelet (Ed.), *Les représentations sociales* (pp. 187-203). Paris : Presses Universitaires de France.

Abric, J.C. (1994). *Pratiques sociales et représentations.* Paris : Presses Universitaires de France.

Aissani, Y., Bonardi, C., & Guelfucci, B. (1990). Représentation sociale et noyau central : problèmes de méthode. *Revue Internationale de Psychologie Sociale*, 3, 335-356.

Ajzen, I. (1977). Intuitive theories of events and the effects of base rate information on prediction. *Journal of Personality and Social Psychology*, 35, 303-314.

Alloy, L.B., & Abramson, L.Y. (1979). Judgment of contingency in depressed and nondepressed students : Sadder but wiser? *Journal of Experimental Psychology : General*, 108, 441-485.

Alloy, L.B., & Ahrens, A.H. (1987). Depression and pessimism for the future : Biased use of statistically relevant information in predictions for self versus others. *Journal of Personality and Social Psychology*, 52, 366-378.

Allport, G.W. (1943). The ego in contemporary psychology. *Psychological Review*, 50, 451-478.

Anderson, N.H. (1965). Primacy effects in personality impression formation using a generalized order effect paradigm. *Journal of Personality and Social Psychology*, 2, 1-9.

Anderson, N.H. (1974). Cognitive algebra : Integration theory applied to social attribution. In L. Berkowitz (Ed.), *Advances in experimental social psychology* (vol. 7, pp. 1-101). New York : Academic Press.

Anderson, S.M. (1984). Self-knowledge and social inference : II. The diagnosticity of cognitive/affective and behavioral data. *Journal of Personality and Social Psychology*, 46, 294-307.

Anderson, S.M., & Bower, G.H. (1973). *Human associative memory.* Washington, D.C. : V.H. Winston.

Anderson, S.M., & Ross, L. (1984). Self-knowledge and social inference : I. The impact of cognitive/affective and behavioral data. *Journal of Personality and Social Psychology*, 46, 280-293.

Apostolidis, T., & Cordival, S. (1995). Représentations sociales et attitudes à l'égard des personnes séropositives en fonction du mode de contraction de la maladie. *Rapport de recherche du LPS*. EHESS.

Argote, L., Seabright, M.A., & Dyer, L. (1986). Individual vs group use of base rate and individuating information. *Organizational Behavior and Human Processes*, 38, 65-75.

Argyle, M., & Henderson, M. (1984). The rules of friendship. *Journal of Social and Personal Relationships*, 1, 209-235.

Aronfreed, J. (1970). The socialization of altruistic and sympathetic behavior : Some theoretical and experimental analyses. In J. Maccaulay & L. Berkowitz (Eds), *Altruism and Helping Behavior*. New York : Academic Press.

Aronson, E., & Carlsmith, J.M. (1974). L'effet de l'importance de la menace sur la dépréciation du comportement interdit. In J.P. Poitou (Ed.), *La dissonance cognitive* (pp. 102-108). Paris : Armand Colin.

Asch, S.E. (1946). Forming impressions of personality. *Journal of Abnormal and Social Psychology*, 41, 258-290.

Asuncion, A.G., & Lam, W.F. (1995). Affect and impression formation : Influence of mood on person memory. *Journal of Experimental Social Psychology*, 31, 437-464.

Baldwin, J.M. (1897). Social and Ethical *Interpretations in Mental Development*. New York : McMillan.

Bales, R. F. (1950). *Interaction process analys : A method for the study of small groups*. Cambridge, MA : Addison-Wesley.

Banaji, M.R., & Prentice, D.A. (1994). The self in social contexts. *Annual Review of Psychology*, 45, 297-332.

Bandler, R.J., Madaras, G.R., & Bem, D.J. (1968). Self-observation as a source of pain perception. *Journal of Personality and Social Psychology*, 9, 205-209.

Bandura, A. (1965). Influence of model's reinforcement contingencies on the acquisition of imitative responses. *Journal of Personnality and Social Psychology*, 1, 589-595.

Bandura, A. (1973). *Agression : A social learning analysis*. New York : Holt, Rinehart and Wilson.

Bandura, A. (1976). Effecting Change Through Participant Modeling. In J.D. Krumboltz & C.E. Thoresen (Eds.), *Counseling Methods*. New York : Rinehart & Winston.

Bandura, A. (1977). Self-efficacy : Toward a unifying theory of behavioral change. *Psychological Review*, 84, 191-215.

Bandura, A. (1994). *L'apprentissage social*. Bruxelles : Mardaga.

Bandura, A., Blanchard, E. D., & Ritter, B. (1969). The relative efficacity of desensitization and modeling approaches for inducing behavioral, affective and attitudinal changes. *Journal of Personnality and Social Psychology*, 13, 173-199.

Bandura, A., Ross, D., & Ross, S.A. (1961). Transmission of aggression through imitation of agressive models. *Journal of Abnormal and Social Psychology*, 63, 575-582.

Bargh, J.A. (1982). Attention and automaticity in the processing of self-relevant information. *Journal of Personality and Social Psychology*, 43, 425-436.

Bargh, J.A. (1989). Conditional automaticity : Varieties of automatic influence in social perception and cognition. In J. S Uleman & J.A. Bargh (Eds), *Unintended thought* (pp. 3-51). New York : Guilford Press.

Bargh, J.A., & Pietromonaco, P. (1982). Automatic information processing and social perception : The influence of trait information presented outside of conscious awareness on impression formation. *Journal of Personality and Social Psychology*, 43, 437-449.

Baron, R.A. (1974). Aggression as a function of victim's pain cues, level of prior anger arousal, and exposure to an aggressive model. *Journal of Personality and Social Psychology*, 29, 117-124.

Baron, R. S. (1986). Distraction-conflict theory : Progress and problems. In L. Berkowitz (Ed.), *Advances in experimental social psychology* (Vol. 19, pp. 1-40). New York : Academic Press.

Beauvois, J.L. (1984). *La psychologie quotidienne*. Paris : Presses Universitaires de France.

Beauvois, J.L., Bungert, M., Rainis, N., & Tornior, L. (1993). Statut d'agent, rationalisation et explication causale dans la soumission forcée. In J.L. Beauvois, R.V. Joule & J.M. Monteil (Eds), *Perspectives cognitives et conduites sociales. IV. Jugements sociaux et changement des attitudes* (pp. 153-166). Paris : Delachaux et Niestlé.

Beauvois, J. L., & Deschamps, J. C. (1990). Vers la cognition sociale (Chap.1) : Des biais aux automatismes (paragraphe 4, pp. 79-110). In R. Ghiglione, C. Bonnet et J. F. Richard (Eds), *Traité de psychologie cognitive* (vol. 3). Paris : Dunod.

Beauvois, J.L., & Deschamps, J.C. (1990). La théorie de la dissonance cognitive et sa filiation. In R. Ghiglione, C. Bonnet & J.F. Richard (Eds), *Traité de psychologie cognitive. 3. Cognition, représentation, communication* (pp. 25-42). Paris : Bordas.

Beauvois, J.L., Ghiglione, R., & Joule, R.V. (1975-1976). Quelques limites des réinterprétations commodes des effets de dissonance. *Bulletin de Psychologie*, 29, 758-765.

Beauvois, J.L., & Joule, R.V. (1981). *Soumission et idéologies. Psychosociologie de la rationalisation*. Paris : Presses Universitaires de France.

Beauvois, J.L., & Joule, R.V. (1987). *Petit traité de manipulation à l'usage des honnêtes gens*. Grenoble : Presses Universitaires de Grenoble.

Bem, D.J. (1967). Self persuasion : an alternative interpretation of cognitive dissonance phenomena. *Psychological Review*, 74, 103-200.

Bem, D.J. (1967). Self-perception : an alternative interpretation of cognitive dissonance phenomena. *Psychological Review*, 74, 183-200.

Bem, D.J. (1972). Self-perception theory. In : L. Berkowitz (Ed.), *Advances in Experimental Social Psychology* (vol. 6). New York : Academic Press.

Berkowitz, L. (1970). The contagion of violence : An S-R mediational analysis of some effects of observed aggression. In W.J. Arnold & M.M. Page (Eds), *Advances in experimental social Psychology* (vol. 6). New York : Academic Press.

Berkowitz, L. (1972). Social norms, feelings and other factors affecting helping and altruism. In L. Berkowitz (Ed.), *Advances in Experimental Social Psychology* (vol. 6). New york : Academic Press.

Berndsen, M., Spears, R., & Van der Pligt, J. (1996). Illusory correlation and attitude-based vested interest. *European Journal of Social Psychology*, 26, 247-264.

Berscheid, E. (1985). Interpersonal attraction. In G. Lindsey et E. Aronson (Eds), *The Handbook of Social Psychology* (vol. 2). New York : Random House.

Berscheid, E., Dion, K.K., Walster, E., & Walster, G.W. (1971). Physical attractiveness and dating choice : A test of the matching hypothesis. *Journal of Experimental Social Psychology*, 7, 173-189.

Bodenhausen, G.V. (1993). Emotions, arousal, and stereotypic judgments : A heuristic model of affect and stereotyping. In D.M. Mackie & D.L. Hamilton (Eds), *Affect, cognition, and stereotyping : Interactive processes in group perception* (pp. 13-37). San Diego, CA : Academic Press.

Bodenhausen, G.V., Kramer, G.P., & Süsser, K. (1994). Happiness and stereotypic thinking in social judgment. *Journal of Personality and Social Psychology*, 66, 621-632.

Bodenhausen, G.V., Sheppard, L.A., & Kramer, G.P. (1994). Negative affect and social judgment : The differential impact of anger and sadness. European *Journal of Social Psychology*, 24, 45-62.

Bower, G.H. (1991). Mood congruity of social judgments. In J.P. Forgas (Ed.), *Emotion and social judgments* (pp. 31-53). Elmsford, NY : Pergamon Press.

Bower, G.M., & Gilligan, S.G. (1979). Remembering information related to one's self. *Journal of Research in Personality*, 13, 420-432.

Bowlby, J. (1958). *Attachement et perte.* Paris : Presses Universitaires de France.

Brehm, J.W. (1966). *A theory of psychological reactance.* New York : Academic Press.

Brehm, J.W. (1993). Control, its loss, and psychological reactance. In G. Weary, F. Gleicher & K.L. Marsh (Eds), *Control motivation and social cognition* (pp. 3-30). New York : Springer-Verlag.

Brehm, J.W., & Mann, M. (1975). Effect of importance of freedom and attraction to group members on influence produced by group pressure. *Journal of Personality and Social Psychology*, 31, 816-824.

Brewer, M.B. (1988). A dual process model of impression information. In T.K. Srull & R.S. Wyer, Jr (Eds), *Advances in social Cognition : A dual model of impression formation* (vol. 1, pp. 1-36). Hillsdale, N.J. : Lawrence Erlbaum.Bruner, J.S. (1957). On perceptual readiness. *Psychological Review*, 64, 123-152.

Bruner, J.S., & Tagiuri, R. (1954). The perception of people. In G. Lindsey (Ed.), *Handbook of social psychology* (pp. 634-654). Cambridge : Addison Wesley.

Bryan, J.H., & Test, M. (1967). Models and helping : Naturalistic studies in aiding behavior. *Journal of Personality and Social Psychology*, 6, 400-407.

Buss, A.H. (1971). Agression pays. In J.L. Singer (Ed.), *The control of aggression and violence* (pp. 7-18). New York : Academic Press.

Butera, F., Legrenzi, P., & Mugny, G. (1993). De l'imitation à la validation : études sur le raisonnement. In J.A. Pérez, G. Mugny *et al.* (Eds), *Influences sociales : la théorie de l'élaboration du conflit.* Neuchâtel : Delachaux et Niestlé.

Byrne, D., & Clore, G.L., A reinforcement model of evaluative responses, *Personnality : An internatinal Journal*, 2, pp. 103-128.

Cacioppo, J.T., & Petty, R.E. (1982). The need for cognition. *Journal of Personality and Social Psychology*, 42, 116-131.

Cacioppo, J.T., Petty, R.E., Feinstein, J.A., & Jarvis, W.B.G. (1996). Dispositional differences in cognitive motivation : The life and times of individuals varying in need for cognition. *Psychological Bulletin*, 119, 197-253.

Campbell, J.D. (1990). Self-Esteem and Clarity of the Self-Concept. *Journal of Personality and Social Psychology*, 59, 538-549.

Cantor, N., & Mischel, W. (1979). Prototypicality and personality : Effects on free recall and personality impressions. *Journal of Research in Personality*, 13, 187-205.

Cartwright, D., & Harary, F. (1956). Structural balance : a generalization of Heider's theory. *Psychological Review*, 63, 277-293.

Carver, C.S. (1975). Physical agression as a function of objective self-awareness and attitudes toward punishment. *Journal of Experimental Social* Psychology, 11, 510-519.

Carver, C.S., Blaney, P.H., & Scheier, M.F. (1979). Reassertion and giving-up : The interactive role of self-directed attention and outcome expectancy. *Journal of Personality and Social Psychology*, 37, 1859-1870.

Carver, C.S., & Scheier, M.F. (1982). Control Theory : A Useful Conceptual Fragment for Personality-Social, Clinical, and Health Psychology. *Psychological Bulletin*, 92, 111-135.

Chaiken, S., Liberman, A., & Eagly, A.H. (1989). Heuristic and systematic processing within and beyond the persuasion context. In J.S. Uleman & J.A. Bargh (Eds), *Unintended thought* (pp. 212-252). New York : Academic Press.

Channouf, A., Le Manio, P.Y., Py, J., & Somat, A. (1993). Internality, normative clearsightedness and temporal persistence of the effects of dissonance. *Revue Internationale de Psychologie Sociale*, 6, 69-84.

Channouf, A., Py, J., & Somat, A. (1993). Internalité, clairvoyance normative et dissonance cognitive. In J.L. Beauvois, R.V. Joule & J.M. Monteil (Eds), *Perspectives cognitives et conduites sociales. IV. Jugements sociaux et changement des attitudes* (pp. 119-136). Paris : Delachaux et Niestlé.

Chapman, L.J. (1967). Illusory correlation in observational report. *Journal of Verbal Learning and Verbal Behavior*, 6, 151-155.

Cialdini, R.B., Borden, R.J., Thorne, A., Walker, M.R., Freeman, S., & Sloan, L.R. (1976). Basking in reflected glory : Three (football) field studies. *Journal of Personality and Social Psychology*, 3, 366-375.

Cialdini, R.B., & Kenrick, E. (1976). Altruism as hedonism : A social development perspective on the relationship of negative mood state and helping. *Journal of Personality and Social Psychology*, 34, 907-914.

Cialdini, R.B., Schaller, M., Houlihan, D., Arps, K., Fultz, J., & Beaman, A.L. (1987). Empathy-based helping : Is it self-lessly or selfishly motivated? *Journal of Personality and Social Psychology*, 52, 749-758.

Codol, J.-P. (1973). Le phénomène de la « conformité supérieure de soi », expériences exploratoires. *L'Année Psychologique*, 73, 565-585.

Codol, J.-P. (1975). « Effet PIP » et conflit des normes. *L'Année Psychologique*, 75, 127-146.

Codol, J.-P. (1977). Quelques critères influençant le choix d'une place dans une salle publique. *Psychologie Française*, 22, 229-243.

Codol, J.-P. (1979). L'anticipation du placement des personnes dans une salle publique. *Cahiers de Psychologie*, 22, 263-287.

Codol, J.-P. (1981). Une approche cognitive du sentiment d'identité. *Social Science Information*, 20, 111-136.

Codol, J.-P. (1984). Quand Dupont ressemble à Dupond plus que Dupond à Dupont : l'asymétrie de la similitude perçue entre personnes semblables. *Psychologie Française*, 29, 284-290.

Codol, J.-P. (1985). L'estimation des distances physiques entre les personnes : suis-je aussi loin de vous que vous l'êtes de moi ? *L'Année Psychologique*, 85, 517-534.

Cohen, C.E., & Ebbesen, E.B. (1979). Observational goals and schema activation : A theoretical framework for behavior perception. *Journal of Experimental Social Psychology*, 15, 305-329.

Collins, B.E., & Raven, B.H. (1968). Group structure : attraction, coalition, communication and power. In G. Lindzey & E. Aronson (Ed.). *Handbook of social psychology*, vol. 4. Reading : Addison-Wesley.

Comby, L., Devos, T., & Deschamps, J.C. (1993). Représentations sociales du Sida et attitudes à l'égard des personnes séropositives. *Les Cahiers Internationaux de Psychologie Sociale*, 17, 6-33.

Cooley, C. (1902). *Human nature and the social order.* New York : Schocken Books.

Coopersmith, S. (1967). *The antecedents of self-esteem.* San Francisco, CA : Freeman.

Craik, F.I.M., & Tulving, E. (1975). Depth of processing and the retention of words in episodic memory. *Journal of Experimental Psychology* : General, 104, 268-294.

Croizet, J.-C. (1991). Les effets d'amorçage dans la formation des impressions. *Psychologie Française*, 36 (1), 79-98.

Croyle, R.T., & Cooper, J. (1983). Dissonance arousal : Physiological evidence. *Journal of Personality and Social Psychology*, 45, 782-791.

Curtis, R.C., Rietdorf, P., & Ronell, D. (1980). « Appeasing the Gods ? » Suffering to reduce probable future suffering. *Personality and Social Psychology Bulletin*, 6, 234-241.

Darley, J.M., & Batson, C.D. (1973). « From Jerusalem to Jericho » : A study of situational and dispositional variables in helping behavior. *Journal of Personality and Social Psychology*, 27, 100-108.

Darley, J. M., & Berscheid, E. (1967). Increased liking as a result of the anticipation of personal contact. *Human Relations*, 20, 29-39.

Darley, J.M., & Fazio, R.H. (1980). Expectancy confirmation processes arising in the social interaction sequence. *American Psychologist*, 35, 867-881.

Darley, J.M., & Gross, P.H. (1983). A hypothesis-confirming bias in labeling effects. *Journal of Personality and Social Psychology*, 44, 20-33.

Darley, J.M., & Latané, B. (1968). Bystander intervention in emergencies : Diffusion of responsability. *Journal of Personality and Social Psychology*, 8, 377-383.

DeBono, K.G. (1987). Investigating the social-adjustive and value-expressive functions of attitudes : Implications for persuasion processes. *Journal of Personality and Social Psychology*, 52, 2, 279-287.

DeBono, K.G., & Harnish, R.J. (1988). Source expertise, source attractiveness, and the processing of persuasive information : A functional approach. *Journal of Personality and Social Psychology*, 55, 541-546.

DeBono, K.G., & Telesca, C. (1990). The influence of source physical attractiveness on advertising effectiveness : A functional perspective. *Journal of Applied Social Psychology*, 20, 1383-1395.

Deconchy, J.P. (1984). Systèmes de croyances et représentations idéologiques. In S. Moscovici (Ed.), *Psychologie sociale* (pp. 331-355). Paris : Presses Universitaires de France.

Deconchy, J.P. (1984). La résistance à la validation expérimentale d'une connaissance portant sur les comportements « idéologiques ». *Archives de Sciences Sociales des Religions* (CNRS), 58, 117-138.

Deconchy, J.P. (1987). Conduites sociales, comparaison sociale et représentation du patrimoine comportemental commun à l'homme et à l'animal. In J.L. Beauvois, R.V. Joule & J.M. Monteil (Eds), *Perspectives cognitives et conduites sociales. I. Théories implicites et conflits cognitifs* (pp. 151-185). Cousset : DelVal.

Deconchy, J.P. (1991). Mécanismes idéologiques et représentations idéographiques. Essai de recherche expérimentale. In V. Aebischer, J.P. Deconchy & E.M. Lipianski (Eds), *Idéologies et représentations sociales* (pp. 205-234). Cousset : DelVal.

Deconchy, J.P., Appert, F., & Samain, P. (1987). Pronostique biologique et évaluation éthique à propos de l'insémination artificielle. Recherche quasi expérimentale. In *Processus psychologiques et changements sociaux* (pp. 111-131). Toulouse : Privat.

De la Haye, A.-M., & Lauvergeon, G. (1991). Processus de mémoire dans la formation des corrélations illusoires. *Psychologie Française*, 36 (1), 67-77.

Delhomme, P. (1991). Comparing one's driving with others': Assessment of abilities and frequency of offenses. Evidence for a superior conformity of self-bias ? *Accident Analysis and Prevention*, 23, 493-508.

Delhomme, P. (1994). La surestimation de ses compétences et ses rapports avec la tâche de conduite automobile. In G. Guingouain & F. Le Poultier (Eds), *À quoi sert aujourd'hui la psychologie sociale ?* Rennes : Presses Universitaires de Rennes.

Delhomme, P., & Deconchy, J.P. (1989). Conduites sociales, stratégies cognitives et expectation d'un événement probablement fâcheux, In J.L. Beauvois, R.V. Joule & J.M. Monteil (Eds), *Perspectives cognitives et conduites sociales. II. Représentations et processus socio-cognitifs* (pp. 261-277). Paris : DelVal.

Delhomme, P., & Meyer, T. (1995). Évaluation de ses propres comportements de conduite : Effets sur le contrôle subjectif et la régulation de l'activité. *Rapport de recherche INRETS*, n° 200.

Demo, D.H. (1985). The measurement of self-esteem : Refining our methods. *Journal of Personality and Social Psychology*, 48, 1490-1502.

Denhaerinck, P., Leyens, J.P., & Yzerbyt, V. (1989). The dilution effect and group membership : An instance of the pervasive impact of outgroup homogeneity. European *Journal of Social Psychology*, 19, 243-250.

Deschamps, J.C. (1977). *L'attribution et la catégorisation sociale*. Berne : Peter Lang.

Deutsch, M. (1949). An experimental study of the effects of cooperation and competition upon group process. *Human relation*, 2, 199-231.

D'Agostino, P.R., & Pittman, T.S. (1982). Effort expenditure following control deprivation. *Bulletin of Psychonomic Society*, 19, 282-283.

Diener, E., Fraser, S.C., Beanam, A.L., & Kelem, R.T. (1976). Effects of deindividuation variables on stealing among Halloween trick-or-treaters. *Journal of Personality and Social Pyschology*, 33, 178-183.

Di Giacomo, J.P. (1981). Aspects méthodologiques de l'analyse des représentations sociales. *Cahiers de Psychologie Cognitive*, 1, 397-422.

Dion, K.K. (1985). Socialization in adulthood. In G. Lindsey & E. Aronson (Eds), *The handbook of social psychology* (vol. 2, pp. 123-147). New York : Random House.

Dion, K.K., Berscheid, E., & Walster, E. (1972). What is beautiful is good. *Journal of Personality and Social Psychology*, 24, 285-290.

Doise, W. (1990). Les représentations sociales. In R. Ghiglione, C. Bonnet & J.F. Richard (Eds), *Traité de psychologie cognitive. III. Cognition, représentation, commu-nication* (pp. 111-174). Paris : Bordas.

Doise, W., Deschamps, J.C., & Mugny, G. (1991). *Psychologie sociale expérimentale*. Paris : Armand Colin.

Drozda-Senkowska, E. (1992). Qui pense le mieux ? : les biais cognitifs dans le fonctionnement des groupes. *Bulletin de Psychologie*, 405, 264-271.

Durkheim, E. (1968). *Éducation et sociologie*. Paris : Presses Universitaires de France.

Ebbesen, E.B. (1980). Cognitive processes in understanding ongoing behavior. In R. Hastie, T. Ostrom, E. Ebbesen, R. Wyer, D. Hamilton, & D. Carlstom (Eds), *Person memory : Cognitive basis of social perception*. Hillsadle, N.J. : Lawrence Erlbaum Associates.

Emswiller, T., Deaux, K., & Willits, J.E. (1971). Similarity, sex and requests for small favors. *Journal of Applied Social Psychology*, 1, 281 291.

Enriquez, E. (1994). Autorité. In *Grand dictionnaire de la psychologie* (p. 91). Paris : Larousse.

Eron, L.D., & Huesmann, L.R., Lefkowitz, M.M., & Walder, L.O. (1972). Does television violence cause aggression ? *American Psychologist*, 27, 253-263.

Farr, R.M. (1984). Les représentations sociales. In S. Moscovici (Ed.), *Psychologie sociale* (pp. 379-389). Paris : Presses Universitaires de France.

Faucheux, C., & Moscovici, S. (1960). Étude sur la créativité des groupes : tâche, structure des communications et réussite. *Bulletin du CERP*, 9, pp. 11-22.

Fazio, R.S., Effrein, E.A., & Falender, V.J. (1981). Self-perception following social interaction. *Journal of Personality and Social Psychology*, 41, 232-242.

Feshbach, S. (1964). The function of agression and the regulation on agressive drive. *Psychological Review*, 71, 257-272.

Festinger, L. (1950). Communication sociale informelle. In C. Faucheux & S. Moscovici (Eds), *Psychologie sociale théorique et expérimentale* (pp. 61-76). Paris : Mouton (1971).

Festinger, L. (1954). Théorie des processus de comparaison sociale. In C. Faucheux et S. Moscovici (Eds), *Psychologie sociale théorique et expérimentale* (pp. 77-104). Paris : Mouton (1971).

Festinger, L. (1954). A theory of social comparison processes. *Human Relations*, 7, 117-140.

Festinger, L. (1957). *A theory of cognitive dissonance*. Stanford : Stanford University Press.

Festinger, L., Gerard, H., *et al.* (1952). The influence process in the presence of extreme deviates. *Human Relations*, 5, 327-346.

Festinger, L. (1957). *A theory of cognitive dissonance*. Evanston III : Row & Peterson.

Festinger, L, Schachter, S., & Back, K.W. (1950). *Social pressures in informal groups : a study of human factors in housing*. New York : Harper & Brothers.

Fiedler, K. (1991). The tricky nature of skewed frequency tables : An information loss account of distinctiveness-based illusory correlations. *Journal of Personality and Social Psychology*, 60, 24-36.

Fiske, S.T., & Neuberg, S.L. (1990). A continuum of impression formation from category-based to individuating processes : Influences of information and motivation on attention and interpretation. In M.P. Zanna (Ed.), *Advances in experimental social psychology* (pp. 1-74). San Diego, CA : Academic Press.

Fiske, S.T., & Neuberg, S.L. (1990). A continuum of impression formation, from category-based to individuating processes : Influences of information and motivation on attention and interpretation. In L. Berkowitz (Ed.), *Advances in Experimental Social Psychology* (vol. 23, pp. 1-74). New-York, N.Y. : Academic Press.

Fiske, S.T., & Pavelchak, M.A. (1986). Category-based versus piecemeal-based affective responses : Developments in schema-triggered affect. In R. Sorrentino & E.T. Higgins (Eds), *Handbook of motivation and cognition : Foundations of social behavior* (pp 167-203). New-York, N.Y. : Guilford Press.

Fiske, S.T., & Taylor, S.E. (1991). *Social cognition (*2nd ed.). New York : McGraw-Hill.

Flament, C. (1965). *Réseaux de communication et stuctures de groupe*. Paris : Dunod.

Flament, C. (1971). Image des relations amicales dans des groupes hiérarchisés. *Année Psychologique*, 71, 116-125.

Flament, C. (1989). Structure et dynamique des représentations sociales. In D. Jodelet (Ed.), *Les représentations sociales* (pp. 204-219). Paris : Presses Universitaires de France.

Flament, C., Monnier, C. (1971). Rapports entre amitié et hiérarchie dans la représentation du groupe. *Cahiers de Psychologie Cognitive*, 14, 209-218.

Forgas, J.P. (1992). Affect in social judgments and decisions : A multiprocess model. In M.P. Zanna (Ed.), *Advances in experimental social psychology* (Vol. 25, pp. 227-275). San Diego, CA : Academic Press.

Forgas, J.P. (1994). The role of emotion in social judgments : An introductory review and an Affect Infusion Model (AIM). *European Journal of Social Psychology*, 1-24.

Forgas, J.P. (1995). Mood and judgment : The Affect Infusion Model (AIM). *Psychological Bulletin*, 117, 39-66.

Freedman, J.L., & Fraser, S.C. (1966). Compliance without pressure : The foot-in-the-door technique. *Journal of Personality and Social Psychology*, 4, 195-202.

Galli, I., & Nigro, G. (1990). Les représentations sociales : la question de la genèse. *Revue Internationale de Psychologie Sociale*, 3, 429-450.

Geen, R.G., & Thomas, S.L. (1986). The immediate effects of media violence on behavior. *Journal of Social Issues*, 42, 7-28.

Gergen, K. & Gergen, M.M. (1983). Narratives of the self. In T. Surbin & K. Scheibe (Eds), *Studies in social identity*. New York : Praeger.

Gibbons, F.X., & McCoy, S.B. (1991). Self-esteem, similarity, and reactions to active versus passive downward comparison. *Journal of Personality and Social Psychology*, 60, 414-424.

Gilbert, D.T. (1991). How mental systems believe. *American Psychologist*, 46, 107-119.

Gilbert, D.T. (1993). The assent of man : Mental representation and control of belief. In D.M. Wegner & J.W. Pennebaker (Eds), *Handbook of mental control* (pp. 57-87). Englewood Cliffs, NJ : Prentice-Hall.

Gilbert, D.T., Krull, D.S., & Malone, P.S. (1990). Unbelieving the unbelievable : Some problems in the rejection of false information. *Journal of Personality and Social Psychology*, 59, 601-613.

Gilbert, D.T., Tafarodi, R.W., & Malone, P.S. (1993). You can't not believe everything you read. *Journal of Personality and Social Psychology*, 65, 221-233.

Gough, H., & Heilbrun, A.B. (1965). *The Adjective Check List Manual*. Palo Alto, California : Consulting Psychologists Press.

Gouldner, A. W. (1960). A norm of reciprocity : A preliminary statement. *American Sociological Review*, 25, 161-178.

Greenwald, A.G. (1980). The totalitarian ego : Fabrication and revision of personal history. *American Psychologist*, 35, 603-618.

Greenwald, A.G., & Pratkanis, A.R. (1984). The self. In R.S. Wyer & T. K Srull (Eds), *Handbook of social cognition* (pp. 129-178). Hillsdale, NJ : Earlbaum.

Griggs, R. A., & Cox, J. R. (1982). The elusive Thematic Materials Effect in Wason's Selection Task. *British Journal of Psychology*, 73, 407-420.

Guimelli, C. (1994a). *Structures et transformations des représentations sociales*. Neuchâtel : Delachaux et Niestlé.

Guimelli, C. (1994b). La fonction d'infirmière. Pratiques et représentations sociales. In J.C. Abric (Ed.), *Pratiques sociales et représentations* (pp. 83-107). Paris : Presses Universitaires de France.

Guimelli, C., & Jacobi, D. (1990). Pratiques nouvelles et transformation des représentations sociales. *Revue Internationale de Psychologie Sociale*, 3, 307-334.

Guimelli, C., & Rouquette, M.L. (1992). Contribution du modèle associatif des schèmes cognitifs de base à l'analyse structurale des représentations sociales. *Bulletin de Psychologie, n° spécial « Nouvelles voies en psychologie sociale »*, XLV, 405, 196-202.

Hamilton, D.L., & Gifford, R.K. (1976). Illusory correlation in interpersonal perception : A cognitive basis of stereotypic judgments. *Journal of Experimental Social Psychology*, 12, 392-407.

Hamilton, D.L., Katz, L.B., & Leirer, V.O. (1980). Cognitive representation of personality impressions : Organizational processes in first impression formation. *Journal of Personality and Social Psychology*, 39, 1050-1063.

Hamiton, D.L., & Rose, T.L. (1980). Illusory correlation and the maintenance of stereotypic beliefs. *Journal of Personality and Social Psychology*, 39, 832-845.

Hamilton, D.L., Stroessner, S.J., & Mackie, D.M. (1993). The influence of affect on stereotyping; The case of illusory correlations. In D.M. Mackie & D.L. Hamilton (Eds), *Affect, cognition, and stereotyping : Interactive processes in group perception* (pp. 39-61). San Diego, CA : Academic Press.

Harris, M.J., & Rosenthal, R. (1985). Mediation of interpersonal expectancy effects : 31 meta-analyses. *Psychological Bulletin*, 97, 363-386.

Harris, P., & Middleton, W. (1994). The illusion of control and optimism about health : On being less at risk but no more in control than others. British *Journal of Social Psychology*, 33, 369-386.

Hartwick, J. (1979). Memory for trait information : A signal detection analysis. *Journal of Experimental Psychology*, 15, 533-552.

Haslam, S.A., & McGarty, C. (1994). Problems with the measurement of illusory correlation. *European Journal of Social Psychology*, 24, 611-621.

Hastie, R. (1980). Memory for behavioral information that confirms or contradicts a personality impression. In R. Hastie, T.M. Ostrom, E.B. Ebbesen, R.S. Wyer, D.L. Hamilton, & D.E. Carlston (Eds), Person Memory : *The Cognitive Basis of Social Perception.* Hillsdale, N.J. : Erlbaum.

Heatherton, T.F., & Polivy, J. (1991). Development and validation of a scale for measuring state self-esteem. *Journal of Personality and Social Psychology*, 60, 895-910.

Heider, F. (1946) (1971). Attitudes et organisation cognitive. In C. Faucheux et S. Moscovici (Eds), *Psychologie sociale théorique et expérimentale* (pp. 17-20). Paris : Mouton.

Heiman, M.E. (1976). Oppositional behavior as a function of influence attempt intensity and retaliation threat. *Journal of Personality and Social Psychology*, 33, 574-578.

Heine, S.J., & Lehman, D.R. (1995). Cultural variation in unrealistic optimism : Does the west feel more invulnerable than the east? *Journal of Personality and Social Psychology*, 68, 595-607.

Herr, P. M, Sherman, S.J., & Fazio, R.H. (1983). On the consequences of priming : Assimilation and contrast effects. *Journal of Experimental Social Psychology*, 19, 323-340.

Herzlich, C. (1973). La représentation sociale. In S. Moscovici (Ed.), *Introduction à la psychologie sociale.1*. (pp. 303-325). Paris : Larousse.

Herzlich, C., & Pierret, J. (1988). Une maladie dans l'espace public. Le Sida dans six quotidiens français. *Annales ESC*, 5, 1109-1134.

Hewstone, M. (1989). Représentations sociales et causalité. In D. Jodelet (Ed.), *Les représentations sociales* (pp. 252-274). Paris : Presses Universitaires de France.

Higgins, E.T. (1989). Knowledge accessibility and activation : Subjectivity and suffering from unconscious sources. In J.S. Uleman & J.A. Bargh (Eds.), *Unintended thougth* (pp. 75-123). New York : Guilford Press.

Higgins, E.T., Bargh, J.A., & Lombardi, W. (1985). The nature of priming effects on categorization. *Journal of Experimental Psychology* : Learning, Memory, and Cognition, 11, 59-69.

Higgins, E.T. & Bargh, J.A. (1987). Social cognition and social perception. *Annual review of Psychology*, 38, 369-425.

Higgins, E.T., King, G.A., & Mavin, G.H. (1982). Individual construct accessibility and subjective impressions and recall. *Journal of Personality and Social Psychology*, 43, 35-47.

Higgins, E.T., Rholes, W.S., & Jones, C.R. (1977). Category accessibility and impression formation. *Journal of Experimental Social Psychology*, 13, 141-154.

Hinton, G.E., & Anderson, J.A. (1981). *Parallel models of associative memory.* Hillsdale, NJ : Erlbaum.

Hixon, J.G., & Swann, W.B. (1993). When Does Introspection Bear Fruit, Self-Reflection, Self-Insight, and Interpersonal Choices. *Journal of Personality and Social Psychology*, 64, 35-43.

Hochbaum, G.M. (1953). Certain personality aspects and pressures to uniformity in social group. *Thèse de doctorat*, Université du Minnesota.

Hoffman, M. L. (1975). Altruistic behavior and the parent-child relationship. *Journal of Personality and social psychology*, 31, 937-943.

Hoffman, P.J., Festinger, L., & Lawrence, D.H. (1954). Tendencies toward comparability in competitive bargaining. *Human Relations*, 7, 2.

Holoyak, K.J., & Gordon, P.C. (1983). Social reference points. *Journal of Personality and Social Psychology*, 44, 881-887.

Holoyak, K.J., & Gordon, P.C. (1984). Information processing and social cognition. In R.S. Wyer & T.K. Srull (Eds), *Handbook of social cognition* (vol. 3, pp. 39-70). Hillsdale, NJ : Erlbaum.

Hornstein, H.A. (1970). The influence of social models on helping. In J. Maccaulay & L. Berkowitz (Eds), *Altruism and Helping Behavior.* New York : Academic Press.

Hornstein, H. A., Fisch, E., & Holmes, D. (1968). Influence of a model's feeling about his behavior and his relevance as a comparison of other observers'helping behavior. *Journal of Personality and Social Psychology*, 10, 222-226.

Horowitz, M.W., Lyons, J., & Perlmutter, H.V. (1951). Induction of forces in discussion groups, *Human Relations*, 71, 57-76.

Hyman, H. H. (1942). The psychology of statut. *Archives of Psychology*, 269.

Ikegami, T. (1993). Positive-negative asymetry of priming effects on impression formation. European *Journal of Social Psychology*, 23, 1-16.

Insko, C.A., & Wilson, M. (1977). Interpersonal attraction as a function of social interaction. *Journal of Personality and Social Psychology*, 35, 903-911.

Isen, A.M. (1987). Positive affect, cognitive processes, and social behavior. In L. Berkowitz (Ed.), *Advances in experimental social psychology* (vol. 20, pp. 203-253). New York : Academic Press.

James, W. (1890). *Principles of psychology.* New York : Holt, Rinehart and Winston.

Janoff-Bulman, R., & Hecker, B. (1988). Depression, vulnerability, and world assumptions. In L.B. Alloy (Ed.), *Cognitive processes in depression* (pp. 177-192). New York : Guilford Press.

Jodelet, D. (1984). Représentation sociale : phénomènes, concept et théorie. In S. Moscovici (Ed.), *Psychologie sociale* (pp. 357-378). Paris : Presses Universitaires de France.

Jodelet, D. (1989a). *Les représentations sociales.* Paris : Presses Universitaires de France

Jodelet, D. (1989b). *Folies et représentations sociales.* Paris : Presses Universitaires de France.

Johnson, C., & Mullen, B. (1993). The determinants of differential group evaluations in distinctiveness-based illusory correlations in stereotyping. British *Journal of Social Psychology*, 32, 253-263.

Johnson, C., & Mullen, B. (1994). Evidence for the accessibility of paired distinctiveness-based illusory correlation in stereotyping. *Personality and Social Psychology Bulletin*, 20, 65-70.

Johnson-Laird, P. N., Legrenzi, P., & Legrenzi, M. S. (1972). Reasoning and a sense of Reality. *British Journal of Psychology*, 63, 395-400.

Jones, E.E., & Berglas, S.C. (1978). Control of attributions about self through self-handicapping strategies : The appeal of alcohol and the role of under-achievement. *Personality and Social Psychology Bulletin*, 4, 200-206.

Joule, R.V. (1979). Spécificité de la théorie de la dissonance cognitive. Test de quelques hypothèses limites et essai de théorisation. *Thèse de 3e cycle*, Université de Nancy.

Joule, R.V. (1986). Rationalisation et engagement dans la soumission librement consentie. Université des sciences sociales de Grenoble, *Thèse pour le Doctorat d'État ès Lettres et Sciences Humaines.*

Joule, R.V. (1993). La double soumission forcée : implications pour la théorie de la dissonance. In J.L. Beauvois, R.V. Joule & J.M. Monteil (Eds), *Perspectives cognitives et conduites sociales. IV. Jugements sociaux et changement d'attitudes* (pp. 137-151). Paris : Delachaux & Niestlé.

Kahneman, D., Slocic, P., & Tversky, A. (1982). *Judgment under uncertainty : Heuristics and biaises.* Cambridge : Cambridge University Press.

Kahneman, D., & Tversky, A. (1973). On the psychology of prediction. *Psychological Review*, 80, 237-251.

Kahneman, D., & Tversky, A. (1982). On the study of statistical intuition. *Cognition*, 11, 123-141.

Kashima, Y., Yamaguchi, S., Kim, U., Choi, S.-C., Gelfand, M.J., & Yuki, M. (1995). Culture, Gender, and Self : A Perspective From Individualism-Collectivism Research. *Journal of Personality and Social Psychology*, 69, 925-937.

Kelley, H.H. (1967). Attribution theory in social psychology. In D. Levine (Ed.), *Nebraska symposium on motivation* (Vol. 15, pp. 192-240). Lincoln : University of Nebraska Press.

Kerckhoff, A. C., & Back, K.W. (1968). *The June bug : a study of hysterical contagion.* New-York : A.C.C.

Kerckhoff, A.C., & Davis, K.E. (1962). Value consensus and need complementary in mate selection. *American Psychological Review*, 27, 295-303.

Kiesler, C.A. (1971). *The psychology of commitment. Experiments linking behaviour to belief.* New York : Academic Press.

Kihlstrom, J.F., Cantor, N., Albright, J.S., Chew, B.R., Klein, S.E., & Niedenthal, P.M. (1988). Information processing and the study of the self. In L. Berkowitz (Ed.), *Advances in experimental social psychology* (vol. 21, pp. 145-180). New York : Academic Press.

Kitayama, S., Markus, H., Tummala, P., Kurokawa, M., & Kato, K. (1990). *Culture and self-cognition.* Unpublished manuscript.

Klayman, J., & Ha, Y.-W. (1987). Confirmation, disconfirmation, and information in hypothesis testing. *Psychological Review*, 94, 211-228.

Klein, S.B., & Kihlstrom, J.F. (1986). Elaboration, organization, and the self-reference effect in memory. *Journal of Experimental Psychology* : General, 115, 26-38.

Klein, S.B., & Loftus, J. (1988). The nature of self-reference encoding : The contribution of elaborative and organizational processes. *Journal of Personality and Social Psychology*, 55, 5-11.

Klein, S.B., Loftus, J., & Burton, H.A. (1989). Two self-reference effects : The importance of distinguishing between judgements and autobiographical retrieval in self-reference encoding. *Journal of Personality and Social Psychology*, 56, 853-865.

Kondo, D. (1982). Work, family and the self : A cultural analysis of Japanese family enterprise. *Unpublished doctoral dissertation*, Harvard University.

Krebs, D. (1975). Empathy and altruism. *Journal of Personality and Social Psychology*, 32, 1134-1146.

Kriss, M., Indenbaum, E., & Tesch, F. (1974). Message type and status of interactants as determinants of telephone helping behavior. *Journal of Personality and Social Psychology*, 30, 856-859.

Kruglanski, A.W. (1980). Lay epistemo-logic-process and contents : another look at attribution theory. *Psychological Review*, 87, 70-87.

Kruglanski, A.W. (1990). Motivations for judging and knowing : implications for causal attribution. In E.T. Higgins & R.M. Sorrentino (Eds), *Handbook of motivation and cognition : Foundations of social behavior* (vol. 2, pp. 333-368). New York : Guilford Press.

Kruglanski, A.W., & Ajzen, I. (1983/1995 trad. franç.). Biais et erreur dans le jugement humain. In E. Drozda-Senkowska (Ed.), *Irrationalités collectives* (pp. 35-90). Lausanne : Delachaux et Niestlé.

Kruglanski, A. W., & Ajzen, I. (1983). Biais and error in human judgment. *European Journal of Social Psychology*, 13, 1-44.

Kruglanski, A.W., & Freund, T. (1983). The freezing and unfreezing of the lay inferences : Effects on impressional primacy, ethnic stereotyping and numerical anchoring. *Journal of Experimental Social Psychology*, 19, 448-468.

Kruglanski, A.W., Webster, D.M., & Klem, A. (1993). Motivated resistance and openness to persuasion in the presence or absence of prior information. *Journal of Personality and Social Psychology*, 65, 861-876.

Kuiper, N.A., & Rogers, T.B. (1979). Encoding of personal information : Self-other differences. *Journal of Personality and Social Psychology*, 37, 499-514.

Kulik, J.A., Sledge, P., & Malher, H.I.M. (1986). Self-confirmatory attribution, egocentrism, and the perpetration of self-beliefs. *Journal of Personality and Social Psychology*, 50, 587-594.

Langer, E.J. (1975). The illusion of control. *Journal of Personality and Social Psychology*, 32, 311-328.

Langer, E.J., & Rodin, J. (1976). The effect of choice and enhanced personal responsability for the aged : A field experiment in institutional setting. *Journal of Personality and Social Psychology*, 34, 191-198.

Langer, E.J., & Roth, J. (1975). Heads I win, tails its chance : The illusion of control as a function of the sequence of outcomes in a purely chance task. *Journal of Personality and Social Psychology*, 32, 951-955.

LaPiere, R.T. (1934). Attitudes vs actions. *Social Forces*, 13, 230-237.

Latané, B. (1981). The psychology of social impact. *American Psychologist*, 36, 343-356.

Latané, B., & Darley, T.M. (1968). Group inhibition of bystander intervention in emergencies. *Journal of Personality and Social Psychology*, 10, 215-221.

Latané, B., & Darley, T.M. (1970). *The unresponsive bystander : Why doesn't he help?* New York : Appleton-Century-Crofts.

Leavitt, H. (1951). Quelques effets de divers réseaux de communications sur la performance de groupe. In A. Lévy (Ed.), *Psychologie sociale, textes fondamentaux* (pp. 293-316). Paris : Dunod (1965).

Le Bon, G. (1963). *La psychologie des foules*. Paris : Presses Universitaires de France.

Lepper, M.R., Greene, D., & Nisbett, R.E. (1971). *Undermining children's intrinsic interest with extrinsic reward : A test of the « overjustification » hypothesis*. Unpublished manuscript, Stanford University.

Lerner, M.J. (1965). Evaluation of performance as a function of performer's reward and attractiveness. *Journal of Personality and Social Psychology*, 1, 355-360.

Lerner, M.J. (1970). The desire for justice and reactions to victims. In J. R. Macaulay et L. Berkowitz (Eds.), *Altruism and helping behavior*. New York : Academic Press.

Lerner, M.J., & Simmons, CH. (1966). Observer's reaction to the « innocent victim ». Compassion or rejection? *Journal of Personality and Social Psychology*, 4, 203-210.

Levine, J. M. (1980). Reaction to opinion deviance in small groups. In P.B. Paulus, *Psychology of group influence*. Hillsdale : N. J., Erlbaum.

Lewicki, P. (1984). Self-schema and social information processing. *Journal of Personality and Social Psychology*, 45, 384-393.

Lewin, K. (1948). *Resolving social conflicts*. New York : Harper and Row.

Lewin, K. (1965). Décision de groupe et changement social. In A. Lévy (Ed.), *Psychologie sociale. Textes fondamentaux* (pp. 498-519). Paris : Dunod (1965).

Leyens, J. P. (1968). L'identification comme processus d'apprentissage. *L'Année Psychologique*, 68, 251-267.

Leyens, J.P. (1977). *Psychologie sociale*. Bruxelles : Pierre Mardaga éditeur.

Leyens, J.P. (1983). *Sommes-nous tous des psychologues?* Bruxelles : Pierre Mardaga éditeur.

Leyens, J.-P. (1989). Another look at confirmatory strategies during a real interview. *European Journal of Social Psychology*, 19, 255-262.

Leyens, J.P., Camino, L., Parke, R.D., & Berkowitz, L. (1975). Effects of movie violence on aggression in a field setting as a function of group dominance and cohesion. *Journal of Personality and Social Psychology*, 32, 346-360.

Leyens, J.-P., Yzerbyt, V., Schadron, G. (1994). *Stereotypes social cognition.* London : Sage.

Lipiansky, E.M. (1991). Représentations sociales et idéologies. Analyse conceptuelle. In V. Aebischer, J.P. Deconchy & E.M. Lipiansky (Eds), *Idéologies et représentations sociales* (pp. 35-63). Cousset : DelVal.

Liu, I. (1986). Chinese cognition. In M.H. Bond (Ed.), *The psychology of the Chinese people* (pp. 73-105). New York : Oxford University Press.

Lott, A.J., & Lott, B.E. (1974). The role of reward in the formation of positive interpersonal attitudes. In H. Huston (Ed.), *Foundations of interpersonal attraction.* New York : Academis Press.

Luthanen, R., & Crocker, J. (1991). Self-esteem and intergroup comparisons : Toward a theory of collective self-esteem. In J. Subs & T.A. Wills (Eds), *Social Comparison : Contemporary theory and research* (pp. 211-234). Hillsdale, NJ : Erlbaum.

Lynch, J.G., & Cohen, J.L. (1978). The use of subjective expected utility theory as an aid to understanding variables that influence helping behavior. *Journal of Personality and Social Psychology*, 36, 1138-1151.

Mackie, D.M., & Hamilton, D.L. (Eds) (1993). *Affect, cognition, and stereotyping : Interactive processes in group perception.* San Diego, CA : Academic Press.

Maisonneuve, J. (1966). *Psychologie des affinités.* Paris : Presses Universitaires de France.

Markus, H. (1977). Self-schemata and processing information about the self. *Journal of Personality and Social Psychology*, 35, 63-78.

Markus, H.R., & Kitayama, S. (1991). Culture and the Self : Implications for Cognition, Emotion, and Motivation. *Psychological Review*, 98, 224-253.

Markus, H., & Kunda, Z. (1986). Stability and malleability of the self concept. *Journal of Personality and Social Psychology*, 51, 858-866.

Markus, H., & Nurius, P. (1986). Possibles selves. *American Pychologist*, 41, 954-969.

Markus, H., Smith, J., & Moreland, R.L. (1985). Role of the self-concept in the social perception of others. *Journal of Personality and Social Psychology*, 49, 1494-1512.

Markus, H., & Wurf, E. (1987). The dynamic self-concept : A social pychological perspective. *Annual review of Psychology*, 38, 299-337.

Martin, L.L. (1986). Set/reset : use and disuse of concept in impression formation. *Journal of Personality and Social Psychology*, 51, 493-504.

Martinot, D. (1995). *Le Soi.* Grenoble : Presses Universitaires de Grenoble.

Martinot, D., & Monteil, J.-M. (1995). Insertions scolaires et représentations de soi : étude expérimentale. In J.-L. Beauvois, R.V. Joule & J.-M. Monteil (Eds). *Perspectives cognitives et conduites sociales.* (vol. 5). Neuchâtel : Delachaux et Niestlé.

Masson-Maret, H. (1990). Psychologie et changement d'attitude. Une recherche-action : la prévention du SIDA. *Habilitation à Diriger des Recherches,* Université de Nice-Sophia Antipolis.

Masson-Maret, H. (1994). Stratégies d'influence et prévention du Sida. *Bulletin de Psychologie*, XLVII, 601-609.

Masters, J.C., Carlston, C.R., & Raye, D.F. (1985). Children's affective, behavioral, and cognitive responses to social comparison. *Journal of Experimental Social Psychology*, 21, 407-420.

Matsumoto, D., Kudoch, T., Scherer, K., & Wallbott, H. (1988). Antecedents of reactions to emotions in the United States and Japan. *Journal of Cross-Cultural Psychology*, 19, 267-286.

Mayo, E. (1945). *The social problems of an industrial civilization*. New York : Andower Press.

Mayseless, O., & Kruglanski, A.W. (1987). What make you so sure ? Effects of epistemic motivations on judgmental confidence. Organizational Behavior and Human *Decision Processes*, 39, 162-183.

McGuire, W.J. (1960). A syllogistic analysis of cognitive relationship. In C.I. Hovland & M.J. Rosenberg (Eds.), *Attitude organization and change* (pp. 65-111). New Haven, Conn. : Yale University Press.

McKenna, F.P. (1993). It won't happen to me : Unrealistic optimism or illusion of control ? *British Journal of Psychology*, 84, 39-50.

Mead, G.H. (1934). *Mind, self, and society*. Chicago : University of Chicago Press.

Merton, R.K. (1948). The self-fufilling propecy. *Antioch Review*, 8, 193-210.

Meyer, T., & Anis, J.C. (1992). Comparer la machine à l'homme et l'homme à la machine : approche expérimentale des représentations d'une génération automatique de récit *Langages*, 106, 92-105.

Miller, D.T., Turnbull, W. (1986). Expectancies and interpersonal processes. *Annual Review of Psychology*, 37, 233-256.

Miller, J.G. (1988). Bridging the content-structure dichotomy : Culture and the self. In M.H. Bond (Ed.), *The cross-cultural challenge to social psychology* (pp. 266-281). Beverly Hills, CA : Sage.

Miller, W.R., & Seligman, M.E.P. (1975). Depression and learned helplessness in man. *Journal of Abnormal Psychology*, 84, 228-238.

Minsky, M. (1975). A framework for representing knowledge. In P. Winston (Ed.), *The psychology of computer vision*. New York : McGraw Hill.

Moliner, P. (1988). *La représentation sociale comme grille de lecture. Étude expérimentale de sa structure et aperçu sur ses processus de transformation*. Thèse de Doctorat de l'Université de Provence. Aix-en-Provence.

Moliner, P. (1993). ISA : l'induction par scénario ambigu. Une méthode pour l'étude des représentations sociales. *Revue Internationale de Psychologie sociale*, 6, 7-21.

Moliner, P. (1994). Les méthodes de repérage et d'identification du noyau des représentations sociales. In C. Guimelli (Ed.), *Structures et transformations des représentations sociales* (pp. 199-232). Neuchâtel : Delachaux et Niestlé.

Monteil, J.-M. (1988). Comparaison sociale. Stratégies individuelles et médiations socio-cognitives. Un effet de différenciations comportementales dans le champ scolaire. *European Journal of Psychology of Education*, 3, 3-18.

Monteil, J.-M. (1991). Social regulations and individual cognitive functioning : Effects of individuation on cognitive performances. *European Journal of Social Psychology*, 21, 225-231.

Monteil, J.-M. (1993). *Soi et le contexte*. Paris : Armand Colin.

Monteil, J.-M., & Huguet, P. (1993). The social context of human learning : some prospects for the study of socio-cognitive regulations. *European Journal of Psychology of Education*, 3, 3-19.

Moreland, R.L., & Zajonc, R.B. (1982). Exposure effects in person perception : Familarity, similarity and attraction. *Journal of Personality and Social Psychology*, 18, 395-415.

Morgan, C. J. (1978). Bystander intervention : Experimental test of formal model. *Journal of Personality and Social Psychology*, 36, 43-55.

Morin, M., & Verges, P. (1992). Enquête sur une représentation en voie d'émancipation : le Sida pour les jeunes. *Les Cahiers Internationaux de Psychologie Sociale*, 15, 46-74.

Moscovici, S. (1961). *La psychanalyse, son image et son public*. Paris : Presses Universitaires de France

Moscovici, S. (1994). Les formes élémentaires de l'altruisme (chap. 3) (pp. 71-86). In S. Moscovici (Dir.), *Psychologie sociale des relations à autrui*. Paris : Nathan.

Moscovici, S. (1994). *Psychologie sociale des relations à autrui*. Paris : Nathan.

Moscovici, S., & Hewstone, M. (1984). De la science au sens commun. In S. Moscovici (Ed.), *Psychologie sociale* (pp. 539-566). Paris : Presses Universitaires de France.

Moscovici, S., Mugny, G., & Papastamou, S. (1981). « Sleeper-effect » et/ou influence minoritaire ? Étude théorique et expérimentale de l'influence sociale à retardement. *Cahiers de Psychologie Cognitive*, I, 2, 199-221.

Moscovici, S., & Vignaux G. (1994). Le concept de thêmata. In C. Guimelli (Ed.), *Structures et transformations des représentations sociales* (pp. 25-72). Neuchâtel : Delachaux et Niestlé.

Moser, G. (1994). *Les relations interpersonnelles*. Paris : Presses Universitaires de France.

Mugny, G., Kaiser, C., & Papastamou, S. (1983). Influence minoritaire, identification et relation entre groupes : étude expérimentale autour d'une votation. *Cahiers de Psychologie Sociale*, 19, 1-30.

Mugny, G., & Papastamou, S. (1982-1983). Rigidité et influence minoritaire : le discours comme régulateur d'appartenance. *Bulletin de Psychologie*, 36, 723-734.

Mugny, G., Rilliet, D., & Papastamou, S. (1981). Influence minoritaire et identification sociale dans des contextes d'originalité et de déviance. *Revue Suisse de Psychologie*, 40, 4, 314-332.

Mugny, G., & Papastamou, S. (1984). Les styles de comportement et leur représentation sociale. In S. Moscovici (Ed.), *Psychologie sociale*. Paris : Presses Universitaires de France (pp. 291-314).

Mullen, B., & Johnson, C. (1990). Distinctiveness-based illusory correlations and stereotyping : A meta-analytic integration. British *Journal of Social Psychology*, 29, 11-28.

Neuberg, S.L., & Fiske, S.T. (1987). Motivational influences on impression formation : Outcome dependency, accuracy-driven attention, and individuating processes. *Journal of Personality and Social Psychology*, 53, 431-444.

Neuberg, S.L., & Newsom, J. (1993). Individual differences in chronic motivation to simplify : Personal need for structure and social-cognitive processing. *Journal of Personality and Social Psychology*, 65, 113-131.

Newcomb, T. M. (1943). *Personnality and Social Change*. New-York, Holt : Rinehart and Winston.

Nigro, G., & Neisser, U. (1983). Point of view in personal memory. *Cognitive Psychology*, 15, 467-482.

Nisbett, R.E., & Bellows, N. (1977). Verbal Reports About Causal Influences on Social Judgments : Private Acess Versus Public Theories. *Journal of Personality and Social Psychology*, 35, 613-624.

Nisbett, R.E., & Ross, L. (1980). Human inference : Strategies and shortcomings of social judgment. Englewood Cliffs, NJ : Prentice-Hall.

Nisbett, R.E., & Wilson, T. (1977). Telling more than we can know : Verbal reports on mental processes. *Psychological Review*, 84, 231-259.

Nisbett, R.E., Zuckier, H., & Lemley, R.E. (1981). The dilution effect : Nondiagnostic information weakens the implications of diagnostic information. *Cognitive Psychology*, 13, 248-277.

Nunnally, J. (1967). *Psychometric theory*. New York : McGraw-Hill.

Oberlé, D. (1995). L'attraction interpersonnelle. In G. Mugny., D. Oberlé., & J. L. Beauvois (Eds), *Relations humaines, groupes et influence sociale*, tome 1 (pp. 60-73). Presses Universitaires de Grenoble.

Osgood, C.E., & Tannenbaum, P. (1955). The principle of congruity in the prediction of attitude change. *Psychological Review*, 62, 42-55.

Paicheler, H. (1984). L'épistémologie du sens commun : De la perception à la connaissance de l'autre. In S. Moscovici (Ed.), *Psychologie Sociale* (pp. 277-307). Paris : Presses Universitaires de France.

Parlebas, P. (1992). *Sociométrie, réseaux et communication*. Paris : Presses Universitaires de France.

Pendry, L.F., Macrae, C.N., & Hewstone, M. (1984). Reflexions sur autrui : une approche socio-cognitive. In S. Moscovici (Ed.), *Psychologie sociale des relations à autrui* (pp. 181-204). Paris : Editions Nathan.

Perloff, L.S., & Fetzer, B.K. (1986). Self-other judgments and perceived vulnerability to victimization. *Journal of Personality and Social Psychology*, 50, 502-510.

Petty, R.E., & Cacioppo, J.T. (1986). The elaboration likelihood model of persuasion. In L. Berkowitz (Ed.), *Advances in experimental social psychology* (Vol. 19, pp. 123-205). New York : Academic Press.

Piliavin, I.M., Rodin, J., & Piliavin, J. A. (1969). Good Samaritanism : An underground phenomenon ? *Journal of Personnality and Social Psychology*, 14, 289-299.

Piliavin, I.M., Piliavin, J.A., & Rodin, J. (1975). Costs diffusion and the stigmatized victim. *Journal of Personality and Social Psychology*, 32, 429-438.

Piliavin, J.A., Dovidio, J.F., Gaertner, S.S., & Clark, R.D. (1981). *Emergency intervention*. New York : Academic Press.

Piliavin, J.A., & Piliavin, I.M. (1972). Effect of blood on reactions to a victim. *Journal of Personality and Social Psychology*, 23, 353-362.

Piolat, M., Hurtig, M.-C., & Pichevin, M.-F. (1992). Le Soi : Recherche dans le champ de la cognition sociale. *Textes de base en psychologie*. Neuchâtel : Delachaux et Niestelé.

Pittman, T.S. (1993). Control motivation and attitude change. In G. Weary, F. Gleicher & K.L. Marsh (Eds), *Control motivation and social cognition* (pp. 157-175). New York : Springer-Verlag.

Pittman, T.S., & D'Agostino, P.R. (1989). Motivation and cognition : Control deprivation and the nature of subsequent information processing. *Journal of Experimental Social Psychology*, 25, 465-480.

Pittman, T.S., & Heller, J.F. (1987). Social motivation. *Annual Review of Psychology*, 38, 461-489.

Pittman, T.S., & Pittman, N.L. (1980). Deprivation of control and the attribution process. *Journal of Personality and Social Psychology*, 39, 377-389.

Prentice-Dunn, S., & Rogers, R.W. (1989). Deindividuation and the self-regulation of behavior. In P.B. Paulus (Ed.), *Psychology of group influence*, 2nd ed. Hillsdale, N.J.: Erlbaum.

Regan, D. T., Williams, M., & Sparling, S. (1972). Voluntary expiation of guilt : A field experiment. *Journal of Personality and Social Psychology*, 24, 42-45.

Reiser, B.J., Black, J.B., & Kalamarides, P. (1986). Strategic memory search processes. In D.C. Rubin (Ed.), *Autobiographical Memory*. New York : Cambridge University Press.

Richard, J.F. (1990). *Les activités mentales : Comprendre, raisonner, trouver des solutions.* Paris : Armand Colin.

Rimé, B., & Le Bon, C. (1984). Le concept de conscience de soi et ses opérationnalisations. *L'année Psychologique*, 84, 535-553.

Rodin, J. (1986). Health, control, and aging. In M.M. Baltes & P.B. Baltes (Eds), *The psychology of control and aging* (pp. 139-166). Hillsdale, NJ : Erlbaum.

Rogers, T.B. (1981). A model of the self as an aspect of the human information-processing system. In N. Cantor & J. Kihlstrom (Eds), *Personality, cognition, and social interaction* (pp. 193-214). Hillsdale, NJ : Erlbaum.

Rogers, T.B., Kuiper, N A., & Kirker, W.S. (1977). Self-reference and the encoding of personal information. *Journal of Personality and Social Psychology*, 35, 677-688.

Rokeach, M. (1960). *The open and closed mind.* New York : Basic Books.

Romer, D., Gruder, C. L., & Lizzadro, T. (1986). A person-situation approach to altruistic behavior. *Journal of Personality and Social Psychology*, 51, 1001-1012.

Rosenberg, M. (1965). *Society and the adolescent self-image*. Princeton, NJ : Princeton University Press.

Rosenberg, S., & Sedlak, A. (1972). Strutural representations of implicit personality theory. In L. Berkowitz (Ed.), *Advances in experimental social psychology* (vol. 6). New York : Academic Press.

Rosenthal, R., & Jacobson, L. (1966). Teachers' expectancies : Determinants of pupils' IQ gains. *Psychological Reports*, 19, 115-118.

Rosenthal, R., & Jacobson, L. (1968a). Self-fufilling prophecies in the classroom : Teachers' expectations as unintended determinants of pupils' intellectual competence. In M. Deutsch, I. Katz & A.R. Jensen (Eds), *Social class, race and psychological development* (pp. 219-253). New York : Holt, Rinehart, & Winston.

Rosenthal, R., & Jacobson, L. (1968b). *Pygmalion in the classroom*. New York : Holt, Rinehart & Winston.

Ross, M., & Conway, M. (1986). Remenbering one's own past : The construction of personal histories. In R.M. Sorrentino & E.T. Higgins (Eds), *Handbook of motivation and cognition : Fundations of social behavior* (pp. 122-144). New York : Guilford.

Rouquette, M.L. (1973). La pensée sociale. In S. Moscovici (Ed.), *Introduction à la psychologie sociale. 2* (pp. 298-327). Paris : Larousse.

Rouquette, M.L. (1994). Une classe de modèles pour l'analyse des relations entre cognèmes. In C. Guimelli (Ed.), *Structures et transformations des représentations sociales* (pp. 153-170). Neuchâtel : Delachaux et Niestlé.

Rubin, Z. (1973). *Liking and loving : an invitation to social psychology*. New York : Holt, Rinehart and Winston.

Rushton, J.P., & Campbell, A.C. (1977). Modeling, vicarious reinforcement and extraversion on blood donating in adults : Immediate and long-term effects. European *Journal of Social Psychology*, 7, 297-306.

Rutkowski, G.K., Gruder, C.L., & Romer, D. (1983). Group cohesiveness, social norms, and bystander intervention. *Journal of Personality and Social Psychology*, 44, 445-552.

Ruvolo, A.P., & Markus, H.R. (1992). Possibles selves and performance : the power of self-relevant imagery. *Social Cognition*, 10, 95-124.

Sampson, E.E. (1988). The debate on individualism : Indigenous psychologies of the individual and their role in personal and societal functioning. *American Psychologist*, 43, 15-22.

Sanford, R.N., Adorno, T.W., Frenkel-Brunswik, E., & Levinson, D.J. (1950). The measurement of implicit democratic trends. In T.W. Adorno, E. Frenkel-Brunswik, D.J. Levinson & R.N. Sanford (Eds), *The authoritarian personality*. New York : Harper and Row.

Schachter, S. (1951). Déviation, rejet et communication. In A. Lévy (Ed.), *Psychologie sociale. Textes fondamentaux* (pp. 241-262). Paris : Dunod (1965).

Schadron, G., & Yzerbyt, V. (1991). Social judgeability : Another perspective in the study of social inference. *Cahiers de Psychologie Cognitive*, 11, 229-258.

Schadron, G., & Yzerbyt, V. (1993). Les stéréotypes et l'approche de la jugeabilité sociale : un impact des stéréotypes sur le jugement indépendant de leur contenu. In J.-L. Beauvois, R.V. Joule & J.-M. Monteil (Eds), *Perspectives cognitives et conduites sociales* (vol. 4, pp. 15-35). Lausanne : Delachaux et Niestlé.

Schadron, G., Yzerbyt, V., Leyens, J.-P., & Rocher, S. (1994). Jugeabilité sociale et stéréotypes : L'estimation de l'origine d'une impression comme déterminant de l'impact des stéréotypes dans le jugement. *Revue Internationale de Psychologie Sociale*, 7 (2), 53-71.

Schaller, M., & Cialdini, R. B. (1988). The economics of empathic helping : Support for a mood management motive. *Journal of Experimental Social Psychology*, 24, 163-181.

Schaller, M., & Maass, A. (1989). Illusory correlation and social categorization : Toward an integration of motivational and cognitive factors in stereotype formation. *Journal of Personality and Social Psychology*, 56, 709-721.

Schank, R.C., & Abelson, R.P. (1977). *Scripts, plans goals and understandings : an inquiry into human knowledges structures.* Hillsdale : Erlbaum.

Scheier, M.F., & Carver, C.S. (1988). A model of behavioral self-regulation : Translating intention into action. In L. Berkowitz (Ed.), *Advances in experimental social psychology* (vol. 21, pp. 303-346). New York : Academic Press.

Schulz, R. (1976). Effects of control and predictability on the physical and psychological well-being of the institutionalized aged. *Journal of Personality and Social Psychology*, 33, 563-573.

Schulz, R., Heckhausen, J., & Locher, J.L. (1991). Adult development, control, and adaptive functioning. *Journal of Social Issues*, 47, 177-196.

Schwartz, S.H., & Gottlieb, A. (1980). Bystander anonymity and reaction to emergencies. *Journal of Personality and Social Psychology*, 39, 418-430.

Schwarz, N., & Clore, G.L. (1983). Mood, misattribution, and judgments of well-being : Informative and directive functions of affective states. *Journal of Personality and Social Psychology*, 45, 513-523.

Seligman, M.E.P. (1975). *Helplessness : On depression, development and death.* San Francisco : Freeman.

Semin, G.R. (1989). Prototypes et représentations sociales. In D. Jodelet (Ed.), *Les représentations sociales* (pp. 239-251). Paris : Presses Universitaires de France.

Semin, G.R., & Strack, F. (1980). The plausibility of the implausible : A critique of Snyder and Swann (1978). *European Journal of Social Psychology*, 10, 379-388.

Setterlund, M.B., & Niedenthal, P.M. (1993). Who Am I ? Why Am I Here ? Self-Esteem, Self-Clarity, and Prototype Matching. *Journal of Personality and Social Psychology*, 65, 769-780.

Shaw, M.E & Blum, J.M. (1965). Group performance as a function of task difficulty and the group's awareness of member satisfaction. *Journal of Applied Psychology*, 49, 151-154.

Sherif, M. (1956). *An outline of social psychology*. New-York : Harper & Row.

Shweder, R.A., & Bourne, E.J. (1984). Does the concept of the person vary cross-culturally ? In R.A. Shweder & R.A. LeVine (Eds), *Culture theory : Essays on mind, self, and emotion* (pp. 158-199). Cambridge University Press.

Silber, E., & Tippett, J. (1967). Self-esteem : Clinical assessment and measurement validation. *Psychological Reports*, 16, 1017-1071.

Skov, R.B., & Sherman, S.J. (1986). Information-gathering processes : Diagnosticity, hypothesis-confirmatory strategies, and perceived hypothesis confirmation. *Journal of Experimental Social Psychology*, 22, 93-121.

Skrypnek, B.J., & Snyder, M. (1982). On the self-perpetuating nature of stereotypes about women and men. *Journal of Experimental Social Psychology*, 18, 277-291.

Smith, E.R., & Miller, F.D. (1978). Limits on perception of cognitive processes : A reply to Nisbett and Wilson. *Psychological Review*, 85, 355-362.

Snow, R.E. (1995). Pygmalion and intelligence? *Current Directions in Psychological Science*, 4, 169-171.

Snyder, M. (1974). The Self-monitoring of expressive behavior. *Journal of Personality and Social Psychology*, 30, 526-537.

Snyder, M. (1979). Self-monitoring processes. In L. Berkowitz (Ed.), *Advances in Experimental Social Psychology* (vol. 18, pp. 85-128). New-York, N.Y. : Academic Press.

Snyder, M. (1984). When belief creates reality. In L. Berkowitz (Ed.), *Advances in Experimental Social Psychology* (Vol. 18, pp. 247-305). Orlando, FL : Academic Press.

Snyder, M. (1987). Public appearences-private realities : *The psychology of self-monitoring*. New York : Freeman.

Snyder, M. (1992). Motivational foundations of behavioral confirmation. In M.P. Zanna (Ed.), *Advances in experimental social psychology* (vol. 25, pp. 67-114). San Diego, CA : Academic Press.

Snyder, M., & DeBono, K.G. (1985). Appeals to image and claims about quality : Understanding the psychology of advertising. *Journal of Personality and Social Psychology*, 49, 586-597.

Snyder, M., & DeBono, K.G. (1988). Understanding the function of attitudes : Lessons from personality and social behavior. In A.R. Pratkanis, S.J. Breckler & A.G. Greenwald (Eds), *Attitude structure and function* (pp. 339-360). Hillsdale, N.J. : Lawrence Erlbaum.

Snyder, M., & Gangestad, S. (1986). On the nature of self-monitoring : Matters of assessment, matters of validity. *Journal of Personality and Social Psychology*, 51, 1252-139.

Snyder, M., & Monson, T.C. (1975). Persons situations on the countrol pf social behavior. *Journal of personality on social psychology*, 32, 637-644.

Snyder, M., & Swann, W.B. (1978a). Hypothesis-testing processes in social interaction. *Journal of Personality and Social Psychology*, 36, 1202-1212.

Snyder, M., & Swann, W.B. (1978b). Behavioral confirmation in social interaction : From social perception to social reality. *Journal of Experimental Social Psychology*, 14, 148-162.

Snyder, M., Tanke, E.D., & Berscheid, E. (1977). Social perception and interpersonal behavior : On the self-fufilling nature of social stereotypes. *Journal of Personality and Social Psychology*, 35, 656-666.

Spears, R., Abraham, S.C.S., Abrams, D., & Sheeran, T. (1992). Framing in terms of « high-risk groups » versus « risky practise » and prognoses of HIV infection. European *Journal of Social Psychology*, 22, 195-201.

Spivey, & Prentice-Dunn, S. (1990). Assessing the directionality of deindividuated behavior : Effects of deindividuation, modelling, and private self-consciousness on agressive and prosocial responses. *Basic and Applied Social Psychology*, 11, 387-403.

Srull, T.K. (1981). Person memory : Some tests of associative storage and retrievals models. *Journal of Experimental Social Psychology :* Human Learning and Memory, 7, 440-463.

Srull, T.K., & Wyer, R.S. (1979). The role of category accessibility in the interpretation of information about persons : Some determinants and implications. *Journal of Personality and Social Psychology*, 37, 1660-1672.

Srull, T.K., & Wyer, R.S. (1980). Category accessibility and social perception : Some implications for the study of person memory and interpersonal judgments. *Journal of Personality and Social Psychology*, 38, 841-856.

Stein, A. (1976). Conflict and cohesion : A review of the literature. *Journal of Conflict Resolution*, 20, 143-172.

Stern, L.D., Marrs, S., Millar, M.G., & Cole, E. (1984). Processing time and the recall of inconsistent and consistent behaviors of individuals and groups. *Journal of Personality and Social Psychology*, 47, 253-262.

Stotland, E., Zander, A., & Natsoulas, T. (1961). Generalization of interpersonal similarity. *Journal of Abnormal and Social Psychology*, 62, 250-256.

Strack, F., Schwarz, N., Bless, H., Kübler, A., & Wänke, M. (1993). Awareness of the influence as a determinant of assimilation versus contrast. *European Journal of Social Psychology*, 23, 53-62.

Swann, W.B., Hixon, G.J., & De La Ronde, C. (1992). Embracing the bitter « truth » : Negative self-concepts and marital commitment. *Psychological Science*, 3, 118-121.

Swann, W.B., Stephenson, B., & Pittman, T.S. (1981). Curiosity and control : On the determinants of search for social knowledge. *Journal of Personality and Social Psychology*, 40, 635-642.

Taylor, S.E., & Brown, J.D. (1988). Illusion and well-being : A social psychological perspective on mental health. *Psychological Bulletin*, 103, 193-210.

Taylor, S.E., & Brown, J.D. (1994). Positive illusions and well-being revisited : Separating fact from fiction. *Psychological Bulletin*, 116, 21-27.

Taylor, S.E., Kemeny, M.E., Aspinwall, L.G., Schneider, S.G., Rodriguez, R., & Herbert, M. (1992). Optimism, coping, psychological distress, and high-risk sexual behavior among men at risk for acquired immunodeficiency syndrome (AIDS). *Journal of Personality and Social Psychology*, 63, 460-473.

Taylor, S.E., Wayment, H.A., & Collins, M.A. (1993). Positive illusions and affect regulation. In D.M. Wegner & J.W. Pennebaker (Eds), *Handbook of mental control* (pp. 325-343). Englewood Cliffs, NJ : Prentice Hall.

Tedeschi, J.T., & Felson, R.B. (1995). *Violence, agression, & coercitive actions*. Washington, DC : American Psychological Association.

Tesser, A. (1980). Self-esteem maintenance in family dynamics. *Journal of Personality and Social Psychology*, 39, 77-91.

Tesser, A. (1988). Toward a self-evaluation maintenance model of social behavior. In L. Berkowitz (Ed.), *Advances in experimental social psychology* (Vol. 21, pp. 181-227). New York : Academic Press.

Tesser, A., & Campbell, J. (1982). Self-evaluation maintenance and the perception of friends and strangers. *Journal of Personality*, 50, 262-279.

Tesser, A., & Campbell, J. (1983). Self-definition and self-evaluation maintenance. In J. Suls & A. Greenwald (Eds), *Psychological perspectives on the self* (Vol. 2, pp. 1-31). Hillsdale, NJ : Erlbaum.

Thibaut, J.W., & Kelley, H.H. (1959). *The Social Psychology of Groups*. New York : Wiley.

Thompson, E.P., Roman, R.J., Moskowitz, G.B., Chaiken, S., & Bargh, J.A. (1994). Accuracy motivation attenuates covert priming : The systematic reprocessing of social information. *Journal of Personality and Social Psychology*, 66, 474-489.

Triandis, H.C. (1989). The Self and Social Behavior in Differing Cultural Contexts. *Psychological Review*, 96, 506-520.

Trope, Y., & Bassok, M. (1983). Information-gathering strategies in hypothesis-testing. *Journal of Experimental Social Psychology*, 19, 560-576.

Tversky, A., & Kahneman, D. (1973). Judgment under uncertainty : Heuristics and Biases. *Science*, 185, 1124-1131.

Tversky, A., & Kahneman, D. (1973). Availability : A heuristic for judging frequency and probability. *Cognitive Psychology*, 5, 207-232.

Valins, S., & Ray, A.A. (1967). Effects of cognitive desensitization on avoidance behavior. *Journal of Personality and Social Psychology*, 37, 345-350.

Vallerand, R.J., Pelletier, L.G., & Gagné, F. (1991). On the multidimensional versus unidimensional perspective of self-esteem : A test using the group comparison approach. *Social Behavior and Personality*, 19, 121-132.

Walster, E., Aronson, E., & Brown, Z. (1966). Choosing to suffer as a consequence of expecting to suffer. An unexpected finding. *Journal of Experimental Social Psychology*, 2, 400-406.

Walster, E., Aronson, V., & Rottman, L. (1966). Importance of physical attractiveness in dating behavior. *Journal of Personality and Social Psychology*, 4, 508-516.

Walster, E., Berscheid, E., & Walster, G. W. (1976). New directions in equity research. In L. Berkowitz (Ed.), *Advances in Experimental Social Psychology* (Vol. 9). New York : Academic Press.

Walters, R.H., & Brown, M. (1963). Studies of reinforcement of aggression. III. Transfer of responses to an interpersonal situation. *Child Development*, 34, 563-571.

Wason, P.C. (1960). On the failure to eliminate hypotheses in a conceptual task. Quaterly *Journal of Experimental Psychology*, 12, 129-140.

Wason, P.C. (1960). On the failure to eliminate hypotheses in a conceptual task. *Journal of Experimental Psychology*, 12, 255-274.

Wason, P.C. (1966). Reasoning. In B.M. Foss (Ed.), *New Horizons* in *Psychology I*. Harmondsworth : Penguin.

Webster, D.M. (1993). Motivated augmentation and reduction of the overattribution bias. *Journal of Personality and Social Psychology*, 65, 261-271.

Webster, D.M., & Kruglanski, A.W. (1994). Individual differences in need for cognitive closure. *Journal of Personality and Social Psychology*, 67, 1049-1062.

Weinstein, N.D. (1980). Unrealistic optimism about future life events. *Journal of Personality and Social Psychology*, 39, 806-820.

Weinstein, N.D., Grubb, P.D., Vautier, J.S. (1986). Increasing automobile seat belt use : An intervention emphasizing risk susceptibility. *Journal of Personality and Social Psychology*, 71, 285-290.

Wells, E., & Wright, G. (1985). Does group discussion attenuate the dispositional bias? *Journal of Applied Social Psychology*, vol. 15, 531-546.

Wells, L.E., & Marwell, G. (1976). *Self-esteem.* Beverly Hills, CA : Sage.

Weyant, J.M. (1978). Effects of mood states, costs, and benefits on helping. *Journal of Personality and Social Psychology*, 36, 1169-1176.

Wheeler, L., & Miyake, K. (1992). Social comparison in everyday life. *Journal of Personality and Social Psychology*, 45, 538-549.

Winch, R.F. (1958). *Mate selection : A study of complementary needs.* New York : Harper & Row.

Word, C.O., Zanna, M.P., & Cooper, J. (1974). The nonverbal mediation of self-fufilling prophecies in interracial interaction. *Journal of Experimental Social Psychology*, 10, 109-120.

Wyer, R.S., & Gordon, S.E. (1982). The recall of information about persons and groups. *Journal of Experimental Social Psychology*, 18, 128-164.

Wyer, R.S., & Srull, T.K. (1984). *Handbook of social cognition*, 1. Hillsdale, N.J. : Erlbaum.

Wyer, R.S., Srull, T.K., & Gordon, S.E. (1984). The effects of predicting a person's behavior on subsequent trait judgements. *Journal of Experimental Social Psychology*, 15, 305-329.

Yoshida, T., Kojo, K., & Kaku, H. (1982). A study on the development of self-presentation in children. Japanese *Journal of Educational Psychology*, 30, 30-37.

Yzerbyt, V., Schadron, G. (1996). *Connaître et juger autrui : Une introduction à la cognition sociale.* Grenoble : Presses Universitaires de Grenoble.

Yzerbyt, V., Schadron, G., Leyens, J.-P., & Rocher, S. (1994). Social jugeability : The impact of meta-informational cues on the use of stereotypes. *Journal of Personality and Social Psychology*, 66, 48-55.

Zimbardo, P.G., Cohen, A., Weisenberg, M., Dworkin, L., & Firestone, I. (1969). The control of experimental pain. In P.G. Zimbardo (Ed.), *The cognitive control of motivation.* Glenview, Ill. : Scott, Foresman.

Zuckerman, M. (1975). Belief in a just world and altruistic behavior, *Journal of Personality and Social Psychology*, 16, 669-680.

Zuckier, H. (1982). The dilution effect : The role of the correlation and the dispersion of predictor variables in the use of nondiagnostic information. *Journal of Personality and Social Psychology*, 43, 1163-1174.

Zuckier, H., & Pepitone, A. (1984). Social roles and strategies in prediction : Some determinants in the use of base rate information. *Journal of Personality and Social Psychology*, 47, 349-360.

Impressions DUMAS
42100 SAINT-ÉTIENNE
Dépôt légal : Octobre 1996
N° d'imprimeur : 33210

Imprimé en France